DIE DARAUFGABE (ARRHA).

VERGLEICHENDE RECHTSSTUDIE

VON

DR. EUGEN VON JAGEMANN,

GROSSHERZOGLICH BADISCHEM HOFJUNKER UND RECHTSPRAKTIKANTEN.

BERLIN

VERLAG VON J. GUTTENTAG

(D. COLLIN)

1873.

HERRN PROFESSOR

D^R. RUDOLF GNEIST,

MEINEM VEREHRTEN LEHRER,

IN DANKBARKEIT

GEWIDMET.

Vorwort.

Das Recht erscheint als ein Gesammtausdruck der politischen wie der socialen Lage der Zeiten, Länder und Völker, — nicht als ein gemachtes, sondern als ein durch die Umstände mit einer gewissen Naturnothwendigkeit gegebenes und darum auch wechselvolles Ereigniss. Dies gilt wenigstens im Grossen und Ganzen, wenn sich dem auch als Ausnahmen einzelne Willkürgesetze entgegenstellen. Somit hängt das Recht durch viele Beziehungen als Product mit den Lebensverhältnissen zusammen, während es umgekehrt selbst wieder lebendige Schöpfungen hervorruft. Unter den verschiedenen so sich ergebenden Wechselbeziehungen richtet unsere Zeit insbesondere auf die Begegnung von Recht und Staatspolitik ihr Augenmerk. In der That entfaltet sich in unserer Zeit mehr und mehr auch der Zusammenhang des Privatrechts mit der politischen Gestaltung unseres Vaterlandes in besonderer Innigkeit; geben doch eine ganze Reihe von Gesetzen ohne weiteren sachlichen Inhalt der Einigung Deutschlands durch Ausdehnung nordbündischer Rechtsbestimmungen auf das übrige Reichsgebiet einen Ausdruck. Und wenn bezüglich der vergangenen Zeiten der Historiker, ohne weitere Hülfsmittel zu besitzen, allein schon in der Zerrissenheit des mittelalterlichen deutschen Rechtes ein Sinnbild der damaligen ständischen Spaltung der Machtverhältnisse finden und Aufschlüsse über die politische Lage erhalten würde, wie sie kein Zeugniss beredter ertheilen kann — so wird hoffentlich bald in voller Durchführung die deutsche Privatrechtseinheit als ein Denkmal unserer Kraft und unseres Zusammenhalts im gemeinsamen Reiche aufgerichtet sein und Jeden Lügen strafen, der die Sehnsucht nach einem deutschen Gesetzbuch über das gesammte bürgerliche Recht auf die Rechnung politischer Neuerungssucht, anstatt auf das Conto der Zeitlage schreiben möchte.

Der Gedanke, dem ganzen Deutschland eine einheitliche Civilgesetzgebung zu verschaffen, datirt sich schon lang her, und es fehlt auch nicht an praktischen Schriften, welche versuchsweise bereits an das Werk selbst Hand anlegten. *) Dass hierbei verschiedene Wege eingeschlagen wurden, thut der Hauptsache keinen Eintrag. Mit besonderer Energie trat dafür schon Thibaut ein in seiner vielfach aufgelegten Schrift „über die Nothwendigkeit eines allgemeinen bürgerlichen Rechts für Deutschland.“ Sein grosser Gegner v. Savigny, welcher in seiner Antwort „vom Beruf unserer Zeit für Gesetzgebung und Rechtswissenschaft (1814)“ die sämmtlichen Codificationen Deutschlands als einen Unsegen darstellte und überhaupt seiner Zeit jede legislatorische Fähigkeit absprach, würde wohl jetzt bei der veränderten politischen Constellation an seiner Ansicht nimmer festhalten, zumal seitdem der Stoff sich durch völlig neue Erzeugnisse des Rechtslebens aus dem Rahmen des gemeinen Rechts herausgedrängt und durch die Hülfe der Wissenschaft historisch und systematisch vertieft hat.

Uebrigens treibt der politische Grund nicht als der einzige zum deutschen Civilgesetzbuch hin, sondern gar viele andere Erwägungen führen zu demselben Ergebniss **). So erscheint es als unmöglich blos ein Obligationenrecht zu schaffen, wie die Reichsverfassung gebot; denn in derartiger Absonderung lässt sich kein Recht für das Leben finden, weil im Leben die verschiedenen Rechtstheile innigst zusammenhängen. So wird beim System der Particularrechte mit viel Arbeit wenig Wirkung erzeugt, während bei Existenz eines gemeinsamen Rechtes Einer für Alle, Alle für Eines wirken. Und so liesse sich noch Manches anführen. **)

Danach erklären sich die beiden Thatsachen als natürliche, dass nicht blos die Juristen, sondern die Gebildeten überhaupt nach einem allgemeinen deutschen Civilgesetzbuch hinstreben

*) Vgl. Anhang Anmerkung 1.

**) Sehr eingehende und schlagende Erörterungen derart gibt L. Goldschmidt in seinem Vortrage „die Nothwendigkeit eines deutschen Civilgesetzbuches“ (Leipzig 1872).

und dass auch die Erfüllung dieses Wunsches nach den neuesten Erklärungen der Reichsregierung nun in bestimmte Aussicht genommen ist. Zugleich damit ergibt sich aber für die Juristen Deutschlands auch die Aufgabe, Mittel und Wege zum nationalen Werke zu berathen, und es sind in dieser Beziehung schon namhafte Beiträge erschienen.*)

Im Folgenden soll keineswegs auf die vielen Fragen eingegangen werden, welche bezüglich jenes Werkes auftauchen. — Allein der eine Satz sei zur Besprechung aufgestellt, dass wir ein gutes deutsches Civilgesetzbuch nur aus der Hand der vergleichenden Privatrechtswissenschaft empfangen können.

Wenn auch der bequemste Weg zur Legalisirung eines Naturrechtes führt, so lehrt doch die Erfahrung, insbesondere das Gebahren der zur Abfassung des Code civil eingesetzten Philosophen-Commission, mehr als hinlänglich, dass dieser Weg nicht der beste sei. Die speculativen Richtungen entbehren der Kraft und des Verständnisses zur Erzielung praktischer Resultate, und so sehr der lebendige Ausbau eines Rechtssystems ein Skelett von Grundsätzen vorbedingt, so wäre doch im Privatrecht mit nackten Principien so wenig wie einst dem öffentlichen Rechte mit den weiland deutschen Grundrechten geholfen. Besser setzt man an Stelle des theoretischen Vernunftrechtes, das zudem nicht eine allgemein gebilligte Anschauung, sondern nur eine aequitas cerebrina aufweist, die Erzeugnisse der praktischen Vernunft**), d. i. das historisch gebildete Recht. In der That kann man nur dann mit einem neuen Gesetzbuch allen Theilen, soweit beim Princip der Einheit denkbar, gerecht werden, wenn das gel-

*) Eine sehr verdienstliche Anregung gab Fitting im civilistischen Archiv Bd. 54 S. 263—280. Zweifel dürfte freilich die daselbst verfochtene Behauptung veranlassen, es sei besser durch eine zweck- und planmässige Specialgesetzgebung allmählich, als plötzlich durch einen Codex die Rechtseinheit herzustellen. So manche Vortheile der vorgeschlagene Weg bietet, so erschwert er doch die Möglichkeit ein einheitliches Werk zu schaffen, verlängert den Kampf zwischen altem und neuem Recht, erzeugt eine unseelige Fluth von partikularrechtlichen Einführungsgesetzen, die beim Nachschub weiteren gemeinsamen Rechts selbst wieder vielleicht oft aufgehoben oder geändert werden müssen, — veranlasst eine Menge von Special-Commentaren statt baldigen Erscheinens eines Systems und mindert, wie Fitting selbst zugibt, die Kenntniss und Gewissheit des Rechtes.

**) Christ, über deutsche Nationalgesetzgebung 2. Aufl. (1842) S. 25, 51.

tende Recht sammt seinen Materialien *) und sammt den neuesten Versuchen einer umfassenden Privatrechtsgesetzgebung (bayrischer und hessischer Entwurf) vor uns gesammelt daliegen wird, um sodann zu Gunsten des praktisch am Meisten Bewährten die Auswahl zu treffen.

Diese Sammlung macht freilich zufolge der eigenthümlichen deutschen Verhältnisse eine ausgedehnte und schwierige Aufgabe aus:

Das deutsche Recht weist vor anderen den Vorzug localer Durchbildung in kleinen Kreisen auf. Eine centrifugale Kraft trieb vom Mittelpunkte der einheitlichen, in jeder Nation ruhenden gemeinsamen Rechtsgedanken beständig nach den verschiedenen Punkten der Peripherie Strahlen hinaus, welche den örtlichen Verhältnissen eigen geartete Rechtsschöpfungen entlockten, die dann mit der Zähigkeit aller lokalen Erzeugnisse an der Scholle festhaften. So lebt sich vertieft und individualisirt das Recht in das Volk ein. Ein kräftiger Staatsorganismus, eine kräftige Wissenschaft setzen dieser Fülle bald sehr sinniger, bald zopfmässiger Gebilde eine centripetale Kraft entgegen, indem sie das Gute herauslesen, als Leitstern einer Rechtsbeziehung hinstellen und mit mehr ausgedehntem Geltungsgebiet bedenken. Diese Aufgabe wurde Deutschland gestellt, als im Verlaufe des Mittelalters aus dem örtlichen Verkehre ein Handel der Länder, der Völker emporwuchs, welcher in dem Mangel weithinherrschender Rechte eine Schranke sah, deren Wegräumung er begehrte — und als im Kampfe der sich abschliessenden Stände, welche alle sich eigene Rechte geschaffen hatten, eine unsägliche, nur durch einen deus ex machina lösbare Collision der Statuten entstanden war. Jener kräftige Staatsorganismus und eine deutsche Rechtswissenschaft fehlten damals. So nur konnte die segensreiche Reception eines fremden Rechtes, des römischen, nöthig werden. Aber auch dieses vermochte, weil ihm nur subsidäre Kraft gegenüber den Particularrechten beigelegt ward, nur den Dienst eines Palliativmittels zu versehen. Zu diesen

*) D. h. den vorbereitenden (Entwürfe, Verhandlungen, Begutachtungen) und den nachfolgenden (Commentare, Systeme, Präjudicien). Leider stand mir die für das sächsische Recht so werthvolle „Beurtheilung des Entwurfes eines bgl. Gesetzbuches für das Kgr. Sachsen" von v. Wächter nicht zur Verfügung bei meiner Arbeit.

Rechtsstoffen traten seit dem Zeitalter der Codificationen viele Gesetzbücher hinzu, welche meist eine Verarbeitung des römischen und des germanischen Stoffes vornahmen; auch im Code civil geschah dies, obwohl er fast mehr auf germanischem Grunde ruht und desshalb sowie wegen seiner sehr ausgebreiteten Geltung in Deutschland nicht ohne Weiteres verworfen werden kann, wie v. Savigny es will.*) Diese Codificationen beliessen übrigens grossen Theiles ältere Gewohnheitsrechte, namentlich den Ortsbrauch, in Kraft. Neben den Gesetzgebungen im Grossen lief noch her eine hypertrophische Bildung **) von speciellen Gesetzen über privatrechtliche Verhältnisse. Auch darf das D. H.-G.-B. bei der Civilrechtsgesetzgebung nicht ausser Acht bleiben; das Handelsrecht bietet als ein von freier Auffassung getragenes, durch Ausnutzung, Missbrauch und Neuschöpfung stets in Fluss gehaltenes System dem Gesetzgeber vielleicht sogar die meisten Gesichtspunkte zur Ueberlegung. Endlich kann eine Rücksichtnahme auf das vielfach sehr gediegene und auch auf deutschen Rechtsprincipien ruhende österreichische bgl. Gesetzbuch nur nützen.

Alle diese Rechte müssen zunächst gesammelt werden. Und wenn man fragt, in welcher Art, so wird man darin einig sein, dass eine Sammlung des territorialen Rechtsstoffes, wo noch nicht geschehen, an sich wohl einmal geschehen muss, dass aber damit noch nicht viel gewonnen ist. Der Gesetzgeber bedarf nicht blos einer genauen Kenntniss, sondern auch einer Correspondenz aller deutschen Rechte. Diese alle in einer Weise zu erfassen, dass man den Stoff beherrscht, nicht von ihm beherrscht wird, ist nun insolange unmöglich, als diese Rechte jedes für sich abgeschlossen dastehen. Eine gehörige Benützung erscheint vielmehr erst dann als möglich, wenn die Rechte nicht nach Territorien (Rechtsgebieten), sondern nach Gegenständen gesichtet und eben durch die letztere Arbeit verbunden sind. Während die erstere Aufgabe in wenigen Wochen erledigt sein kann, so wird die letztere bei der besten Vertheilung wohl

*) A. a. O. S. 111; einen Grund gegen sich selbst gibt v. Savigny unbewusst auf S. 135 an.

**) Christ a. a. O. S. 55.

zwei Jahre erfordern. Die Sichtung nach Gegenständen wird nämlich Segen nur bringen, wenn sie nicht blos im beengten Hinblick auf den praktischen Endzweck der Schaffung eines Gesetzbuchs geschieht, sondern mit tieferer Arbeit und mit freier wissenschaftlicher Forschung erfolgt. Das Gesetzbuch Deutschlands soll ein Krönungswerk unserer nationalen Wiedergeburt heissen, soll auf wohl geprüftem historischer Fundamente ruhen und mit der vollen wissenschaftlichen Kraft unseres Zeitalters errungen werden. Mit anderen Worten: jene Sichtung des Stoffes nach Gegenständen darf nicht kurzer Hand geschehen, so dass die Hauptarbeit erst gelegentlich der nachherigen Feststellung des Gesetzes geschieht, sondern umgekehrt soll durch jenen vorbereitenden Schritt schon das Wesen und die Zugabe jedes Institutes, verfolgt auf seinen geschichtlichen Ursprung, und in ständiger Wechselbeziehung der verschiedenen in Deutschland geltenden Rechte, klar dargethan und die legislatorische Schlussfolgerung gezogen werden, welche hauptsächlich aus der Natur der Sache, den positiven Ausbildungen und deren Geltungsgebiet, sowie aus dem Verhältniss zum übrigen geltenden Rechtssysteme sich ergeben wird. Den Weg zum deutschen Civilgesetzbuch wird uns also diejenige Wissenschaft zeigen, welche die objectiven Rechtsinstitute der in Deutschland geltenden Statuten nach dem historischen und praktischen Bestand in steter Vergleichung der einschlägigen Bestimmungen dieser Statuten darstellt (vergleichende Privatrechtswissenschaft) und auf Grund dieser Vergleichung die zu erlassenden Privatrechtsbestimmungen angibt (vergleichende Privatrechtspolitik). In diesem Rechtsstoffe wird keine noch heute belangreiche Errungenschaft der privatrechtlichen Cultur fehlen; die Auslese ist reich; die manchfaltigsten Erwägungen drängen sich auf, zumal wenn man die zum Verständniss der Rechtsentwickelung seit der Reception unentbehrliche Dogmengeschichte der Rechtsinstitute nicht zu sehr ausser Acht lässt. Ein Gesetzbuch, welches auf solchem Grunde sich aufbaut, läuft nicht Gefahr, den durch v. Savigny *) aufgestellten Prophe-

*) A. a. O. S. 147 gegen Thibaut, welcher die im Text vertretene Auffassung hegte.

zeiungen anheimzufallen, dass eine Codification für Deutschland die Wissenschaft untergraben werde, sondern vielmehr kann eine neue rechtsliterarische Aera von da an beginnen, welche Romanisten und Germanisten zum Wettkampfe auf einem gemeinsamen Felde einlädt. Die vergleichende Rechtswissenschaft vertieft das Studium wie die Praxis, indem gerade, wie die in andern Wissenschaften längst geübte vergleichende Methode bewiesen hat, durch die Gegenüberstellung des Aehnlichen die ursprüngliche Wahrheit, das Wesen und der Unterschied der Dinge klarer hervortritt; namentlich ist auch für den Studenten, welcher das römische, das gemeine deutsche und seines Landes Recht ohne einen Zusammenhalt erlernt, der Mangel einer ihm gebotenen geschickten Vergleichung so empfindlich, dass das Fehlen von Lehrstühlen bzw. Vorlesungen über vergleichendes Privatrecht an unsern Hochschulen sehr bedauert werden muss.

Es ist wahr, dass in dieser vergleichenden Richtung verhältnissmässig noch wenig geschah *) und dass sie besondere juristische und technische Schwierigkeiten mit sich bringt. Meiner Ansicht nach sollte der gesammte Rechtsstoff durch eine Commission in Gegenstände abgetheilt werden, welche zu monographischer Bearbeitung im angedeuteten Sinn passen. Geeigneten Personen müsste dann jeweils eine solche Theilarbeit zugewiesen werden, sei es, nachdem sie besonders gewonnen sind oder nachdem sie auf einen an die Juristen Deutschlands erlassenen Aufruf sich gemeldet haben; auch muss für jede solche Theilarbeit ein Correferent bestellt werden, der dieselbe nach erfolgtem Abschluss prüft. Auf Grundlage dieser Arbeiten ist dann durch Einen oder Wenige ein vergleichendes System des gesammten Rechtsstoffes zusammenzustellen, das sich bezüglich der Ausführungen zum grössten Theil auf die Detailarbeiten beziehen und darum kurz ausfallen kann; darnach soll durch den gleichen Arbeiter der erste Entwurf

*) Eine Vergleichung der verschiedenen Gebilde blos des germanischen Rechtsstoffs unter sich besitzen wir im deutschen Privatrecht. Aber es sind auch manche Werke im oben angegebenen Sinn der vergleichenden Privatrechtswissenschaft geschrieben und beispielsweise mögen hier aus älterer Zeit Gans, das Erbrecht in weltgeschichtlicher Entwicklung (1835), aus neuerer Zeit Lewis, das Recht des Familienfideicommisses (1868) und v. Meibom, deutsches Hypothekenrecht genannt werden.

eines allgemeinen deutschen Civilgesetzbuches gefertigt und dieser dann durch eine Commission geprüft werden, welche sich aus den vorbezeichneten Monographen und anderen, hauptsächlich aus der Zahl der Praktiker auszuwählenden Männern zusammensetzt. Der so errungene zweite Entwurf würde darauf der allgemeinen Beurtheilung und insbesondere den Gerichtshöfen unterbreitet, und dann, nachdem im Anschluss an eingehende Ausstellungen eine weitere Lesung erfolgt ist, der dritte Entwurf den gesetzgebenden Factoren vorgelegt werden. Diese Gründlichkeit entspricht der Wichtigkeit der Sache und wurde auch bei Abfassung des A. L.-Rechts eingehalten. Auch erscheint hierdurch nicht nur ein gutes Gesetzbuch, sondern auch eine reiche Vorliteratur, und ein reges wissenschaftliches Leben im Anschluss an dasselbe als gesichert. Es kommt weniger darauf an, das Gesetzbuch ein Jahr früher oder später zu erringen, als es eher besser, als gut zu machen.

Es ist Zeit, die zum Ziele führenden Schritte zu thun, also namentlich die vergleichende Privatrechtswissenschaft an den Hochschulen emporzuheben, die Sammlung des Materials nach Rechtsgebieten, insbesondere aber die Inangriffnahme jener Monographien im Sinne der vergleichenden Privatrechtswissenschaft anzuordnen. Jedenfalls stellt sich überdem der deutschen Wissenschaft die Aufgabe solche Vorarbeiten ohne besondere Aufforderung zu schaffen.

Von diesen Erwägungen ausgehend, wagte ich einen kleinen Versuch und gab der folgenden Abhandlung die Gestalt, welche sie aufweist. Der patriotische Zweck und die besonderen Schwierigkeiten der vergleichenden Darstellung werden vielleicht in den Augen günstiger Leser auf das Urtheil über meine Erstlingsarbeit, der es an Fehlern wohl nicht gebricht, Einfluss zu äussern vermögen.

Carlsruhe, im Mai 1873. Dr. E. v. **Jagemann.**

Nachträge und Berichtigungen.

Seite 19 Abs. 2 a. E. nach „consentiat" d. h. wer zur Sicherung einer Schuld eine arrha gibt, kann, wenn in einem Process wegen Erlegung der zu zahlenden Summe oder wegen der bestellten arrha der Gläubiger einen Zeugen vor Gericht zieht, diesen Zeugen nicht zurückweisen, es wäre denn vorher als Zeichen der geschehenen Zahlung die arrha wieder zurückempfangen worden; hiernach hat der Gläubiger, dem eine Daraufgabe bestellt ward, das Beweisrecht.

Seite 29, Zeile 7 v. o. lies statt „15" vielmehr „12 Ziffer 16 und § 18 I a. E."

Seite 44, Zeile 11 v. u. des Texts ist nach „somit" einzuschalten „im Allgemeinen".

Seite 138 a. E. ist beizufügen: „das nassauische Privatrecht stellt Bertram in seinem so betitelten Buch §§ 707—710 als übereinstimmend mit dem gemeinen Recht dar; vgl. jedoch § 30.

Inhaltsverzeichniss.

Zweiter Theil: Die Daraufgabe beim klaglosen Vorvertrag. (S. g. arrha pacto imperfecto adjecta.)

Dritter Theil: Das Dinggeld.

Vierter Theil: Die s. g. arrha poenitentialis (Daraufgabe mit Strafbestimmung [poenalis], insbesondere Daraufgabe mit Rücktrittsrecht [poenitentialis]).

Anhang.

Einleitung.

§ 1.

I. Die Bezeichnung „arrha“ und Verwandtes.

I. Wenn es sich um die Etymologie des Wortes arrha handelt, so muss man zunächst verschiedene, vereinzelt gebliebene Erklärungsversuche zurükweisen, nicht weil sie keine Anhänger fanden, sondern wegen ihrer Ungeschicktheit. So geht es selbst über die Grenze poetischer Licenz, arrha von ἀῤῥαγές (stark) abzuleiten (Mader, diss. de arrhis cap. 1 § 1), weil die arrha die Verträge stärke; wie soll aus ἀῤῥαγές wohl ἀῤῥαβών werden? Seit wann verwandelt sich γ in β? — Ebensolches Wagniss beging Hotomannus (Comment. ad pr. J. de E. V.), welcher arrha von aes, aeris abstammen lässt, weil die arrha meist in Geld oder doch Metall (z. B. in Ringen) bestehe. — Isidor in seinen Origines (opera tom. 3 lib. 9 cap. 7 col. 5) setzt der Naivität die Krone auf, wenn er sagt: „arra a re, pro qua datur; arrabo dicta quasi arra bona; quod enim datur pro conjugio bene datur, quia bonum est conjugium. Quodvero pro fornicatione aut adulterio, malum, idcirco arrabo non est. Wie gründlichen Quellenstudien Isidor oblag, erhellt daraus, dass gerade die arrha fornicationis sowohl in hebräischen (Genes. XXXVIII 17, 18, 20), als vielfach in römischen Stellen (z. B. Plaut. Truncul. III 2, 20 und Poenulus V 5, 1; V 6, 22) vorkommt.

Diese Erklärungen blicken nicht weit genug zurück, und werden darum mit Recht von der gemeinen Meinung verworfen, welche vielmehr daran festhält, dass das römische Wort arrha vom griechischen ἀῤῥαβών, dieses letztere aber aus den semitischen Sprachen abzuleiten sei. Diese Auffassung allein würdigt die arrha als ein Institut des jus gentium, als welches sie in den römischen Quellen erscheint; diese Auffassung harmonirt auch allein mit der Geschichte der Sprachen.

In der That nämlich findet sich die Wurzel des Wortes schon bei den Völkern, von welchen die älteste Cultur mit ausging, den Phöniziern (vgl. Schrader in seiner Ausgabe des corp. jur. civil. im Commentar zu pr. J. III 24 de E. V.) und Hebräern (vgl. insbesondere die umfassende etymologische Darstellung bei Hessdoerffer, diss. de arrha S. 6 ff.). Daher wurde nur selten die arrha für ein lateinisches oder griechisches Originalwort gehalten, sondern seit langer Zeit knüpfte man an die jüdischen Wurzeln כָּרַב (arab),*) פַּעֲרֻבָּה (arubah)**) und עֲרָבוֹן (aerabon, arophaun) an (z. B. Stephauus thesaur. s. v. *ἀῤῥαβών*, Arevalus comment. zu Isidor a. a. O. u. A. m.). — Die Araber brauchen statt aerabon. das Wort arrhabon.

Die Griechen scheinen durch den Handel Wort und Institut der arrha empfangen zu haben. Sie schreiben *ἀῤῥαβών*, doch kommt nach Becker's Zeugniss der Ausdruck auch mit e i n e m *ρ* vor. Dem ähnlich brauchten die Römer lange die Form arrhabo, so Plautus und Terenz; bald aber wurde die fremdartig klingende Endsylbe, so von Plinius und Plutarch, weggeworfen und die alte Gestalt ein „schmutziges Wort" genannt (Gellius, noct. Attic. XVII 2, 21). Daher war arrha (bisweilen auch ohne h) oder der Plural „arrhae" üblich geworden (Forcellini s. v. arrha). Diese Form erhielt sich im mittelalterlichen Latein (Ducange, glossarium etc. s. h. v.) und ging mit verschiedenen Wandelungen in die neueren Sprachen über. Hierher gehört der spanische Ausdruck Arras (vgl. Dicionario de la lengua española por Chao. Madrid 1853) und das französische Substantiv im Plural „Arrhes" (vgl. Littré, dictionaire de la langue française. Paris 1863), statt dessen als Provinzialismen „airrhes" (Berry), „Errhe" (Picardie), „Errhes" (Genf), „Airez" (wallonisch) vorkommen; die bis zum 17. Jahrhundert vorherrschende Form „Errhes" wurde früher mehr im eigentlichen, „Arrhes" im bildlichen Sinn gebraucht. Die italienische Sprache (vgl. Valentini, dizionario Italiano-Tedesco) weist für Daraufgabe die Bezeichnungen „arra, caparra, arrata" auf. In die deutsche V o l k s s p r a c h e ging das Wort nicht über, wohl aber in die **Rechtssprache** (und zwar in der Form „Arrha"; „ein Arr" bei Schmeller, bairisches Wörterbuch S. 90); in den Niederlanden insbesondere war der Ausdruck „Arrpenninck" üblich (Schwendendörffer, diss. de arratione thes. 1).

---

*) Ezech. 27, 9, 27; Jerem. 30, 21; Nahum 5, 3; Genes. 4, 3,9; Salamon. 11, 15; 6, 1; 17, 18; 20, 16; 27, 13; Hiob 17, 3; Jesaias 38, 14; Sirach 8, 4; Ps. 119, 122.

**) 2. Kön. 14, 14; Salamon. 17, 18.

***) Genes. 38, 17, 18 u. 20.

II. An die Wurzel ἀῤῥαβών lehnen sich die griechischen Worte ἀῤῥαβωνιάζω, ἀῤῥαβωνίσμα, ἀῤῥαβωνιάκος, ἀῤῥαβωνίκος*) an. Die lateinische Form arrha erzeugte vor Diocletian das Beiwort arrhalis**) und in der spätern Latinität die Verbalformen arrhare, subarrhare, arrher, enerrher***), und mit der Bedeutung „Geisseln“ die Bezeichnungen „arrhenes, arrhehenati“***), und ferner (s. u.) subarrhatio.

III. Was nun die Bedeutung dieser Worte angeht, so ist zunächst bezüglich der griechischen Sprache auf den Ausspruch des Grammatikers Hesychius bei Stephanus a. a. O. zu verweisen „ἀῤῥαβών ἐϛι πρόδομα (was vorhergegeben wird) καὶ ἄγκιϛρον“ (= Hacken, die was zusammenhält). Diese Definition entspricht zugleich dem bildlichen, wie dem natürlichen Sinne. Was insbesondere letzteren betrifft, so erscheint nach griechischem Rechte die arrha als Angeld, in späteren Stellen (vgl. §§ 12 ff.) auch als Mahlschatz. Damit ist die namentlich von Stephanus hervorgehobene Bedeutung einer Realversicherung verbunden.

Dieser vage Begriff, welcher arrha und pignus unter eine obere Kategorie zusammenfasst, tritt auch in der lateinischen, wie in den neueren Sprachen beim figürlichen Gebrauch des Wortes ein; es würde zu weit führen, an die zahlreichen Belege hierfür zu erinnern (s. Forcellini's Lexikon z. B.). Auch kann man die von Muther (Sequestration und Arrest Beilage II) zuerst und sehr treffend ausgeführte Behauptung nicht bestreiten, dass das Wort arrhabo und pignus für einander im juristischen Sinn gebraucht wurden, namentlich bei Plautus und Terenz. Aber diese Verwechselungen sind nur durch Nichtjuristen begangen worden, abgesehen von einem Falle (l. un. C. V 2), bei dem die Glosse dem Wort pignus (statt arrha) die Bemerkung beifügt „sed non vis est in nomine.“ Ueberdem erscheinen sie, wie Muther darthut, als berechtigt, weil das Wort pignus eine doppelte Bedeutung in sich trägt, die des Pfandes im eigentlichen Sinn und die der Realversicherung überhaupt, so dass die arrha nur als eine Art, als eine Individualisirung des Oberbegriffs in einer eigenen, kräftigeren, mehr Aufschluss gebenden Gestalt sich zeigt (vgl. „acrior“ und „gravior“ bei Gell. noct. Attic. XVII 2, 21). Wo das Wort dagegen von Juristen gebraucht wird, hat es den Sinn von Daraufgabe in der im § 7 angebenen Bedeutung (alle römischen Stellen ausser den in § 12 angegebenen) oder insbesondere Mahlschatz (§ 12), so dass die Definition Varro's de Lingua Latina V 175 „Arrabo sic data, ut reliquom quod ex eo quod debitum reliquom“, welche die Zufälligkeit, dass die arrha oft zugleich

*) s. Stephanus thesaurus s. h. v.
**) l. 3 C. 4, 49.
***) Stellen bei Ducange a. a. O.

dem Angeld ähnelt, zum Wesen erhebt, hier nicht angenommen werden kann. Uebrigens wurde der Unterschied zwischen pignus und arrha allerzeit auch von Nichtjuristen festzustellen gesucht, so namentlich von Augustinus, Isidor, Brissonius und Gallius (s. bei Muther.) — Insbesondere unter „pactum arrhale", welche Bezeichnung in den römischen Quellen allein in l. 3 C. 4, 49 vorkommt, versteht man den von der arrha handelnden Nebenvertrag (so Glosse, Westphal de arrha Romana S. 58 u. A. m.), also die Abrede der Bestellung der arrha, und nennt die Thätigkeit, durch welche dies pactum hervorgerufen wird, subarrhatio (Carpzow, jurispr. forens. p. 4 const. 20 def. 8 n. 3). Der undeutliche Ausdruck des Brissonius (de verb. signif. s. h. v.) „arrhale pactum = in quo intercessit arrha" darf nicht dazu verleiten, unter pactum arrhale die durch Arrha verstärkte Hauptconvention zu verstehen.

IV. Es bleibt uns noch übrig, auf die deutschen Bezeichnungen für arrha einzugehen. Die wichtigsten sind: Draufgabe (A. L.-R.), Handgeld, Haftung, Haftgeld, Haftpfenning, Haftgab (Ursinus a. a. O.*) th. 4), Handgift (= Handgabe s. Lauterbach a. a. O. cap. 6), Gönnegeld (s. Versuch eines vollständig grammatisch-kritischen Wörterbuchs der hochdeutschen Mundart, Leipzig 1744), Handtreu (Lauterbach a. a. O.), Treupfennig (Schwendendoerffer a. a. O. thes. 1), Toppgeld, Toppschilling (vgl. Hessdoerffer a. a. O. S. 1), auch Pfennig kurzweg (Münchener St.-R. Art. 309 Ausg. von Auer); die mit „Haft" zusammengesetzten Ausdrücke kommen von „haftel" (vgl. Grimm'sches Wörterbuch), d. i. jedes ein Kleid oder einen Mantel zusammenhaltende Instrument, und sinnbilden somit, dass die arrha ein Verknüpfungsmtttel sei. Inwiefern die Worte „Angeld, Weinkauf, Leutkauf, Gottesgroschen, Gottespfenning, hl. Geistpfenning (lateinisch im Mittelalter „denarius dei" s. Rössler's Brünner Schöffenbuch cap. de emtionibus 280), Reugeld, Reukauf, Reupfennig" den vorigen Ausdrücken synonym sind, wird sich im § 5 ergeben; jedenfalls ist Beyer's Mahnung im Volkmannus emendatus (Leipzig 1701 Th. 1 S. 110 sq.), man dürfe dies nicht Alles zusammenwerfen, umsomehr zu beherzigen, als es oft geschehen ist (so ist z. B. sogar „Leykauff" mit Mahlschatz verwechselt in der reformatio decanatus Bambergensis von 1463 Art. 40 s. Lauterbach a. a. O. cap. 6). Was die Ableitung dieser Worte anlangt, so ist bezüglich des Gottes- oder Heiligpfennig (z. B. Barth, Urtheil und Beschaydt am hochl. K. Cammergericht Th. 3 S. 792 u. 1032) auf die frühere Sitte zu verweisen, bei dem Vertrag zu Gunsten der Armen oder der Kirche, um damit Gottes Segen auf das Geschäft zu er-

---

*) a. a. O. s. § 2, ebenso bezüglich Lauterbach u. s. f.

bitten, eine Geldspende daraufzugeben, während jedoch Gottespfenning manchmal auch statt Gadespfennig (von Gaden = sich vereinigen) gesetzt ist, was eine zur Vereinbarung gegebene Summe bedeutet (Sammlung der wichtigsten Abh. z. Erläuterung der vaterländischen Geschichte III Hft. 2 S. 431). Wein-, Leit-, Lei- oder Nasskauf heisst ein durch einen Trunk befestigter Kauf (mercipotum vgl. dipl. ap. Grupen. Antiq. Hannov. 234) oder auch die Summe zur Bezahlung des Gelages oder endlich eine historisch daraus hervorgegangene Gabe, welche einem Vertragstheil gegeben, nicht gemeinschaftlich vertrunken wird (Trinkgeld), so dass die Spende lediglich als Zugabe zu Lohn oder Preis oder als Vorausgabe erscheint (vgl. Bluntschli, deutsches Pr.-R., Ausg. von Danz § 115, 2). Angeld ist gleich erste Theilzahlung. Ein Reukauf ist ein vorbehaltlich eines Reurechts geschlossener Kauf und man nennt auch die zum Erwerb des Reurechts beim Abschluss des Geschäfts gegebene oder auf den Fall der Ausübung des Reurechts versprochene Summe Reukauf oder Reugeld.

Für besondere Anwendungen der arrha besitzt unsere Sprache auch verschiedene Bezeichnungen, so

1) Treuschatz, Treupfand, Trauschatz, Mahlschatz (auch Mahlschatt in Niedersachsen s. oben Versuch eines vollständigen u. s. f.), Brautschatz und Ehepfand für arrha sponsalitia. Schatz bedeutet Gut überhaupt, insbesondere Geld; die Zusammensetzung mit den Worten Braut und Treue, sowie die Bedeutung des Ausdrucks „Ehepfand“ ergiebt der Zusammenhang. Bezüglich der Etymologie des Ausdrucks Mahlschatz wird man nicht mit Lauterbach a. a. O. th. 7 sagen dürfen „nam Germanica vox „Mahl“ signum denotat, et voce „Schatz“ frequenter sponsi sponsas suas salutare solent.“ Manche leiten vielmehr das Wort von der, der Wurzel „mal“ innewohnenden Bedeutung „eine Verbindung eingehen“ ab; am Meisten hat aber die Anknüpfung an mallum = Gerichtsstätte für sich, weil an dieser die desponsationes stattfanden. Da der Trauring die häufigste Form des Mahlschatzes ausmacht, heisst der Ringfinger auch Malfinger. Dass der Ausdruck „Mahlschatz“ auch für Brautgeschenke überhaupt gebraucht wird (vgl. Friedberg in Dove's Ztschr. f. Kirchen-R. 1861 Abh. 11), thut der Wahrscheinlichkeit dieser Abstammung nicht Abbruch, sondern bestärkt sie.

2) Für die arrha bei der Gesindemiethe sind üblich die Ausdrücke: Miethgeld (A. L.-R. Tit. 5 § 23), Handgeld (D. H.-Gb. 285), Haftgeld (bad. Dienstboten-Gesetz von 1868), Bindepfennig (Strassburger Pol.-O. von 1628 Tit. 4 s. 6), Miethpfennig (Samml. cöln. V.-O. 1773 Bd. 2 S. 264), Pfennig (Münchener St.-R. um 1350 Art. 209), Haftung (Ulmer Gesinde-O. 1826, rev. 1852 § 6 u. A.), Haftlgeld

(bayr. L.-R. Th. 4 cap. 1 § 11), Handding (v. Kreittmayr Anmerk. dazu a. a. O.), und am gebräuchlichsten Dinggeld, d. i. das beim und zum Vertragsschluss (Dingen) gegebene Geld, nicht zu verwechseln mit der andern Bedeutung des Worts als „Geld für Abhaltung eines Gerichts“ (Lexer, mittelhochdeutsches Handwörterbuch Bd. 1 S. 434).

3) Eine besondere Art der arrha beim Pferdskauf heisst Zaum- und Halftergeld, beim Kauf von Landgütern, insbesondere Häusern, dagegen Schlüssel- und Heerdgeld aus leicht ersichtlichen Gründen.

V. Im Französischen kommt statt arrha auch „denier-à-dieu“ (Gottespfennig) oder „denier d'adieu (eine bei Verabschiedung der Contrahenten, also nach dem Vertragsschluss gegebene Münze) vor (vgl. Pothier und Troplong an den im § 31 angegebenen Orten).

§ 2.

II. Literatur und Quellenübersicht.

Abgesehen von allerwärts eingestreuten Literaturnotizen, sowie von Literaturangaben bezüglich besonderer Arten der arrha (§§ 13, 21, 29, 30, 31), mag hier auf diejenigen Schriften aufmerksam gemacht werden, welche von der arrha überhaupt handeln, nämlich:

I. An Dissertationen dürfte vielleicht die älteste sein: Saxii arcana arrhae Lips. 1601. Aus der ältern Zeit ragt sodann Lauterbach*) tractatio de arrha (1657) hervor; diese durchaus gründliche und selbständige Schrift rief eine Fluth von Nachbildungen hervor, so Ursinus disp. inaugur. de contractu arrhali (1660), Schwendendoerffer de arratione (1662), Mader arrharum materiam (examinabit) (1697), Feltzii diss. excerpt. controv. illustr. de arrhis (1708). Eine selbständige, auch von philosophischen Gedanken durchdrungene Arbeit ist des Thomasius Abhandlung „de arrhis emtionum“ (1702, 1740); auf diese folgten die Schriften: Pestel de arrha contractuum (1735), Janson de differentia inter arrham rom. et palatin. juris (1747), Dreyer de differentia jur. roman. et german. in arrhis emtionum (1747). Neue Bahnen schlug Zumbach de arrha contractuum (1828) ein, jedoch ohne Glück. Hessdoerffer de arrhae etymologiae, historiae, juris respectu habito (1856) enthält namentlich in etymologischer und historischer Beziehung manches Neue und Gute, während umgekehrt mehr die dogmatische Seite einer eingehenden, freimüthigen und gedankenvollen Revision bezüglich vieler Hauptfragen von Westphal (de arrha Romana 1871) unter-

*) Wo eine Dissertation einen autor und einen praeses nennt, wird der letztere citirt.

zogen wurde. Einen besonders förderlichen Specialbeitrag zur Geschichte des arrhalischen Rechts verdanken wir Muther, der seinem Werke „Sequestration und Arrest (1856) als Beilage II die interessante Abhandlung „pignus und arrha“ beigefügt hat, welche übrigens viel mehr als die in ihrem Titel angezeigte Abgrenzung zwischen Pfand und Daraufgabe behandelt.

II. In den bekannten Systemen des deutschen wie des römischen Rechtes, deren Titel hier einzudrucken wohl überflüssig ist, findet sich die arrha in den eingeklammerten §§ besprochen, nämlich bei: v. Arndts (240), Baron (107), Beseler (121), Bluntschli (115), v. Gerber (164), Göschen (Bd. 3 S. 194), Hillebrandt (100), v. Keller (222), Mackeldey (507), Maurenbrecher (403), Mittermaier (280), Mühlenbruch (341), Puchta (254), Runde (187), Scuffert (280), Sintinis (99), Thibaut (447), v. Wening-Ingenheim (Buch 3 § 88) und dazu Fritz, Erläuterungen zu v. Wening Buch III S. 310—316, v. Windscheid (325). — Ferner sind die Lehrbücher des Obligationenrechts von Bucher, 2. Aufl. § 34 sub 2, Koch, Recht der Forderungen Bd. II S. 334, v. Savigny Band 2 § 79 und Unterholzner (§§ 11, 237, 774) zu vergleichen. Glück, Pandecten-Commentar, behandelt die arrha in den §§ 982, 1009 und 1226; die älteren Commentare sind, wenn sie Wichtiges bieten, in der Abhandlung citirt. Für das Handelsrecht s. Endemann's Lehrbuch § 99 und die bekannten Commentare. — Die particularrechtliche Literatur s. § 31, 2 und dazu v. Wächter, Handbuch des im Kgr. Würtemberg geltenden Privatrechts § 107. — Schliesslich ist auf die s. v. arrha in den Rechtslexiken von Weiske bzw. v. Holtzendorff vorkommenden Artikel aufmerksam zu machen, die von Heimbach bzw. Rivier herrühren.

Was die Quellen anlangt, so ist bezüglich des Mahlschatzes, des Dinggelds, des Werbgelds und der Advokatenarrha auf die §§ 12, 29 und 5 zu verweisen. Im übrigen sind folgende Stellen, die in den jeweils eingeklammerten §§ abgedruckt sind, von besonderer Wichtigkeit:

I. Römisches Recht: Gaj. III 139 (§ 7); pr. J. III 23 (§ 7); D. l. 5 § 15 XIV 3 (§ 8); l. 35 pr. XVIII 1 (§ 7); l. 6 und 8 XVIII 3 (§ 36), l. 11 § 6 XIX 1 (§ 10), C. r. p. l. 17 IV 21 (§ 21), l. 2 IV 45 (§ 7); l. 3 IV 49 (§ 10); l. 1 IV 54 (§ 36); Basil. const. 33 XIX 1 (§ 7), c. 6 XIX 3 (§ 36), c. 27 XIX 5 (§ 7), c. 11 § 6 XIX 8 (§ 10).

II. Aelteres germanisches Recht: l. Bajuv. tit. 15 cap. 10 (§ 33); ibid. tit. 16 cap. 2 (§ 5); l. Fris. XXXII 9 No. 248 (§ 8); altes lübisches Recht (Codex von 1294) Art. 117 (§ 7); altes culmisches (und magdeburgisches) Recht Buch V Tit. 1 (§ 7); ditmarscher Landrecht § 38 (§ 33); brünner Schöffenbuch Art. 280 (§ 27).

III. Neueres deutsches Recht: Die wichtigsten und neuesten Codifikationen s. § 6; zudem: Hamburger Statuten und Gerichtsordnung Thl. 2 Tit. 8 Art. 10 (§ 11); Wormser Reformation Buch 5 Tit. 1 (§ 37); Churpfälzisches L.-R. Thl. 2 Tit. 7 (§ 8 und § 37); Geldern'sches L.-R. Thl. 4 Tit. 3 § 1 I (§ 7); L.-R. des Herzogthums Preussen Buch 4 Tit. 6 Art. 7 § 3 (§ 37); Mühlhauser Statuten und Gerichtsordnung Thl. 2 Art. 2 § 6 (§ 39) und Thl. 2 Art. 22 § 5 (§ 7).

IV. Französisches Recht: Contumes von Bar Art. 197 (§ 39) von Sens, Auxerre, Châlons (§ 35) in den Art. 256 bzw. 141 bzw. 268, dann von Rheims und Laon (§ 36) in den Art. 400 bzw. 278; Code civil Art. 1589, 1590, 1715 (§ 34).

Des ersten Buches

(Von der Daraufgabe im Allgemeinen)

erster Theil.

Geschichte.

§ 3.

I. Vorrömisches Recht.

Der Character der römischen Rechtsbestimmungen über die arrha und deren besondere Anwendung bei den nichtcivilen Geschäften des Kaufs und des Verlöbnisses weisen schon auf den Schluss hin, dass ein Institut des jus gentium vor uns liegt. Dieser Schluss erhält eine wesentliche Bestärkung durch die Geschichte des Wortes arrha, welche in § 1 gezeichnet wurde. Die arrha wurde von den semitischen Völkern, bei denen sie sich zuerst findet, den Griechen, von diesen den Römern übertragen. Wenn wir diesen Faden festhalten, so verknüpft sich mit der Auslegung der ältesten hebräischen wie griechischen Stellen ein besonderes Interesse. Allerdings darf man sich von demselben nicht, wie z. B. Ursinus a. a. O. thes. 17, Schwendendoerffer a. a. O. thes. 20 u. A., dazu verleiten lassen, Alles dasjenige, was der arrha ähnelt, als solche aufzufassen; so sind die Berufungen der gedachten Autoren auf 1. Macab. X, 89, Genesis XLII, 42 und mehrere homerische Stellen abzuweisen. Es finden sich vielmehr nur folgende Anhaltspunkte im vorrömischen Rechte:

I. Im hebräischen Quellenschatze begegnen uns zwei Stellen, welche ziemlich unstreitig von der arrha handeln, nämlich:

a) Genes. XXIV, 22, wo übrigens nicht das Wort aerubah u. A. gebraucht ist, handelt von Geschenken, welche der Diener Abrahams der Rebekka, um welche gefreit wird, übergiebt. Man hat behauptet, dieses seien einfache Geschenke ohne weitere Bedeutung (vgl. z. B. v. Neumann, jus reale principum l. 5 tit. 9). — Dagegen machte Lauterbach a. a. O cap. 32 mit Recht darauf aufmerksam, die beim Brunnen gegebenen Geschenke seien blos in der Absicht, Rebekka günstig zu stimmen, erfolgt, — dagegen die im Hause nach Ansprechung der Eltern und unmittelbar nach erfolgter Verlobung gemachten Gaben trügen das Wesen des Mahlschatzes in sich.

b) Genes. XXXVIII, 17—20 (vgl. Michaelis mosaisches Recht Band 2 § 98) erzählt, dass Juda mit seiner verkleideten Schwiegertochter Thamar eine locatio conductio ad fornicationem um einen Ziegenbock schloss, und auf Verlangen Thamars zum Zeichen, dass er den Bock wirklich später schicken wolle, als aerab Ring, Schnur (Gürtel) und Stab ihr gab, welche Gegenstände er nach Lieferung des Thieres wieder haben wollte.

Man würde den Kenner des primitiven mosaischen Rechts verspotten, wenn man ihm die Aufgabe stellte, in unserer heutigen Weise und auf Grund so geringen Materials der arrha eine feste juristische Construction zu geben. Nur soviel mag hervorgehoben werden: Ring, Stab und Schnur sind keine Gegenstände einer durch sich selbst diensamen Realversicherung, wie des Pfandes, sondern erscheinen hier als Symbole, gerade wie auch im römischen Rechte sowohl in dieser Anwendung (z. B. Plautus, mil. glorios. IV 1, 11 sq.) und auch als ein von der Schule beliebtes Beispiel (z. B. l. 11 § 6 D. 19, 1) der Ring vorkommt; die Unterscheidung zwischen pignus und arrha blinkt also wohl hier durch und es kann dies umsoweniger Verwunderung erregen, als die bekanntlich sehr wortarme hebräische Sprache für Pfand und Verpfänden wieder andere Ausdrücke besitzt (chafaul, afauth).

II. Dass der Ursprung der arrha nicht in Griechenland zu suchen ist, sondern erst in den Zeiten gesteigerten Verkehrs die Daraufgabe dahin einwanderte, dies geht sattsam schon aus dem einen Umstande hervor, dass die homerischen Werke, welche wohl auf alle Sitten des ältern Griechenvolkes die Sprache bringen, das Wort *ἀῤῥαβών* gar nicht gebrauchen (vgl. Crusius, Wörterbuch zu Homer). Auch die Benennung des Thales von Milet als Erfinders der arrha (Wachsmuth, hellenische Alterthumskunde, 2. Auflage II S. 189) beruht auf Missverständniss aus Aristot. Politic. I 4, 5, wie richtig in der Stark'schen Ausgabe von Herrmann's griechischen Privatalterthümern § 66 Note 12 bemerkt wird. Die arrha nach griechischem Rechte hat insbesondere an obengedachter Stelle, dann bei Cujacius observ. II cap. 17, Hessdoerffer und Westphal a. a. O. S. 19 bzw. 48 Erwähnung gefunden; dem dort aufgeführten Quellenmaterial, nämlich Theophrast *περὶ συμβολαίων* bei Stobaeus, sermon. 44, 22, Plato legg. 9 S. 915 D, Harpocr. p. 62 (abgedruckt sämmtlich bei Herrmann-Stark), möchte ich nur die im Boeckh'schen corpus inscript. Graecar. (Band 2 No. 2058 S. 122) aufgeführte inscriptio Olbiopolensis beifügen, nach welcher (zu einer zwischen dem 2. Jahrhundert und dem Jahre 50 v. Chr. liegenden Zeit) Protogenes zu Olbia, nachdem er mit Arbeitern übereingekommen war, dass sie die gegen die Einfälle der Geten gerichteten Pläne bezüglich der Stadtbefestigung um 1500 aurei ausführten, als *ἀῤῥαβών* sogleich 500 aurei auf den Versammlungsplatz brachte, an welchem die Uebereinkunft geschlossen war. Natürlich bleiben hier die Quellen des nachrömischen griechischen Rechtes ausser Acht, weil dieselben lediglich als Paraphrasen des justinianeischen Rechtsstoffes erscheinen, so namentlich nebst den dortigen Anmerkungen die Basilikenstellen: c. 33 XIX 1; 6 XIX 3; 27 XIX 5; 11 § 6 XIX 8; 16 XXII 1; 2 und 3 XXVIII 2, und 20 XXXVIII 1, welche in Verbindung mit dem römischen Rechte zur Sprache kommen.

Während nach römischem und deutschem Rechte die arrha dem Angeld ähneln kann, so besteht gerade eine Haupteigenheit der griechischen arrha darin, dass sie stets als pars pretii sich darstellt, ja sogar im Verhältniss zum Werth des Kaufobjects steht. So offenbart sie sich wenigstens in dem auch von Plato adoptirten Gesetze des Charondas, welches vielfach und auch insbesondere in Thurii galt. Dieser Auffassung der arrha muss man die im römischen Rechte nicht vorkommende Thatsache zuschreiben, dass die griechische arrha wesentlichen Einfluss auf das Hauptgeschäft (Kauf und Miethe in den Quellen erwähnt), also das accessorium auf das principale, ausüben konnte; während nämlich nach andern griechischen Rechten der Eigenthumsübergang der gekauften Sache erst nach völliger Zahlung des Preises stattfand, so knüpfte er sich hier an den Vertragsabschluss, und wenn der Verkäufer Handgeld empfangen hatte und den Vertrag brach, musste er den vollen Betrag des Kaufschillings strafweise bezahlen, während der Käufer im gleichen Fall das Handgeld verlor. Bezüglich der Klagen in solchen Fällen herrscht ein Streit, von welchem bei Hessdörffer a. a. O. Näheres zu ersehen ist; von der Ansicht ausgehend, dass man bei der Mangelhaftigkeit des Materials nur Hypothesen aufstellen kann und dass solche nach den möglichen Richtungen hin schon existiren, verzichten wir auf die Austragung der Controverse.

§ 4.

II. Römisches Recht.

Es entspricht der gewöhnlichen Meinung, die arrha der Römer mit Varro de Lingua Latina V 48 von dem Verkehre mit den in Uuteritalien (Magna Graecia) angesiedelten Griechen herzuleiten, und man wird bei dieser sehr natürlichen Ansicht um so mehr stehen bleiben können, als Westphal seine eigene Conjectur, die römische arrha stamme von den Handelsbeziehungen mit Carthago her, dieser obigen Auffassung gegenüber, welche namentlich aus dem etymologischen Hergang sich rechtfertigt, nicht aufrechthalten will.

Die Entwickelungsgeschichte der arrha traf das Schicksal der Verborgenheit und der Verwirrung; die letztere herrscht insbesondere, was die spätere Ausbildung des Instituts anlangt, und vermummt sich in die vieldeutigen Namen „arrha pacto imperfecto adjecta" und „poenitentialis", und es müssen diese Larven in besondern Abhandlungen (§§ 21—28, 31—40) weggenommen werden.

Die Verborgenheit aber würde heute noch die ursprünglicheren und älteren Gestaltungen der arrha bedecken, wenn nicht Muther in seiner gründlichen und scharfsinnigen Untersuchung „pignus und arrha" Licht geschaffen hätte. Bei der Beurtheilung historischer Forschungen geht man freilich irr im Glauben, für jeden Satz einen sicheren Quellenbeleg finden zu müssen, und es kann daher Hessdoerffer's Einwurf (S. 13—17), es fehle der Muther'schen Hypothese hieran, nicht angebracht sein. Muther gesteht diesen Einwand zwar selbst zu, aber es tritt auch eine besondere Entschuldigung ein: alle auf die fiducia (um welche es sich handeln wird) bezüglichen Stellen sind grundsätzlich aus den Justinianeischen Compilationen verbannt.

Doch gehen wir auf die Sache selbst ein! Muther characterisirt die arrha historisch als Verpfändung durch Eigenthumsübertragung sub pacto fiduciae. Der Ausdruck „Verpfändung" will aber von Muther nicht im technischen Sinn gebraucht sein. Arrha und pignus erscheinen beide als Realversicherungen, und es werden in nicht-juristischen Schriften auch beide Ausdrücke, selbst wo es sich um juristische Verhältnisse handelt, gleichgebraucht (§ 1 und ausführlich Muther S. 369—372); beide fallen auch unter dem Oberbegriff der Realversicheruug, der Verpfändung im weitern Sinn zusammen.

Das Wesen des pactum fiduciae besteht bekanntlich darin, dass bei der Eigenthumsübertragung der empfangende Theil eine obligatio restituendi eingeht. In der That ist eine solche Obligation zur Rückgabe der arrha in vielen Fällen heute gesetzlich begründet, und man könnte zu diesen gesetzlichen Bestimmungen keinen besseren Schlüssel finden, als den Umstand, dass das frühere Rechtsleben, die Vertragsübung selbst, zu einer späteren derartigen gesetzlichen Fixirung geführt haben. Auch wird Niemand läugnen, dass der Natur der arrha die angezeigte Construction wohl ansteht. Ferner war bei dem an Rechtswerkzeugen armen Apparat des älteren römischen Rechts das pactum fiduciae wohl neben der strengcivilen Stipulation das einzige Mittel zur Erreichung des angedeuteten Effekts. Zudem erscheint die arrha als Institut des jus gentium mit bonae-fidei-Natur und die actio fiduciae ist, wie Muther richtig bemerkt, „die in eine Klage verkörperte Berücksichtigung der bona fides selbst" (Cicero orat. pro Roscio c. 6; idem epist. ad divers. VII e 12). Auffallender Weise stehen weiter gerade pignus und lex commissoria, wie allgemein zugestanden wird, mit der fiducia historisch in engem Zusammenhang, und gerade wieder mit pignus und lex commissoria weist die arrha die engsten Beziehungen auf (§ 1 und § 36). Ferner lassen alle von der arrha handelnden Stellen eine solche historische Erklärung zu; insbesondere folgt aus l. 6 und 8 D. XVIII 3 (§ 36), dass auch dem pactum arrhale, also nicht blos dem Hauptvertrag, die (mit der fiducia meist in Verbindung stehende) lex commissoria beigefügt sei. Uebrigens findet sich schon in der älteren Doctrin dies verwandtschaftliche Verhältniss von fiducia und arrha anerkannt (Ursinus thes. 55).

Diesen Ausführungen stellen die Gegner (Hessdoerffer S. 13 bis 17; Westphal S. 44—57) den bisher unangefochtenen Satz entgegen, dass die fiducia nur bei mancipatio und in jure cessio, nicht aber bei blosser traditio vorkomme. Allerdings würde eine Anknüpfung der arrha an die mancipatio, wie sie z. B. Caldas (tract. de emt. vend. Cap. 18 num. 33 i. f.) beliebt, sich als Wagniss offenbaren, indem die arrha dem jus gentium, die mancipatio aber dem jus civile angehört, und daher von einer arrha rei mancipi höchstens im uneigentlichen Sinn und nur von Nichtjuristen gesprochen wird (Terent. Heautontim. III 4 v. 10 sq.). Auch kommt in den Quellen das pactum fiduciae nicht bei der zur Bestellung der körperlichen arrha dienenden Tradition, sondern gerade bei der mancipatio und in jure cessio vor (Gaj. II 59; III 201; Boëthius ad Cicer. Top. c. 10 l. 4). Aber Muther behauptet ja keineswegs, dass nicht die Tradition, sondern die Mancipation bei der arrha angewendet werde, nnd sein Beweisthema läuft vielmehr eigentlich darauf hinaus, dass das pactum fiduciae auch ohne mancipatio oder in jure cessio vorkäme! Welche petitio principii des Gegenbeweises liegt also in dem Einwurfe, bei der Tradition gebe es keine fiducia!

Ebenso unberechtigt erscheint Westphal's Behauptung, die arrha werde nicht zu Eigenthum übergeben, es sei daher kein Raum für ein pactum fiduciae vorhanden; darüber vgl. §§ 8, 10.

Einen eigenthümlichen Einwand erhob noch Hessdoerffer: beim pactum fiduciae sei die Befugniss zum Verkauf der übergebenen Sache in der Regel nicht vorgekommen, dagegen gehe die arrha zu vollem Veräusserungsrechte über. Allerdings sollte bekanntlich der Fiduciar die erhaltene Sache nicht veräussern; aber hierzu war er nur obligatorisch verbunden; veräusserte er wirklich, so war der Uebergeber um seine Sache geprellt und auf den Fiduciar allein angewiesen. Ist bei der arrha das Verhältniss ein anderes? Auch hier soll der Empfänger der Sache im Hinblick auf die bei Erfüllung der Hauptobligation ihn treffende Restitutionspflicht die Sache, welche er als Eigenthum empfing, aufbewahren; aber auch hier steht dem Geber der Sache, im Fall der Empfänger sie weiter veräussert, kein dingliches Rechtsmittel, sondern nur die Vertragsklage gegen den Empfänger zu.

Es erscheint somit im höchsten Grade wahrscheinlich, dass das Gebiet der fiducia sich weiter, als auf die Fälle der manipatio und in jure cessio erstreckt habe und dass gerade das pactum arrhale ehemals in einer Eigenthumsübertragung sub pacto fiduciae zum Zweck einer Realversicherung bestand; — auch kann dieser Satz dadurch, dass das civile pignus cum pacto fiduciae nicht durch blosse Tradition bestellt ward (Dernburg, Pfandrecht I S. 8 ff.), nur eine weitere Bestärkung erhalten. Das Bedürfniss hatte in der arrha den strengcivilen Formen des pignus gegenüber ein paralleles Institut des jus gentium nebenher gehen lassen. Dieses Bedürfniss fiel mit der Umgestaltung des Pfandrechts weg. Die arrha aber fixirte sich g e s e t z l i c h und o h n e A b r e d e der fiducia in dem Sinne, dass sie mit dem vollen Eigenthumsrecht dem Pfandrechte als einem jus in re aliena, was es ehemals nicht war, nunmehr, abgesehen von anderen Unterschieden, schroff entgegensteht (§ 7). Ihre materielle Wirksamkeit als Caution blieb dabei unberührt, ihr Beweiswerth aber konnte bei dieser Umgestaltung um so mehr herrschend hervortreten, weil man nun für alle Fälle dem Verkehr mehr entsprechende andere materielle Sicherungsmittel, als die arrha zu Gebote hatte und wohl mehr des Beweiseffekts halber die arrha benützte, indem die arrha als Zeichen des Vertragsabschlusses angesehen ward (§ 7).

Der Gegenstand der arrha erscheint bald bedeutend, bald unbedeutend, offenbar je nachdem der Beweiszweck oder das Streben nach materieller Sicherheit vorwiegt. So finden sich Arrhen geradezu als wichtige Gegenstände der Compensation (l. 6, 8 D. XVIII 3); über eine sehr reichliche arrha (darum „arrhae regiae“ genant) s. auch Capitol. in Maximino cap. I; die letztere bestand namentlich in Schmuckgegenständen. Isidor (etymol. V, 3) erwähnt des ungeprägten Geldes, als arrha, das man seit Numa Pompilius nach Pfunden mass, — Plinius (XXXIII 6. i. f. hist. nat.) nennt als häufigsten Gegenstand die seit Servius Tullius eingeführte Münze und für die Zeit vorher den Ring, der für die arrha beim Verlöbniss bis heute stehen blieb und von der Schule häufig als Beispiel in den Fragmenten gewählt wird (l. 5 § 15 D. XIV 3 und l. 11 § 5 D. XIX 1). Von der Zeit der Einführung geprägten Geldes an ist, wie der Handel überhaupt, so auch die arrha häufiger geworden (Plin. l. c.).

Die Anwendung der arrha fand, obwohl auch vom völkerrechtlichen Verkehr nicht ausgeschlossen (Gellius noct. Att. XVII 2, 21), hauptsächlich im Privatrechte und zwar vorzüglich bei Consensual-Contracten statt. Die Quellen weisen insbesondere auf

Miethe (speciell fornicatio vgl. § 1), Wette (Plin. l. c.) und Spiel,*) namentlich aber auf den Kauf (§ 11), z. B. insbesondere bei Versteigerungen (Isidor l. c.). Namentlich findet sich auch beim Verlöbniss seit Papinian respons. lib. tit. 28 vgl. § 12) eine arrha aufgezeichnet.

Uebrigens konnte nach dem geschlossenen römischen Contractssystem, da die arrha keinen eigenen Contract abgiebt (§ 8), eine rechtswirksame Bestellung derselben nur durch ein pactum bonae fidei contractui in continenti adjectum, als welches das pactum arrhale in l. 35 D. XVIII 1; l. 6, 8 D. XVIII 3, l. 11 § 6 D. XIX 1, l. 2 C. IV 45, l. 4 C. IV 54 erscheint, oder durch Stipulation erfolgen. Im letzteren Fall diente dann eine actio ex stipulatu (Mader § 34). Diese Stipulation war aber bezüglich der arrha beim Verlöbniss nur im ältern Rechte (Varro de Ling. Lat. V 7; Gellius, noct. Att. IV 4), nicht auch im neueren (l. 14 C. V 4) zulässig. Die Kaiserzeit bildete jedoch, wahrscheinlich schon an die lex Julia et Papia Poppaea anlehnend (§ 14), gerade diese Art der Daraufgabe (arrha sponsalitia) besonders aus und umgab sie mit selbständigen Klagerechten. Damit war eine Art des pactum arrhale durch kaiserliche Constitution zum pactum legitimum erhoben (l. 6 D. II 14; Mackeldey, Lehrbuch § 428). Justinian machte in gleicher Weise das pactum arrhale, welches zu klaglosen Vorverträgen hinzutritt, zu einem solchen pactum legitimum (§§ 21—28).

Die griechisch-römische Jurisprudenz liess Justinian's Erbschaft unangetastet.

§ 5.

III. Deutsches Recht.

1) Vor den Codificationen.

So sehr das römische Rechtsleben als Muster hingestellt werden kann, so war dasselbe doch nicht mit dem Volksleben so anziehend verwebt, wie das germanische Recht. Die grosse Reihe deutscher Rechtssprichwörter, von welchen viele auch die arrha betreffen (vgl. Graf und Dietherr, Deutsche Rechtssprichwörter 2. Ausg. S. 243), und die Fortexistenz altherkömmlicher Rechtssymbole beweisen dies. So pflegte man auch längst vor der

*) So sagt Muther a. a. O. S. 375 Anmerk. 3: Uebrigens scheint auch das Einsetzen von Spielmarken als arrha gegolten zu haben; denn die bei C. F. Hommel, jurisprud. numismatib. illustr. Lips. 1763 p. 67 sq. erwähnte und abgebildete Münze mit der Inschrift „Qui Ludit || Arram || Det Quod || Satis Sit“ ist doch wohl eine Spielmarke.

Reception durch besonders hervortretende äussere Zeichen, wie Handstreich und dgl., den Vertragsabschluss zu documentiren und es wurden in dieser Art auch gewisse Gaben verwendet, an welche die römische arrha anknüpfen konnte:

I. So bestand an vielen Orten der fromme Gebrauch, nach dem Vertragsschluss zu milden Zwecken, insbesondere in den Gotteskasten, Etwas zu opfern (Gottespfennig, denarius dei, denier-à-Dieu). Wie Mevius naiv berichtet (ad jus Lubec. l. III t. 6 Art. 6), fanden die Parteien es aber bald für besser, daraus eine Gabe zu machen, welche ein Vertragstheil dem andern zu dessen eigenem Nutzen gewährte; daher wird auch häufig diese als ein Zeichen der Vereinigung (Gadespfennig vgl. § 1) aufgefasst, welches, bevor die Parteien nach dem Vertragsschluss von einander scheiden, gereicht wird (Denier d'adieu).

II. Noch heute findet man im Volksleben, namentlich bei Landleuten, oft die gemüthliche Anschauung, dass man bei einem Geschäft noch Etwas dreingeben müsse ausser dem eigentlichen Vertragsgegenstande, und die Sitte legt oft dem Verkäufer eine derartige Pflicht auf. In älterer Zeit finden sich solche Bräuche geradezu in Rechtsformen eingekleidet, und man spricht hier vom „in den Kauf geben“ (Lauterbach thes. 87) oder überhaupt von einem Daran- oder Daraufgeld im strikten grammatischen Sinn. Einzelne Anwendungen hiervon erhielten eine besondere Gestaltung, nämlich:

a) Das heute noch fast allgemein übliche Dinggeld (vgl. §§ 29, 30).

b) Oft giebt der Käufer neben dem Preise bei Erstehung eines Landguts den Bedientesten oder gewöhnlicher der Frau und den Töchtern des Verkäufers noch eine besondere Gabe, das s. g. Heerd- oder Schlüsselgeld, zu dessen Entrichtung er natürlich nur, falls Vertrag oder Gewohnheit sie gebieten, verpflichtet ist (vgl. Lehrbücher des deutschen Privatrechts von Mittermaier und v. Gerber § 280 bzw. 165; Kaemmerer, Beiträge zur Lehre vom Schlüssel- oder Heerdgeld, Rostock 1833; Brockes observ. 548; Volkmannus emend. von Beyer Th. 1 Tit. 3 Cap. 22 No. 6).

c) Beim Pferdkauf findet sich, angeblich für die Zuführung des Thieres, oft neben dem Preise eine besondere Gabe, welche man Zaum- oder Halftergeld nennt (vgl. Systeme des deutschen Privatrechts von v. Gerber und Maurenbrecher § 165 bzw. § 331 und Banacossa tractat. de equorum materia quaest. 8).

III. Gleichfalls heute noch existirt die Sitte, dass beim Kauf ein oder beide Theile, namentlich aber die Käufer, einen Trunk geben, „damit durch das Glässgen die deutsche Treu desto mehr bekräfftiget werde“ und man spricht dann von einem Weinkauf

(§ 1). Dieser Ausdruck oder noch mehr das Wort „Trinkgeld" werden auch da gebraucht, wo der Ursprung des Instituts in Vergessenheit gerathen ist und, statt Geldaufwand für einen Trunk zu machen, lediglich eine Gabe Platz greift.

IV. Speciell wegen des Mahlschatzes s. § 19.

Diese verschiedenen Gaben dienten in keiner Weise als Sicherungsmittel, sondern wurden unwiderbringlich gereicht. Eine Combination derselben stellte sich bei der Verschiedenheit der Anlässe als natürlich dar. Je geringer der materielle Werth dieser Rechts-Institute zu schätzen ist, desto steifer hielt das Volksleben daran fest und erhöhte ihren Beweiswerth, der juristisch nicht sehr hoch erscheint (§ 7), in der Lebensanschauung bedeutend; ja es kam dahin, dass ohne solche Symbole des Vertragsschlusses diesem letzteren manchmal keine Gültigkeit beigelegt ward (§ 11). Daher erklärt es sich auch, dass die arrha mit in das Beweissystem verflochten wurde, und es mag ausser den in § 7 I genannten Stellen (insbesondere Ziffer 10) auch tit. 16 de testibus et eorum causis cap. 2 i. f. der l. Bajuv. desshalb hier Platz finden, wo es heisst: „Si autem testis per aurem tractus fuerit de compositione finienda vel propter arrhas qui donat quasi pro pignore qualem cumque rem usque dum solvat debitum et pignus recipiat illum testem nemo repellat nec potest sed consentiat."

Während das canonische Recht nur bezüglich des Mahlschatzes Einfluss übte, griff die Reception des römischen Rechtes tiefer ein.

Die verschiedenen obengenannten Gaben, welche man mit Recht deutsche oder uneigentliche Arrhen genannt hat (Maurenbrecher a. a. O. § 403), bewahrten selten ihre besondere Natur und gingen im allgemeinen Begriff der arrha unter. So werden aus dem Gottespfennig und dem Trinkgeld einfache Daraufgaben. So sind die Ausdrücke Haftgeld und arrha in der Mühlhauser Ordnung Th. 2 Art 22 § 5 (vgl. § 32) gleichbedeutend gebraucht. Das Churpfälzische L.-R. fasst unter der arrha Weinkauf und Gottespfennig zusammen (Th. 2 Tit. 7 § 1 verb. mit § 21, vgl. §§ 8 und 37 dieser Abh.) und das bayr. L.-R. Th. 4 Cap. 1 § 11 sagt „arrha conventionalis oder das s. g. Wein-, Ding-, Haftel- oder Darangeld." Als Consequenz dieser veränderten Auffassung musste anlehnend an das römische Recht die arrha aus einem blossen Beweis-Institut zu einem gleichzeitigen Sicherungsmittel herangebildet werden. So ordnet schon die l. Bajuv. für den Fall der Vertragsvernachlässigung den Verlust der arrha an (§ 9). Schon dieses Beispiel, dem die §§ 37—39 andere anreihen, lässt vermuthen, dass das deutsche und auch das französische Recht (§ 34) in der Ausbildung der pönalen Seite weiter gingen, als das römische. Ueberhaupt stellt, abgesehen von den durch die Codifikationen fortgesetzten Strafbestimmungen das deutsche Recht auch sonst sich nicht als lediglich receptiv hin. Vielmehr erhielt sich zum Theil der Gebrauch, dass die arrha nicht zurückgegeben werde (§ 9); auch wurde die Stellung der arrha beim klaglosen Vorvertrag zufolge der allgemeinen Klagbarkeit der Verträge beschränkt (§ 27) und wegen des gleichen Grundsatzes auch das pactum de subarrhando und ein pactum arrhale selbst, welches weder legitimum, noch adjectum ist, rechtswirksam, übrigens unter Aufrechthaltung der accessorischen Natur der arrha (§ 8). Ja die deutsche Praxis drohte die arrha aus einem Bestärkungsmittel der Verträge zu einem Preise des beliebigen Rücktritts zu machen, so dass auch ohne Abrede der Kauf mit arrha ein Reukauf sei (§ 32), von dem die Parömie gelte „door rouwkoop mag men voldoen hetgeen men nît wil betalen" (Graf und Dietherr a. a. O.).

Auch schuf das deutsche Rechtsleben noch ziemlich spät zwei wieder zu Grabe gegangene Anwendungen der arrha:

1) Das Werbgeld, d. i. eine dem Dinggeld ähnliche Gabe, welche nach dem alten Werbsystem die Soldaten wie gedungene Mägde als Zeichen des eingegangenen Militärdienstvertrages erhielten (vgl. z. B. Haffner, würzburgische Landesverordnungen Bd. 3 Werbinstruction § 12).

2) Den Haftpfennig oder die arrha der Advokaten, d. i. eine von der Partei bei Beginn des Rechtsstreits ihrem Sachwalter zur Bekräftigung des ertheilten Quasimandats gegebene Summe (vgl. v. Kamptz Rechtsspr. XI S. 35 über die arrha der Advokaten in Mecklenburg und II S. 125). Bald trat eine Bemessung dieser arrha nach Streitwerth und Instanz ein, so z. B. schon in „der Stadt Hamburg Ordnung und Taxa Salarii der Procuratoren und Anwälde" von 1631; auch die Churbadische Obergerichtsordnung enthielt in Beil. 1 A I eine solche, zu welcher noch im Jahre 1804 (Regierungsblatt No. 10 und 36) Rechtsbelehrungen ergingen. Früher war diese arrha geboten; so heisst es z. B. in der Mainzer Hofgerichtsordnung von 1755 § 25 „Die Parteien sollen ihre advocaten und procuratores bei Annehmung der Sachen alsbald subarrhiren." Anschliessend an die revid. RKGO. von 1613 Th. 3 Tit. 59 pos. 8 wurde die arrha, welche der von den Kosten freigesprochene Theil seinem Sachwalter gab, unter die zurückzuersetzenden Posten aufgenommen, während Gailius observ. 151 num. 1 gerade vom Reichskammergericht das Gegentheil behauptet. Diese arrha erschien aber bald lediglich wie ein Theil des Honorars (vgl. Plenarbeschl. des bad. Oberhofgerichts in dessen Jahrb. 1830) und es kamen sämmt-

liche neuere Civilprozessgesetze dem Wunsche auf Beseitigung dieser arrha nach, welchen schon das „Project des Codicis Fridericiani“ von 1748 in Th. 1 Tit. 6 § 25 und Thl. 3 Tit. 37 § 17 ausgesprochen hatte.

§ 6.

2) Seit den Codificationen.

Der so überkommene Zustand wurde in den Codificationen zum Theil, nicht aber wesentlich alterirt. Dieselben finden jeweils an geeigneter Stelle ihre Berücksichtigung und es mögen hier nur die wichtigsten (und zwar ohne Hinblick auf den Mahlschatz) aufgeführt werden:

I. Würt. L.-R. vgl. insbesondere §§ 7, 9, 27, 33, 35, 37—39.

II. Das bayr. L.-R. Th. 4 Cap. 1 § 11 verfügt über die arrha nur: „Arrha conventionalis oder das s. g. Wein-, Ding-, Haftel- oder Darangeld, welches die Paciscenten zum Zeichen ihres vollkommenen Einverständniss öfters einander zu geben oder zu bedingen pflegen, wird 1mo als blosses accessorium der Haupthandlung geachtet, fällt und bestehet also mit selber, und ist auch kein Theil ohne Einwilligung des andern von der Hauptobligation dadurch entlediget, wenn er die arrham wieder zurückgiebt oder fallen lässt, es sey denn ein Anderes ausdrücklich bedungen.“

III. A. L.-R. Th. 1 Tit. 5. Von Verträgen V. Verstärkung derselben durch . . . Draufgabe.

§. 205. Draufgabe (arrha) ist das, was als Zeichen des geschlossnen Vertrags entrichtet wird.

§ 206. Was auf Abrechnung der übernommenen Verbindlichkeit vorausgegeben wird, wird Angeld genannt.

§ 207. Wo die Gesetze oder der Vertrag selbst nicht ausdrücklich ein Anderes bestimmen, ist die Daraufgabe zugleich als Angeld anzusehen.

§ 208. Ist aber die Daraufgabe von anderer Art als dasjenige, was der Geber vermöge des Contracts zu leisten hat, so hat dieselbe nicht die Eigenschaft eines Angeldes.

§ 209. Was wegen der Brautgeschenke und bei dem Miethgelde des Gesindes Rechtens sei, ist gehörigen Orts bestimmt (Th. II Tit. I Abschn. II und Tit. V Abschn. I).

§ 210. Der Empfänger der Daraufgabe kann sich durch Zurückstellung derselben von der übernommenen Verbindlichkeit nicht befreien.

§ 211. Auch der Geber kann sich durch Aufopferung der Draufgabe von der Erfüllung des Vertrags nicht losmachen.

Was Rechtens sei a) wenn die Draufgabe zugleich eine Wandelpön.

§ 212. Ist das Gegentheil, und dass gegen Verlust oder Ersatz der Draufgabe der Rücktritt von dem Vertrage Statt finden solle, ausdrücklich verabredet, so vertritt die Draufgabe die Stelle einer Wandelpön (§ 312 sq. d. i. unter Conventionalstrafe).

§ 213. Tritt in einem solchen Falle der Geber zurück, so behält der Empfänger die Draufgabe, kann aber keine weitere Entschädigung fordern.

§ 214. Tritt der Empfänger zurück, so muss der Geber mit Erstattung der Draufgabe statt der Entschädigung sich begnügen.

§ 215. Hat aber einer von beiden Theilen mit Erfüllung des Vertrags bereits den Anfang gemacht, so kann, wenn auch die Draufgabe wirklich als Wandelpön gegeben worden, dennoch der, welcher diese Erfüllung angenommen hat, wider den Willen des andern nicht zurücktreten.

§ 216. In allen Fällen geht das Eigenthum der Draufgabe mit allen seinen Wirkungen sogleich auf den Empfänger über.

b) Wenn sie keine Wandelpön ist.

§ 217. Ist von einer eigentlichen Daraufgabe, die nicht als Wandelpön gegeben worden, die Rede, und der Vertrag geht durch die Schuld des Empfängers zurück, so hat der Geber die Wahl: ob er, ausser der übrigen ihm zukommenden Entschädigung, die Daraufgabe in Natur, so wie sie ist, zurücknehmen, oder den Werth, welchen sie zur Zeit der Uebergabe hatte, fordern wolle.

§ 218. Geht der Vertrag durch die Schuld des Gebers zurück, so verliert derselbe die Draufgabe.

§ 219. Doch muss ihm deren Werth auf die dem Empfänger noch etwa ausserdem zu leistende Entschädigung zu gute gerechnet werden.

§ 220. Wird der Vertrag ohne besonderes Verschulden eines oder des andern Theils rückgängig, so muss die Draufgabe, so wie sie alsdann ist, zurückgegeben und genommen werden.

§ 221. Ein Gleiches findet Statt, wenn der Vertrag durch wechselseitige Einwilligung beider Theile wieder aufgehoben wird oder wegen Mangels der rechtlichen Erfordernisse nicht bestehen kann.

§ 222. Ist in diesen Fällen (§ 220, 221) die Draufgabe nicht mehr vorhanden, so muss der Werth derselben, wie er zur Zeit des Empfangs gewesen ist, erstattet werden.

§ 223. Liegt der Mangel blos in Unterlassung der schriftlichen Abfassung, so hat es bei den Vorschriften § 156 sq. sein Bewenden.

§ 224. Hat Jemand von einer Person, welcher die Gesetze die Fähigkeit, einen solchen Vertrag zu schliessen, versagen, eine Draufgabe angenommen, so findet zum Vortheile des Gebers die Vorschrift des § 217 Anwendung.

§ 225. In allen Fällen, wo von Erstattung einer Draufgabe, die in Geld oder andern verbrauchbaren Sachen besteht, die Rede ist, muss statt der Rückgabe in Natur ebensoviel von derselben Art zurückgegeben werden.

IV. Der C.N. bzw. das bad. L.-R. Art. 1589, 1590, 1715 vgl. §§ 34, 37, 40. Das im L.-R. S. 1702 a erwähnte Aufgeld gehört nicht hierher, indem es eine Summe bedeutet, welche ein Contrahent beim Tausch ausser der von ihm hingegebenen Sache zur Ausgleichung giebt.

V. A. b. G.-B. § 908: Was bei Abschliessung eines Vertrags vorausgegeben wird, ist, ausser dem Fall einer besonderen Verabredung, nur als Zeichen der Abschliessung oder als eine Sicherstellung für die Erfüllung des Vertrages zu betrachten und heisst Angeld. Wird der Vertrag durch Schuld einer Partei nicht erfüllet, so kann die schuldlose Partei das von ihr empfangene Angeld behalten oder den doppelten Betrag des von ihr gegebenen Angeldes zurückfordern. Will sie sich aber damit nicht begnügen, so kann sie auf die Erfüllung, oder, wenn diese nicht mehr möglich ist, auf den Ersatz dringen. (Dieses Angeld nennt die österreichische Jurisprudenz einstimmig arrha confirmatoria.)

(Zufolge besonderer Verordnungen [vgl. v. Stubenrauch und Nippel zu § cit.] ist bestimmt, dass die bei Aerarial-Versteigerunpen hinterlegte oder bestellte Erfüllungs-Caution [Vadium] als Angeld betrachtet werde, welches im Fall des Vertragsbruchs des Licitanten dem Aerar zufolge der regelmässigen Ausmachung [die auch Private vornehmen könnten] verfallen sollte und zwar selbst dann, wenn sich kein Schaden ergeben würde.)

§ 909. Wird bei Schliessung eines Vertrags ein Betrag bestimmt, welchen ein oder der andere Theil in dem Falle, dass er von dem Vertrage vor der Erfüllung zurücktreten will, entrichten muss; so wird der Vertrag gegen Reugeld geschlossen. In diesem Fall muss entweder der Vertrag erfüllet oder das Reugeld bezahlt werden. Wer den Vertrag auch nur zum Theil erfüllet, oder das, was von dem Anderen auch nur zum Theile zur Erfüllung geleistet worden ist, angenommen hat, kann selbst gegen Entrichtung des Reugeldes nicht mehr zurücktreten.

(Dieses Reugeld nennt die österreichische Jurisprudenz arrha poenitentialis, und darf dasselbe nicht mit der in § 1336 des a. b. G.-Buchs behandelten Conventionalstrafe verwechselt werden, welche ein Vergütungsbetrag ist und daher einen Schaden voraussetzt.)

§ 910. Wenn ein Angeld gegeben und zugleich die Befugniss des Rücktritts ohne Bestimmung eines besondern Reugelds bedungen wird, so vertritt das Angeld die Stelle des Reugeldes. Im Falle des Rücktritts verliert also der Geber das Angeld oder der Empfänger stellt das Doppelte zurück.

§ 911. Wer nicht durch blossen Zufall, sondern durch sein Verschulden an der Erfüllung des Vertrages verhindert wird, muss ebenfalls das Reugeld entrichten.

VI. D. H.-G.-B. Art. 285: Die Daraufgabe (arrha) gilt nur dann als Reugeld, wenn dies vereinbart oder ortsgebräucklich ist. Sie ist, wenn nichts Anderes vereinbart oder ortsgebräucklich ist, zurückzugeben oder in Anrechnung zu bringen. (Im Uebrigen vgl. auch § 30 dieser Abhdlg.)

VII. Kgl. sächs. b. G.-B. Von den Verträgen. 14. Draufgeld und Reugeld.

§ 893. Wird bei einem Vertrag Etwas als Draufgeld, Handgeld, Angeld, Arrha gegeben, so ist im Zweifel anzunehmen, dass dies zum Zeichen des abgeschlossenen Vertrages erfolgt sei (§§ 1583—1587).

§. 894. Ist nichts Anderes verabredet oder üblich, so wird, wenn der Vertrag erfüllt wird, das Gegebene von dem Empfänger zurückerstattet oder in die Leistung des Gebers eingerechnet. Die Rückerstattung muss auch erfolgen, wenn der Vertrag aufgehoben wird (§ 897).

§ 895. Kann der Vertrag wegen Verschuldung des Gebers nicht erfüllt werden, so verliert dieser das Draufgeld an den Empfänger. Kann der Vertrag wegen Verschuldung des Empfängers nicht erfüllt werden, so hat dieser dem Geber das Doppelte des Empfangenen zu leisten. Beides gilt unbeschadet des Anspruchs auf Schadenersatz, zu welchem der die Nichterfüllung verschuldende Theil über den Betrag des Draufgeldes hinaus dem andern Theil verpflichtet ist.

§§ 896, 898 s. § 36 bzw. 27 dieser Abhandlung.

§ 897. Ist bei dem Abschlusse des Vertrages Etwas als Reugeld oder Reubusse gegeben oder versprochen, so ist der Geber berechtigt, von dem Vertrage mit Verlust des Reugelds znrückzutreten, ausgenommen, wenn er bereits mit der Erfüllung den Anfang gemacht oder die Erfüllung von dem Andern angenommen hat. Wird der Vertrag erfüllt oder mit beiderseitigem Willen oder einseitig aus gültigen Gründen aufgehoben, so gilt die Vorschrift in § 894.

Bezüglich der Praxis vgl. die Präjudicien in §§ 5, 7, 8, 19, 34, 35 nnd bezüglich des kgl. sächs. O.-Apell-Gerichts Wochenblatt für merkwürdige Rechtsfälle 1844 Stück 57 No. 149 und 1851 Stück 2 S. 13 ff.

Des ersten Buches

(Von der Daraufgabe im Allgemeinen)

zweiter Theil.

Praktisches Recht.

§ 7.

I. Begriff, Wesen und Gegensätze der arrha.

Arrha ist*) eine dem Gläubiger durch accessorischen Vertrag zum Beweise eines Hauptvertrags bestellte (körperliche oder unkörperliche) Sache, welche zugleich einem oder beiden Contrahenten des Hauptvertrags für die aus diesem fliessenden Forderungen eine materielle, (nach Verschiedenheit der Fälle verschieden geartete) Sicherheit gewährt. Nur ausnahmsweise ist an die arrha ein Reurecht geknüpft (§§ 31 ff.). Der gedachte accessorische Vertrag heisst pactum arrhale (§ 8).

Das Rechts-Institut der arrha dient somit einem doppelten Zweck:

I. Es dient zum Beweise eines andern Geschäfts, wie sich nicht nur aus den einhelligen Zeugnissen der Doctrin von Alters her (insbesondere Lauterbach thes. 67 ff., Schwendendoerffer thes. 8, 33, Ursinus thes. 23), sondern insbesondere auch aus vielen Stellen ergiebt. Als besonders prägnant mögen hier hervorgehoben werden:

1. und 2) J. III 23 pr. (abgedruckt § 21). Ferner l. 35 D. de A. E. V. (XVIII 1): Gajus libro X ad Edictum provinciale: quod saepe arrhae nomine pro emtione datur, non eo pertinet, quasi sine arrha conventio nihil proficiat, sed ut evidentius probari possit, convenisse de pretio. Damit gleichlautend Gaj. III 139.

3) c. 33. Basil. de contr. emt. et vendit. XIX 1: *Τὸ ἀῤῥαβῶνος χάριν παρεχόμενον ἔλεγχός ἐςι καὶ ἀπόδειξις πράσεως καὶ ἀγορασίας συςάσεως οὐ μὴν αὐτὸ σύςασις. Καὶ χωρὶς ἀῤῥαβῶνος συνίςαται πρᾶσις· ὁ δὲ ἀῤῥαβὼν ἀπόδειξις ἐςι συμφωνηθῆναι τὸ τίμημα.* (Quod arrhae nomine datum est, argumentum et probatio est contractae emtionis et venditionis, non autem ipse contractus. Etiam sine arrha venditio consistit; arrha autem documentum est convenisse de pretio.)

---

*) Diese neue Definition muss sich durch die Abhandlung rechtfertigen. Es wäre unpraktisch zur Erweisung ihrer Richtigkeit hier sämmtliche Streitpunkte heranzuziehen, und wird darum von einer Beleuchtung der Anzahl verschiedener Definitionen, welche bis jetzt existiren, hier ganz abgesehen.

4. und 5) Dithmarscher L.-R. § 38 und Brünner St.-R. 280 (abgedruckt § 33).

6) Ofener Stadt-Recht 195, 375: „Kauf mit gotispfenning schol nicht widerredt werden."

7) Hamburger Recht (Graf und Dietherr, Rechtssprichwörter Ausg. 2 S. 243) „gadespenning den Kop vestigtt."

8) Statuten und Gerichtsordnung der Stadt Mühlhausen (1740) Th. II Art. 22 § 5: „Wann Etwas auf den Kauff gegeben worden, so man arrha oder Hafftgelt nennt, so machet solches kein wesentlich stuck des Kauffs aus, sondern dienet eigentlich nur zum Beweise desselben, wann das eint oder andere Theil dessen nicht bekanntlich wäre."

9) Geldern'sches L.-R. (1619) bei Maurenbrecher, rheinpreussische L.-Rechte Bd. 2 S. 799. Vierde Deel, derden tytel § 1 I „Alle coopen ende vercoopen van ruerende oft onruerende goederen, schulden, actien ende crediten, wat gestalt ende wie groot die mogen wesen, zyn van weerden als die volkommentlick zyn gesloten, ende sunderligh als daer op den Godtspenninck gegeven is."

10) Altes kulmisches Recht (von Lemann, Berlin 1838) Buch V 1 „Von deme gotisphennynge. Bekennet eyn man des, das her synen gottisphennyng gegeben habe uf eynen Kouf, so sal her den balden. Vorsachit her aber des, man sal yn tzu syme rechte lassen komen. Wenne noch Megdeburgischem (Colmyschem) rechte en mag keyn man den andirn obirtzugen in so getanem rechte.

11) A. L.-R. Th. I Tit. 5 § 205 „Draufgabe (arrha) ist das, was als Zeichen des geschlossnen Vertrags entrichtet wird."

12) Kgl. sächs. bgl. G.-B. § 893 „Wird bei einem Vertrag Etwas als Draufgeld, Handgeld, Angeld, Arrha gegeben, so ist im Zweifel anzunehmen, dass dies zum Zeichen des abgeschlossenen Vertrages erfolgt sei."

13) A. b. G.-B. § 908 „Was bei Abschliessung eines Vertrags vorausgegeben wird, ist ausser dem Fall einer besondern Verabredung, nur als ein Zeichen der Abschliessung zu betrachten."

Demnach unterliegt es keinem Zweifel, dass die arrha eine Rechtsvermuthung (und zwar blos praesumptio juris) dafür eintreten lasse, dass der Hauptvertrag, zu welchem der arrhalische Pact hinzutritt, abgeschlossen sei. Dieser Beweiswerth kann aber natürlich nur unter einer doppelten Voraussetzung eintreten: zunächst muss das pactum arrhale selbst erwiesen sein*) und zweitens

---

*) Dieser Beweis wird mit den gewöhnlichen Mitteln geliefert. Beim Mahlschatz wollten ältere Autoren das Geständniss ausschliessen, jedoch, wie bei Lauterbach thes. 174 ff. ersichtlich, ohne Grund.

muss man, obwohl das Erfolgtsein des Abschlusses zweifelhaft, doch soviel wissen, um welchen Hauptvertrag es sich handelte, als die Parteien die arrha bestellten; wo bezüglich dieses Hauptvertrags darum gestritten wird, ob er ein Vorvertrag oder ein Endvertrag sei, bzw. beim Mahlschatz, ob eine sponsale de futuro oder de praesenti vorliegt, da muss heut zu Tage im Zweifel das Mindere angenommen werden (vgl. §§ 26 III, 27, 15), wenn nicht die Uebung des Vertragsorts für das Gegentheil spricht; nur nach dem kgl. sächs. Recht (§ 893 verb. mit § 898) geht der arrhalische Beweiseffect an sich schon so weit, dass ein Endvertrag im Zweifel zu vermuthen ist. Der Beweiswerth richtet sich nicht blos darauf, ein Document des Consenses (Westphal a. a. O. S. 31), sondern der Vertragsperfection überhaupt abzugeben (vgl. § 24).

Während die arrha so eine positive Rechtsvermuthung bewirkt, hat sie andererseits auch eine negative factische Vermuthung im Gefolge. Wenn nämlich bei der Verhandlung über den Vertragsabschluss ein Theil die arrha bestellen, der andere die Bestellung aber nicht annehmen will, so liegt hierin offenbar ein Beweis dafür, dass die Vertragsperfection nicht eingetreten sei. Wo nach dem Vertragsabschluss eine Rückgabe stattfindet, kann dies ein Zeichen sein, dass eine arrha poenitentialis vorgelegen habe (vgl. § 34 Anm. 4) oder eine Vertragsauflösung durch mutuus dissensus erfolgt sei. So sagt in letzterer Hinsicht das alte lübische Recht (Hach'sche Ausgabe, 1839 Lübeck) im Codex von 1294 Art: 117: „So we deme anderen gift des hileghen gheystes penninch up enen Koop oder up eene louede, dat is also he hebbe den litkop (alias „winkop") gegheven, it ne si also, dat er den penninch weder gheve oder de andere ene weder esche er se sic vullen scheden."

Das Ermangeln einer arrha constitutoria (§ 11) beweist, dass der Hauptvertrag nicht abgeschlossen; wo zwar zur Bestellung der Daraufgabe ein juristischer Zwang nicht, wohl aber eine Uebung vorliegt, wird überdem der Richter im Zweifel aus der Unterlassung der Daraufgabe schliessen dürfen, dass kein Hauptvertrag zu Stande gekommen sei (Unterholzner, Schuldverhältnisse I § 11).

II. Die durch die arrha gewährte materielle Sicherheit, über welche die §§ 9, 31, 40 näheren Aufschluss bieten, besteht in Folgendem: in der Regel ist die Daraufgabe eine arrha non poenalis, d. i. arrha ohne Strafbestimmung, und es geht dann die materielle Sicherheit dahin, dass bis zur vollständigen Erfüllung der Hauptobligation die körporliche arrha beim Empfänger bleibt, bzw. ein als arrha bestelltes Forderungsrecht zu Rechten existirt. Diese Bestimmung liegt geradezu im Wesen der arrha und ist daher in den Quellen als selbstverständlich betrachtet (vgl. l. 5 § 5 D. de instit. act. XIV 3). Eine Steigerung der materiellen Sicherheit kommt aber häufig dadurch vor, dass für den Fall der Nichterfüllung der Hauptobligation zudem Strafbestimmungen an die arrha geheftet sind (arrha poenalis, insbesondere poenitentialis). Offenbar zu weit gehen daher mit der Läugnung des allgemeinen materiellen Effects Westphal (vgl. § 40 Anm.) und gar v. d. Pfordten (Abhandlungen III S. 257), welcher den Satz aufstellt, „die arrha soll keine Obligation begründen, sondern nur eine begründete zweifellos machen.“

Bei dieser doppelten Function der Daraufgabe könnte es nun zweifelhaft erscheinen, welche Stelle man der arrha in einem System anweisen müsse. Bald wird von ihr unter den Sicherungs- und Bestärkungsmitteln der Obligationen, bald bei der Lehre vom Vertragsabschluss gesprochen. Beides erscheint als zulässig; der letztere Platz dürfte aber allerdings vorgezogen werden (Westphal S. 43), indem auch die Quellen ihn gewählt haben (vgl. die obigen Stellen).

Die arrha bietet Berührungspunkte mit manchen andern Instituten und es drängt auf die Hervorhebung der Gegensätze hier besonders das Interesse, die häufigen Unklarheiten durch Schärfung solcher Gegensätze zu bekämpfen. Zunächst ist hier bezüglich des Verhältnisses von arrha sponsalitia und sponsalitia largitas auf §§ 14, 15, und hinsichtlich des Gegensatzes zwischen der arrha mit Rücktrittsrecht (arrha poenitentialis) und der Prämie auf § 35 zu verweisen, weiter aber Folgendes zu bemerken:

I. So schwierig es erschien, die Grenzlinien bezüglich des historischen Verhältnisses von pignus und arrha zu ziehen (§ 4) und obwohl die beiden Ausdrücke in älterer Zeit wechselweise gebraucht werden, so sehr fallen doch die Unterschiede beider Institute in ihrer praktisch-rechtlichen Gestalt in's Auge. Während nämlich das Pfandrecht ein dingliches Recht an fremder Sache begründet, so besteht die Bestellung der arrha in der Schaffung oder Uebertragung eines Forderungsrechts oder in der Uebergabe einer Sache zu Eigenthum (§ 8). Das Pfand dient hauptsächlich zur Bindung des künftigen Willens, zur Erhärtung der Zahlungsabsicht, während die arrha zunächst ein Document des gegenwärtigen Vertragswillens ausmacht (Westphal S. 53), freilich aber zufolge ihrer materiellen Wirkung in der Regel (nämlich wenn sie nicht poenitentialis im Sinn des § 40 ist) auch den Schuldner zur Erfüllung antreibt, indem er, wenn man von juristischer Construction absieht, ähnlich wie beim gewöhnlichen Unterpfand und gerade wie beim Faustpfand vor Erlöschen seiner Verbindlichkeit, sich nicht den freien Herrn der durch ihn bestellten arrha nennen kann, sondern nur ein bedingtes Rückforderungsrecht besitzt. Zudem ist die Constituirung eines Pfandrechts vor Constituirung einer Principalobligation denkbar, während dies bei der arrha nicht der Fall ist (Dernburg, Pfandrecht S. 100), weil die letztere zufolge ihrer Natur als Beweis-Institut die vorherige Existenz eines Hauptvertrags (sei es auch nur ein Vorvertrag, vgl. §§ 21 ff.) erfordert. Das Pfand kann endlich nicht, wie die arrha, verfallen sein, wenn der Besteller seine Pflicht vernachlässigt. Auch findet, wie schon Isidor (origines l. 5 c. 25 n. 20) bemerkt, wohl oft eine Aufrechnung der arrha, nicht aber des pignus auf die Hauptschuld Statt.

II. Zu den meisten Missgriffen hat das Verhältniss von Daraufgabe und Angeld (erste Theilzahlung) Anlass gegeben. Auf das Schärfste sind sich diese beiden Institute an verschiedenen Stellen des römischen Rechts gegenübergestellt; so heisst es in pr. J III 23: „quamvis nondum pretium numeratum sit ac ne arrha quidem data fuerit“ — in l. 11 § 6 D. XIX 1 „si annulus datus sit arrhae nomine . . . pretioque numerato“ — in l. 1 C IV 54 „nisi pretium fuisset exsolutum, emtrix arrham perderet.“ Besonders auffallend betont l. 2 C IV 45 den gedachten Unterschied wie folgt: „Perfectam emtionem atque venditionem re integra tantum pacto et consensu posse dissolvi constat. Ergo si quidem arrhae nomine aurum datum sit, potes hoc solum secundum fidem pacti recuperare. Sin vero partem pretii persolvisti, ad ea, quae venditorem ex venditione oportet praestare, magis actionem quam ad pretii quantitatem, quam te dedisse significas, habes (oder wie die Basiliken c. 27 XIX 5 bei gleichem Eingang sagen . . . . . magis actionem habes, quam ad repetendam quantitatem pretii quod te dedisse significas)“. Ebenso tritt der Unterschied in cap. 10 l. Bajuv. XV im D. H.-Gb. Art. 285 und fast mit diesem übereinstimmend im kgl. sächs. bgl. G.-B. § 894 hervor. Diese letztere Gesetzesstelle sagt deutlich: „wenn der Vertrag erfüllt wird, (wird) das Gegebene (Draufgeld) von dem Empfänger zurückerstattet oder in die Leistung des Gebers eingerechnet.“ Damit ist das Verhältniss von Angeld und arrha genügend bezeichnet: Das Angeld ist immer eine theilweise Erfüllung, die arrha kann zur selben werden, — wenn nämlich an der Erfüllung der Hauptobligation nur noch so viel fehlt, wie die arrha werth ist. Vor dem Eintritt dieses Moments kann man überhaupt noch nicht sagen, welches Schicksal dieselbe verfolgen werde. Die letztgenannte Stelle zeigt sich aber keineswegs als Besonderheit, sondern ordnet einfach eine Anwendung der Wettschlagung im Sinne der Aequität. Bekanntlich (s. o.) kann nach Erfüllung der Hauptobligation der Besteller der arrha diese letztere zurückfordern; wenn nun noch ein Rest der Hauptschuld zur Tilgung aussteht und dieser Rest dem Betrag der arrha gleichkäme, so würde der verklagte Besteller der arrha die Einrede der Compensation nach strengem Recht nicht geltend machen dürfen, weil das Rückforderungsrecht erst nach geschehener Erfüllung der Hauptobligation begründet sein würde; das Gesetz hat aber das Princip „dolo facit qui petit quod redditurus est" hier in der Art praktisch verwerthet, dass trotzdem von dem bezeichneten Moment an die arrha in die Leistung des Gebers eingerechnet werden solle. Diese Einrechnung kann freilich vom Besteller der arrha nur dann verlangt werden, wenn eine generische Hauptschuld vorliegt und die arrha der Art nach mit dem Gegenstand der Hauptschuld zusammentrifft, also Aufrechnung und Rückgabe sich vollkommen decken; sonst steht es im Belieben der übereinstimmenden Parteien Einrechnung oder Rückgabe zu wählen. Diese einfachen Sätze des sächsischen Rechts drücken zugleich die gemeinrechtliche Regel in diesem Punkte aus, und man wird auch Hessdoerffer's (a. a. O. S. 24) Behauptung, dass, bei Ungleichartigkeit der arrha und der Hauptleistung, dem Besteller der arrha die Wahl zwischen Aufrechnung der vorher zu ästimirenden Daraufgabe und Zurückerstattung der letzteren zustehe, ausser in dem einen Falle, dass das beneficium dationis in solutum begründet wäre, nicht beipflichten dürfen. — Wenn somit die Daraufgabe unter Umständen zur theilweisen Erfüllung der Hauptobligation dienen kann, so trägt sie dennoch im Moment der Bestellung nicht den Charakter der Theilzahlung oder speciell des Angeldes an sich; vielmehr hat mit der Bestellung der Daraufgabe nach dem Zeugniss der l. 2 und const. 27 cit. die Erfüllung der Hauptschuld keineswegs begonnen; es ist noch res integra, daher nach Auflösung des Vertrags zulässig und durch Annahme der arrha ein etwa vorhandenes Reurecht nicht zerstört (vgl. § 35).

Dieses Ergebniss, dass die arrha, wie Lauterbach thes. 31 sagt, nur ex post facto zur Theilzahlung werden könne, erfreut sich auch fast allgemeiner Anerkennung durch die gemeinrechtliche Doctrin. Doch stellten Manche, so Gothofred (zu l. 2 cit.), Besold (delib. jur. XVIII quaest. 6), Müller (promptuarium juris s. v. arrha), die Unterscheidung auf, eine in Geld bestehende arrha erscheine als Angeld, blos eine nicht in Geld bestehende bewahre den arrhalischen Charakter. Abgesehen davon, dass man zum entscheidenden Punkt bei etwaiger Aufstellung eines solchen Unterschieds jedenfalls die Gleichartigkeit der arrha mit der Hauptleistung (die ja oft nicht auf Geld lautet) wählen müsste, und auch abgesehen vom gewaltsamen Character einer solchen Metamorphose, muss man daran festhalten, dass die für die Gothofredische Ansicht angerufenen Stellen, nämlich l. 6 pr. vergl. mit § 2 l. 6 D. de L. C. XVIII 3 und l. 8 ej. tit., allerdings von dem Fall reden, es sei vom Käufer eine in Geld bestehende arrha gegeben worden und allerdings mit Bezug darauf den ausstehenden Kaufschillingsrest „reliqua pecunia" nennen, aber durchaus keinen Anhalt dazu bieten, dass man aus dieser kurzen, einfachen und dem thatsächlichen Sachverhalt nicht unangemessenen Bezeichnung mit Spitzfindigkeit und im Widerspruch mit den oben aufgeführten Fragmenten etwas Besonderes ableite. Auch vertragen sich diese Stellen vollkommen mit jenen; denn allerdings erscheint dem praktischen Geschäftsmanne die arrha, welche um ihren Aufrechnungsbetrag im Fall gehöriger Erfüllung die Hauptleistung mindert, zumal von dem bei der Rechnung gewählten Standpunkte der Zukunft aus, schon wie eine Theilzahlung, so dass er selbst im Moment der Bestellung, namentlich beim Glauben an die nachfolgende Erfüllung, bezüglich der übrigen Leistung von einer reliqua pecunia sprechen kann.

Jene irrthümliche Vermischung von Angeld und Daraufgabe ging leider in die beiden wichtigsten deutschen Gesetzbücher über (vgl. § 6) und zwar nebst manchen Consequenzen des Irrthums; es wird dort sogar jede arrha non poenitentialis (Arrha ohne Rücktrittsrecht § 40) Angeld genannt, wenn nicht Vertrag *) oder Ortsübung die Einrechnung ausschliessen, so dass ausnahmsweise eine „Darauf- oder Dazugabe" im grammatischen Sinne des Wortes vorliegt (vgl. § 9). Nach A. L.-R. II 5 § 208 findet eine solche Ausnahme auch dann Statt, wenn der Gegenstand der arrha von anderer Art als der der Hauptleistung ist.

III. Die arrha mit Rücktrittsrecht (poenitentialis) wird häufig, ja sogar nach dem A. L.-R. II 5 § 212 ausdrücklich, der Wandelpön gleichgestellt, (d. i. derjenigen Art Conventionalstrafe, mit welcher ein Rücktrittsrecht verbunden ist) oder ein wahres Strafgeding (Brauer, Erläuterungen zu Art. 1590), eine im Voraus gegebene Conventionalstrafe (Endemann, Handelsrecht § 99) genannt, oder es wird die arrha poenalis überhaupt mit dem „Character oder der Natur einer Conventionalstrafe" bedacht (Puchta, Pandekten § 254). Insbesondere bezüglich der arrha beim klaglosen Vorvertrag geschah dies; darum wird dort (vgl. § 25) namentlich dieses unwissenschaftliche Zusammenwerfen juristischer Nachbar-

*) Einen Fall hierfür nach preussischem Recht siehe bei Steppes, Blätter für Rechtsanwendung Bd. 15 S. 271. Es wurde ein solcher Vertrag behauptet, aber nicht bewiesen und darum auf Anrechnung der arrha erkannt.

güter zurückgewiesen werden; hier mag nur, anlehnend an ein in unserm Sinne ergangenes Urtheil des obersten Gerichtshofes Oesterreichs (allg. östr. Gerichtsztg. 1855 No. 101) bemerkt werden, es sei für Oesterreich weiter zu bedenken, dass dort die Conventionalstrafe (Vergütungsbetrag genannt) nach § 1336 des a. bgl. G.-Buchs einen Schaden des Gegners voraussetzt, während solcher auch dort bezüglich der arrha poenitentialis nicht erfordert wird.

II. Das pactum arrhale.

§ 8.

1) Wesen und Erfordernisse.

Pactum arrhale ist der accessorische Vertrag, welcher die Bestellung einer arrha bewirkt.

Derselbe ist an folgende Erfordernisse gebunden:

I. Ehe ein Hauptvertrag vorhanden ist, lässt sich wohl ein pactum de subarrhando denken, d. i. eine Uebereinkunft, wornach für den Fall, dass ein gewisser Hauptvertrag zu Stande käme, ein Contrahent oder beide Theile sich im Voraus verpflichten ein pactum arrhale des oder jenen Inhaltes zu schliessen, und es würde dieses pactum de subarrhando natürlich nur die Wirkung wie sonst ein Vorvertrag im Gefolge haben, dagegen keineswegs den eigenthümlichen Beweis- und Bestärkungseffect der arrha hervorbringen (vgl. § 4). Ein bedingtes pactum arrhale selbst ist nach dem Wesen der arrha als Beweis-Institut ausgeschlossen, dagegen kann die arrha bei einem bedingten Hauptvertrag wohl gedacht werden, indem ja, schärfer genommen, der Vertrag unbedingt, nur die aus ihm fliessende Obligation bedingt ist; das würt. L.-R. Th. 2 Tit. 11 schliesst jedoch die arrha bei einem durch den Vorbehalt der in diem addictio bedingten Kaufvertrag aus. — Sonach erscheint als erste Voraussetzung ein Hauptvertrag, so dass die arrha wie das bayr. L.-R. Th. 4 Cap. 1 § 11 sagt, als „Accessorium der Haupthandlung", welches „mit selber stehet und fallet" sich darstellt; es muss daher im Fall, dass der Hauptvertrag null wäre oder später aufgelöst würde, die arrha einfach zurückgegeben werden; Beispiele hierfür finden sich in l. 6 und 8 D XVIII 3 (vgl. § 36), l. 11 § 6 D XIX 1 (vgl. § 10), l. 2 C IV 45 (vgl. § 7), l. 1 C IV 54 (vgl. § 36), sowie besonders in dem ausgebildeten Restitutionsrecht vom Mahlschatze (vgl. § 17), und es mag hier auch an die bei Mérlin répertoire s. v. arrhes citirte Entscheidung des Toulouser Parlaments von 1569 erinnert werden, wornach ein

Minderjähriger, zu dessen Gunsten ein Vertrag gelöst ward, die erhaltene arrha zurückgeben musste. So sagte auch das Churpfälzische L.-R. Th. 2 Tit. 7 § 21 „So ein kauf beschehen und der Kaufer darauf Weinkaufgelt oder gottspfennig angeben hett, aber solcher kauf hernachher zerschlagen oder nichtig erkandt würde, soll solch gelt wider erstattet werden.“ Obwohl somit offenbar zwar das Hauptgeschäft einen Einfluss auf den arrhalischen Nebenvertrag äussern kann, aber keine Gegenseitigkeit des Einflusses*) stattfindet, und trotzdem, dass die accessorische Natur der arrha auch in den römischen Quellen durch die blos gelegentliche Behandlung bei dem Kaufe, dem Vertragsschlusse und dem Verlöbnisse einen Ausdruck gefunden hat, so taucht doch mehrfach die Behauptung auf, das pactum arrhale sei kein accessorischer Vertrag, sondern ein selbständiger durch die datio arrhae geschlossener Real-Contract. Diese Meinung, welcher schon Cujacius, der in seinen observ. X 17 von einem „contractus arrabonicus“ spricht, und neuerdings v. Buchholtz (juristische Abhandlungen, Abh. 22 S. 280) beipflichteten, spaltet sich selbst in zwei Unteransichten, indem ein Theil ihrer Anhänger, wie z. B. Azo, Donellus, den arrhalischen Vertrag als Innominat-Contract, Andere aber, so Sichard, ihn als benannten Vertrag (contractus arrabonicus) auffassen wollen. Die gemeinsame Hauptstütze wird darin gefunden, dass l. 17 C. IV 21 von einem contractus dationis arrharum spricht, welche Bezeichnung aber wohl auf einer irrthümlichen Leseart beruht (§ 22) oder doch mindestens mit Lauterbach (colleg. theoret. pract. l. XVIII 1 pos. 67) in einem allgemeinen Sinn (contractus = Uebereinkunft überhaupt) aufzufassen ist. Auch haben gerade der letztere, in seiner diss. cit. thes. 10—25 an Literatur reiche, Schriftsteller und schon der Glossator Martinus mit Recht darauf aufmerksam gemacht, dass in l. 3 C IV 49 (vgl. § 10) von einem „pactum arrhale die Rede ist — ferner, dass ein benannter Contract eine eigene Klage, ein unbenannter aber die actio praescriptis verbis erzeuge, während die abgeleitete Natur der arrha sich deutlich darin zeige, dass bezüglich der letzteren von der actio emti venditi die Rede sei (vgl. § 10). In der That schlagen diese Gründe wohl durch. Die Quellen weisen, wie gezeigt, die Thatsache genügend nach, dass die arrha einen Hauptvertrag voraussetzt. Dieser braucht aber nicht klagbar zu sein (vgl. § 4) und

---

*) Einen Rechtsfall, wornach die arrha auf das Hauptgeschäft keine Wirkung (ausser Beweis) ausübt, s. bei v. Hagen (praes. Straus) diss. de sponsal. et matrimonio Mainz 1739 quaest. 5. — So heisst es schon in XXXII 9 jur. Fris. 248 „ara maket neen caep“ 249 „handgeld makt geen Kop“ vgl. Graf u. Dietherr a. a. O. S. 243.

das pactum arrhale braucht heutzutage auch in denjenigen Fällen, in welchen es der Legitimität entbehrt, nicht mehr wie einst in continenti adjicirt zu sein (vgl. § 4 und 5).

II. Als zweite Voraussetzung erscheint eine taugliche Sache. Bezüglich dieser letzteren ist der Natur der Sache nach in qualitativer Rücksicht das commercium (Fähigkeit dem Rechtsverkehr zu dienen) und, was die Quantität speciell beim Mahlschatze (arrhà sponsalitia) angeht, dies zu verlangen, dass nicht mittelst Bestellung übermässiger Arrhen der beim Verlöbniss ausgeschlossene Strafzweck durch Verschleierung erreicht werde (vgl. §§ 15, 20, 40). Vielfach werden weitere Erfordernisse behauptet, welche sich aber als willkürliche Schöpfungen der Doctrin darstellen; so hat

1) Bartolus (ad l. 134 de V. O.) zur arrha nur „res, quae numero, pondere vel mensura aestimantur“ aus dem Grunde zugelassen, weil im arrhalischen Rechte öfters vom duplum und quadruplum der Daraufgabe die Rede sei, eine Species aber nicht multiplicirt werden könne. Dieses Sophisma muss damit zurückgeschlagen werden, dass gerade die Quellen Beispiele des Gegentheils darbieten (vgl. l. 11 § 6 D XIX 1 s. diesen § Abs. III) und die Vervielfachung einfach im Geldbetrag des Schätzungswerthes einer Species zu geschehen habe (vgl. Lauterbach thes. 58).

2) Weiter begehrt Bartolus a. a. O. Beweglichkeit der Sache (res mobilis), indem in den Quellen immobiliare Arrhen nicht vorkommen. So selten diese letzteren im Leben sein mögen, so verbietet sie doch kein Gesetz und man wird somit an der Hand des Princips „des Einen Setzung ist nicht der Ausschluss des Andern“ zu der gemeinen Meinung gelangen, welche dieses besondere Requisit verwirft (vgl. Lauterbach thes. 60).

3) Anlehnend an die falsche Auffassung des arrhalischen Vertrages als eines Real-Contractes wird häufig die Körperlichkeit der Sache (res corporalis) als Voraussetzung der Fähigkeit zur arrha behauptet; ja man kann sagen, so spreche die gemeine Meinung, indem nicht nur ältere und neuere civilistische Juristen, wie Bartolus, Lauterbach, Mader, Ursinus, sondern auch Canonisten, wie Sanchez, Arisminus Tepatus (compendium juris pars 3 tit. 424) u. A. sich dahin äussern, die Quellen gebrauchten beständig die Ausdrücke „dare, accipere arrham“, welche nur auf eine traditio bezogen werden könnten, die traditio aber verlange eine körperliche Sache. Andere dagegen lassen dies Erforderniss fallen, und es wäre darnach auch ein Recht tauglicher Gegenstand zur arrha. In dieser letztern Hinsicht muss man wie im vorigen Absatze sagen, dass dies durch kein Gesetz ausgeschlossen ist. Von praktischer Tragweite sind insbesondere zwei Fragen:

a) Kann ein schon bestehendes Forderungsrecht als arrha dienen? Bezüglich der Inhaber- und Ordre-Papiere wird dies schwerlich Jemand verneinen. Im Allgemeinen auch ist die Frage bejaht durch österreichische Verordnungen (vgl. v. Stubenrauch a. a. O. Art. 908), welche die Uebertragung von Forderungen als genügend zur Constituirung des s. g. Vadiums bezeichnen, das nach ausdrücklicher Entscheidung als arrha anzusehen ist (vgl. § 6) und nach den btr. VO. durchaus keine Singularitäten in Anspruch nimmt, sondern angeblich nur „das allen Privatpersonen zustehende Recht“ auch dem Staate vindicirt. (Wortlaut bei Nippel am gleichen Ort). Vgl. auch l. 5 C V 1 i. f. s. folgenden Absatz.

b) Genügt die Begründung einer Forderung als arrha? Diese Frage darf nicht, wie Reuter in seiner Dissertation § 20 es thut, mit der nach dem pactum de subarrhando verwechselt werden; denn hier handelt es sich um die gegenwärtige Bestellung einer Daraufgabe. Die Frage wurde von Bartolus' unvermeidlichem Gegner Baldus (zu l. 2 C IV 45) und anderen älteren Juristen, neuerdings auch Etwas unbestimmt von Glück a. a. O. § 982 bejaht; Lauterbach (thes. 67, 74, daselbst Genaueres über Literatur) bejaht sie nur bezüglich des Mahlschatzes. Die von dem letzteren handelnde l. 5 C V 1 sagt nämlich in ihrem, die zeitliche Rechtscollision betreffenden Schlussabsatze, mit Bezug auf das Vorhergehende „quae omnia simili modo etiam de sponsis super recipiendis necne arrhis praestitis custodiri censemus.“ Hierunter kann nur eine versprochene arrha, eine arrha, welche in einem Forderungsrecht besteht, verstanden werden. Den Zusatz „de sponsis“ darf man aber, da die Stelle überhaupt zunächst die arrha sponsalita betrifft, nicht in dem Sinne auslegen, als solle die Regel von der arrha recipienda auf diesen Fall beschränkt gelten, zumal für eine solche Ausnahme nicht der mindeste Grund vorläge. Man wird darum gemeinrechtlich die gestellte Frage bejahen dürfen. Ausdrücklich bejaht ist sie im bayr. L.-R. Th. 4 Cap. 1 § 11 „Darangeld, welches die Paciscenten zum Zeichen ihrer vollkommenen Einverständniss öfters einander zu geben oder zu bedingen pflegen“; ebenso spricht das kgl. sächs. bgl. G.-B. vom Geben oder Versprechen der arrha in § 897. Die übrigen Partikularrechte sprechen sich über die Frage nicht aus, und wenn selbst dem technischen „dare“ des römischen Rechtes gegenüber ein „promittere“ durch die Quellen als gleichberechtigt hingestellt wird, so wird das untechnische „Geben“ und „Donner“ uns keinen Anlass bieten, von der gemeinrechtlichen Antwort für die Einzelrechte abzuweichen. Die constituirte Forderung muss aber unbedingt sein, da eine bedingte Forderung als arrha sich mit dem

Wesen eines Beweis-Instituts ebenso wenig vertragen würde, als ein bedingter arrhalischer Nebenvertrag; gegen eine befristete Forderung würde sich dieser Einwand dagegen nicht erheben lassen. Sehr inconsequent und beeinflusst von der Confusion der arrha mit dem Angeld urtheilte das oberste öster. Gericht (Urtheile bei v. Stubenrauch a. a. O.), indem es die Acceptirung eines Wechsels (also ein Zahlversprechen) in einem Urtheile als arrha zuliess, dagegen in einem andern sich gegen die Zulässigkeit versprochener Arrhen aussprach. Bezüglich der arrha poenitentialis (vgl. § 40), welche als „Reugeld" der confirmatoria (Angeld in a. b. G.-B. genannt) entgegengesetzt ist, muss jedoch auch das Versprechen nach ausdrücklicher Bestimmung des a. b. G.-B. § 909 zugelassen werden.

In gewissen Fällen, so beim Gesindedingen, mögen übrigens Gewohnheiten nachweisbar sein, die in Anlehnung an die symbolische Natur der arrha die Uebergabe einer körperlichen Sache allein zulassen, somit die unkörperliche Daraufgabe, jedoch mit allgemeiner Ausnehmung des Papiergeldes, ausschliessen, welches allerdings nur eine Forderung beurkundet.

4) Reuter a. a. O. § 40 stellt aus dem Grunde, dass die als arrha gegebene Sache in's Eigenthum des Empfängers übergeht, das Erforderniss auf, dass die arrha zur Zeit der Bestellung dem Besteller gehöre. Es wäre aber der Täuschung Thür und Thor geöffnet, wenn man ein pactum arrhale desshalb für ungültig erklären wollte, weil die als arrha bestellte Sache nicht dem Geber gehört. Vielmehr muss nach Analogie des Kaufvertrags die Vertragsverbindlichkeit in Form der Evictionslast aufrechterhalten werden (Pothier a. a. O. No. 497), indem die arrha beiden Theilen Verbindlichkeiten auferlegt, also ein titulus onerosus vorliegt. Zudem wird man nicht bestreiten können, dass die Uebergabe einer Sache zu Eigenthum als arrha einen justus titulus usucapiendi abgebe. Diese der gemeinen Meinung entnommenen Sätze (Lauterbach thes. 91) dürften zur Abweisung des Reuter'schen Requisits genügen.

III. Endlich muss das gedachte Object in Bezug auf den Hauptvertrag als arrha bestellt werden. Ueber diese Bestellung ist zunächst

1) was die Personen betrifft, zu bemerken, dass nach Analogie der übrigen accessorischen Verträge auch Dritte zu Gunsten eines Hauptvertragstheils die arrha bestellen können. Die Stellvertretung ist selbstverständlich, dazu übrigens ausdrücklich gestattet durch l. 5 § 15 D de inst. act. XIV 3: „Idem (Ulpianus): si institor, cum oleum vendidisset, annullum arrhae nomine acceperit neque eum reddat, dominum institoria teneri; nam ejus rei, in quam prae-

positus est, contractum est: nisi forte mandatum ei fuit, praesenti pecunia vendere“,

2) was den Bestellungsact anlangt, so ist dieser nach der Art des Objects der arrha verschieden. Die Bestellungsarten für Forderungen ergeben sich von selbst aus Absatz II 3 *a* und *b*. Hinsichtlich der Bestellung der res corporales als arrha bestehen dagegen zwei Streitpunkte:

a) müssen dieselben tradirt werden oder genügt z. B. constitutum possessorium? Bartolus (zu l. 134 cit.) und Lauterbach l. c. thes. 72, 73 begehren vera traditio, während Andere z. B. Alciatus (zur selben lex) auch ihre Surrogate als genügend ansehen. Der Meinung des Letzteren wird man sich anschliessen müssen, da die Gründe der Ersteren nicht Stich halten. Man kann nämlich in den Worten dare und accipere keineswegs die Nothwendigkeit einer wirklichen Tradition bewiesen sehen und auch die Beweisfunction der arrha bringt diese Nothwendigkeit nicht mit sich; nur wird beim constitutum possessorium das pactum arrhale schwerer zu beweisen sein, als bei der wirklichen Uebergabe.

b) Als eine Folge des arrhalischen Vertrages bezüglich körperlicher Daraufgaben pflegt der Eigenthumsübergang an den betreffenden Gegenständen vom Geber auf den Empfänger hingestellt zu werden (Lauterbach thes. 91, Ursinus thes. 32, Schwendendörffer thes. 11, Mader § 25), und es schloss sich bezüglich generischer Sachen unter der Voraussetzung erfolgter Commixtion auch Westphal S. 57 dieser Meinung an. Besser nimmt man aber diese Frage unter die Bestellung selbst auf. Die blosse Tradition kann zum pactum arrhale nicht genügen, zumal man sich ja nur eine Tradition mit gewissen Wirkungen (Hingabe zu Eigenthum, Commodat, Detention u. s. f.), nicht aber eine Tradition als nacktes Factum vorstellen kann. Man muss also, wenn es sich um den Bestellungsact bei einer körperlichen Sache zur arrha handelt, nicht blos die Uebergabe,*) sondern die Uebergabe mit einer gewissen Qualification begehren. Man würde nach der gemeinen Meinung analog somit auf die Uebergabe zu Eigenthum gelangen und diese allein entspricht dem häufigen „Dare“, das die Quellen bezüglich der körperlichen arrha anwenden, und dem Character des Geschäfts (vgl. Glosse zu l. 11 § 6 D XIX 1 und Pothier a. a. O. No. 497). Man muss entweder ein ganz besonders geartetes Detentionsrecht, zu dessen Construction aber jegliches Material fehlt, oder eine

*) Damit ist nicht zu verwechseln der Fall, dass beim pactum arrhale die Uebergabe einer res corporalis zur arrha versprochen wird. Das durch dies Versprechen erzeugte Forderungsrecht, nicht die res corporalis selbst, ist in diesem Fall die arrha.

Uebergabe zu den bisher ausgebildeten Zwecken annehmen, und es könnte in letzterer Hinsicht wohl nur zwischen Uebergabe zu Eigenthum, Depositum, Faustpfand oder Commodat gewählt werden. Offenbar widerstreiten aber die Besonderheiten des Aufbewahrungsvertrags (z. B. das jederzeitige Rückholungsrecht), des Gebrauchsvertrags (z. B. die Rückgabe erst nach vollständig gemachtem Gebrauch), des Faustpfandvertrags (z. B. das jus in re aliena), dem Wesen der arrha ebensosehr, wie etwa die Uebergabe zum Darlehn u. s. f. — Dieser Erwägung gegenüber und in Anbetracht des Rückforderungsrechts, welches unter Umständen dem Geber als ein nicht-dingliches, sondern persönliches Recht zusteht (überall findet man die Ausdrücke restituere, Zurückerstatten und ähnliche) muss man das Requisit in der geschehenen Weise aufstellen, und es erscheint demnach selbst die Ausmachung, das Eigenthumsrecht an der arrha solle dem Besteller verbleiben, als unvereinbar mit dem Wesen des arrhalischen Vertrages; so sagt mit besonderer Energie das A. L.-R. Th. I Tit 5 § 216, dass das Eigenthum der Daraufgabe „in allen Fällen“ und zwar „sogleich“ auf den Empfänger übergehe. Die gewöhnlichen Folgen der Eigenthumsübertragung treten auch hier ein und wir werden gelegentlich auf solche zu sprechen kommen, so insbesondere auf das periculum im folgenden Paragraphen.

Der Jahrhunderte lang unbestrittenen Ansicht, dass die arrha zu Eigenthum übergeben werde, trat Westphal a. a. O. S. 56—63 mit der Behauptung entgegen, dass ein Eigenthumsübergang bezüglich der nichtgenerischen Daraufgabe nicht stattfinde. Abgesehen davon, dass eine solche Uebertragung der Natur der Sache nach, wie eben dargestellt, nöthig ist, so kann man auch aus Stellen, welche blos zweifelhaft sich ausdrücken, das Gegentheil doch wohl nicht schliessen; so folgt nach m. E. aus Ulpians Aeusserung in l. 11 § 6 i. f. D. XIX 1 „jam (pretio soluto) sine causa est arrha apud venditorem“ ebensowenig Etwas, als aus dem „perdere arrham“ in l. 1 C IV 54, welche Stelle mit gleichem Recht hätte angeführt werden können. Dagegen deckte Westphal die Jahrhunderte lang fortgeschleppte unrichtige Auslegung der l. 3 C de A. E. V. IV 49 („ex arrhali pacto personalis dumtaxat actio paciscentibus praeparatur“) zuerst in ihrer Nichtigkeit auf. Diese Constitution pflegte nämlich dahin interpretirt zu werden, dass der Besteller der arrha dann, wenn ihm ein Rückforderungsrecht zustehe, keine dingliche Klage habe, also offenbar des Eigenthums verlustig gegangen sei. Wenn man aber von einer Eigenthumsklage hier sprechen wollte, so würde sich diese doch auf das Faktum des Eigenthums, nicht auf den arrhalischen Vertrag stützen*); somit also passt der Wortlaut des Gesetzes nicht zu dessen Anrufung. Anschliessend an die Behauptung, die arrha gewähre in der Regel d. i. ohne besondere Uebereinkunft kein Eigenthum, stellte Westphal nun freilich eine positive Deutung des Gesetzes auf, welcher man trotz deren Scharfsinnigkeit nicht wird beistimmen können. Westphal unterstellt den Fall, dass das Eigenthum an der arrha mit resolutiver Bedingung übertragen sei, und analog l. 9 pr. D. de J. D. XXIII 3 und l. 2 C. de cond. ob causam IV 6 wolle nun l. 3 cit. für die Eventualität, dass die Resolutivbedingung eingetreten sei, die regelmässig gegebene Vindication aus Achtung vor dem einmal vollzogenen Faktum der Tradition ausschliessen. Lex. 3 cit. in ihrer lakonischen Kürze bietet aber zur Unterstellung eines solchen Spezialfalls nicht den mindesten Anlass und scheint am einfachsten dahin ausgelegt werden zu dürfen, dass bei der Verwandtschaft von Faustpfand und arrha (vgl. § 4) Diocletian es für gut befunden habe, dass die blos persönliche Wirkung des pactum arrhale betont werde.**) Der Uebereinkunft, dass die zu restituirende Daraufgabe beim eintretenden Moment des Restitutionsfalls zufolge resolutiver Bedingung wieder heimfalle, würde nach dem Wesen des arrhalischen Rechts übrigens Nichts im Wege stehen und es würde statt der persönlichen Rückforderungsklage das dingliche Verhältniss hier wohl in sein Recht treten, da man ohne Zwang kaum annehmen kann, der Gesetzgeber habe in l. 3 cit. diesen Fall mitentscheiden wollen.

Wenn von einer Uebergabe zu Eigenthum im Vorstehenden die Sprache ist, so soll dies freilich nur den Sinn haben, dass beide Theile im Augenblick der Uebergabe *den Willen und die Ueberzeugung hegen, Eigenthum zu geben bzw. zu empfangen*, nicht auch dass stets Eigenthum wirklich übertragen werde (s. o. II. 4).

3) ist nöthig *der Wille, die Bestellung einer arrha zu bewirken bzw. entgegenzunehmen*. Dieser Wille wird oft aus den Umständen zu schliessen sein, und es ist dies dann sehr leicht, wenn das Daraufgeben in Folge von Uebung, wie z. B. beim Viehkauf, Gesindedingen u. s. f., geschieht. Mit Recht hält v. Stubenrauch a. a. O. zu § 908 daran fest, dass dieser Wille auf

*) Ebenso stützt sich die Klage des Empfängers gegen einen Dritten, welcher die arrha an sich zieht, auf dieses widerrechtliche Faktum, nicht auf den arrhalischen Vertrag. Allgemein wird darum die Interpretation der Glosse verworfen, es schliesse l. 3 cit. in diesem Fall die Vindication aus. Vgl. Westphal S. 59.

**) Ein weiteres Argument Westphals s. § 10 III 2 b.

irgend eine Weise sich zu erkennen gebe, während der oberste öster. Gerichtshof (vgl. Glaser's und Unger's Sammlung 1859, No. 840) schlechthin jede erste Theilzahlung auch als arrha im Sinn des gedachten Artikels ansieht und somit jener unseeligen Vermischung von Angeld und Daraufgabe auch praktisch die Krone aufsetzt.

Ausser den hier hervorgehobenen Besonderheiten bietet das pactum arrhale keine Abweichungen vom gewöhnlichen Vertragsrecht.

§ 9.

2) Inhalt und Wirkung.

Die Beweiswirkung der arrha setzt positiv keinen besondern Inhalt des arrhalischen Vertrages voraus, sondern weist nur diejenigen Abreden als unzulässige zurück, welche den Beweis-Effekt hinausschieben oder aufheben könnten, und es kann daher keine Uebereinkunft gelten, welche die Wirksamkeit oder Existenz des arrhalischen Nebenvertrags in Frage stellt; hieraus ergeben sich insbesondere die in § 8 aufgestellten Sätze über die Kreuzung von Bedingung und arrha.

Die materielle Bestärkung dagegen, welche die Daraufgabe dem Hauptvertrag zubringt, wurde positiv in sehr verschiedenen Gestaltungen ausgebildet. Während nun die Beweiskraft der arrha keinen Gegenstand der Parteiabmachung bildet, so treten dagegen die über die materielle Wirkung erlassenen Gesetzesbestimmungen nur subsidiär ein, indem den Parteien ausdrücklich, so z. B. durch die Worte in l. 17 C IV 21 „licet super arrhis nihil expressum est" die vertragsmässige Feststellung dieses Punktes vorbehalten ist. Solche Abreden können die materielle Kraft der Daraufgabe erhöhen oder abschwächen; nur in einem Punkte sind die Parteien aus Rücksicht darauf, dass ein Verlöbniss nicht unter den Schutz vertragsmässiger Strafe gesetzt werden darf, eng beschränkt: l. 5 C V 1 (vgl. § 12) gebietet nämlich, dass Strafbestimmungen bezüglich des Mahlschatzes nicht über die poena quadrupli hinausgehen dürften.

Im Allgemeinen mag bezüglich dieser zweiten Seite des arrhalischen Vertrages bemerkt werden:

1) wo von einem mehrfachen Betrag der arrha die Rede ist, so vom duplum, quadruplum u. s. f. ist dabei stets die bestellte arrha selbst mitzurechnen. Dies ergiebt sich zunächst für das gemeine Recht aus dem Wortlaut der l. 5 C V 1 (vgl. § 12) „ad duplum teneatur: id est in id quod accepit et aliud tantundum." Es folgt aber für alle Rechte auch aus dem Umstand, dass nur so

die jedenfalls gewollte Gleichheit in der Behandlungsweise beider Vertragstheile erreicht wird: der gewöhnliche Straffall besteht nämlich darin, dass der Besteller die Daraufgabe verliert, der Empfänger sie in duplo restituirt; würde man nun in dies Doppelte die bestellte Daraufgabe nicht einrechnen, so würde der Empfänger bei sonst gleicher Sachlage härter als der Besteller betroffen werden, was doch nicht in der Absicht des Gesetzes liegen kann.

2) Da der arrhalische Beweiseffekt bei zweiseitigen Verträgen — und zwar auch bei den nicht vollkommen zweiseitigen — beiden Theilen zu Gute kommt, so muss in diesen Fällen beiderseits culpa levis prästirt werden. Arg. l. 5 § 2 D commod. XIII 6.

Der dispositiv festgesetzte Inhalt des pactum arrhale bezüglich seiner materiellen Seite ist im Einzelnen folgender:

I. Insolange das Hauptgeschäft unerfüllt zu Recht besteht, hat der Empfänger der körperlichen Sache unter sonst vollkommener Ausübung des Eigenthumsrechts doch die obligatorische Verpflichtung, die Sache wegen der möglichen Rückerstattungspflicht in custodia zu behalten. Wo eine solche Möglichkeit dagegen nicht vorliegt, d. i. wo den Besteller der arrha allein eine Verbindlichkeit aus dem Hauptvertrag trifft und im Fall der Erfüllung dieser Verbindlichkeit trotzdem (s. II) ein Rückersatz nicht stattfindet, da fällt auch die Aufbewahrungspflicht weg (vgl. auch § 5).

II. Wird der Hauptvertrag erfüllt, in seinen ursprünglichen Normen oder in der Form der Entschädigung *), so muss, falls nicht besondere Strafbestimmungen wegen nicht freiwilliger, nicht zeitiger oder sonst nicht gehöriger Erfüllung gegen den Besteller gemäss § 39 eintreten, die Rückgabe der arrha stattfinden. Denn dann ist nicht nur in den meisten Fällen der Beweiszweck praktisch untergegangen, sondern auch die Hauptobligation weggefallen, was nach Analogie der Bürgschaft und arg. l. 43 D. de solut. XLVI 3 auch das accessorische arrhalische Recht in der Weise löst, dass eine Zurückführung auf den früheren Stand Platz greift. Ein Beispiel hierfür gibt l. 5 § 15 D. XIV 3 (vgl. § 8), worin vom „reddere arrham“ die Rede ist, nachdem ein Kauf auf Borg geschlossen, und (was zwischen den Zeilen zu lesen) der Kaufpreis bezahlt worden ist; so verfügen auch ausdrücklich das a. b. G.-B. § 908, das A. L.-R. Th. 1 Tit. 5 § 207 und das kgl. sächs. bgl. G.-B. § 894, letzteres unter Vorbehalt gegentheiliger Ortsübung.

*) Wo der Hauptvertrag ein Vorvertrag ist, muss nach der gebührenden freien Rechtsanschauung statt der Erfüllung des Vorvertrags auch die directe Erfüllung des Hauptvertrags, welche dieses Zwischenstadium überspringt, genügen vgl. Lauterbach thes. 128 a. E.

— Diese Rückerstattungspflicht folgte auch aus l. Bajuv. Tit. 15 Cap. 10 (vgl. § 39). — Demgemäss sind auch, den römisch-rechtlichen Fall des § 36 Abs. 5 Ziff. 2 ausgenommen, von fruchttragenden Sachen die Früchte zu restituiren, wie dies nach der gemeinen Meinung feststeht (vgl. Lauterbach thes. 125, dessen Belegstellen übrigens Nichts beweisen). Von grosser Bedeutung ist es, ob die gegebene arrha eine species oder vielmehr generisch sei; im letzteren Fall findet nämlich auch ohne besondere vorherige Uebereinkunft auf Begehren zwangsweise die in § 7 bezeichnete Aufrechnung Statt; auch ist von Verschlechterung oder Untergang der Sache nicht die Rede, da, wie namentlich das A. L.-R. Th. 1 Tit. 5 § 225 hervorhebt*, das Rückforderungsrecht sich auf den Betrag, nicht auf eine bestimmte Sache richtet (Hessdörffer a. a. O. S. 29). Von der Rückgabe der empfangenen Species tritt dagegen, obwohl die Gefahr überging, dann Befreiung ein, wenn ohne eine zu prästirende Schuld der Untergang erfolgte (l. 23 D de V. O. XLV 1); auch ist dieser Satz analog bezüglich theilweisen Untergangs an Qualität oder Quantität anzuwenden. Für die untergegangene Sache ist deren Werth zur Zeit der Bestellung massgebend, wie dies namentlich im A. L.-R. Th. 1 Tit. 5 § 222 verordnet ist.

Es gibt übrigens Ausnahmefälle, in welchen die Daraufgabe als eine Leistung erscheint, welche neben der Hauptleistung unabhängig insofern dasteht, als sie trotz der Einhaltung des Hauptvertrages nicht zurückgegeben wird. Dahin gehören das Schlüsselgeld, Zaumgeld (vgl. §§ 5 und 11), nach vielen Rechten das Dinggeld (vgl. §§ 29, 30) und nach preussischem Rechte jede Daraufgabe, welche von anderer Beschaffenheit als die Hauptleistung ist (A. L.-R. Th. I Tit. 5 § 208); in letzterer Beziehung wurde zwar früher von Bornemann die Rückgabe der arrha doch begehrt, weil sie des Zwecks nach erfolgter Hauptleistung entbehre, aber es hat dieser Kenner des preussischen Rechtes nach genauerer Prüfung der Motive des Landrechts diesen Irrthum aufgegeben (Bornemann, System Band II § 180 Ziff. 5). Das österreichische, das kgl. sächsische und das preussische Recht (letzteres mit vorstehender Ausnahme) verlangen somit die Rückgabe, wie das römische. — Für den C. N. entscheidet das Wesen der Sache und tritt somit dieselbe Regel ein. Aeusserst eng begrenzt wäre daher das Ausdehnungsgebiet der deutschen Gewohnheit, im Fall der Erfüllung die arrha nicht heimzustatten; einer

*) Das A. L.-R. braucht zwar den Ausdruck „verbrauchbare Sache", meint aber die „vertretbare" (v. Daniels, System des preussischen Civilrechts § 93), eine Verwechselung, welche ja z. B. auch im C. N. (Art. 1892) vorkommt.

Gewohnheit, welche germanistischer Seits als praktisch geübte schon längst und auch heute noch behauptet wird (vgl. Lauterbach thes. 131; Mevius jus Lubec. III tit. 6 Art. 6; Müller promptuarium juris s. v. arrha; Reyscher, würtemb. Priv. R. § 413; Beseler, deutsches Priv. R. § 121). Dieselbe wird wohl, da sie seit der Reception des römischen Rechts nicht mehr als im Wesen der arrha liegend gelten kann, des Nachweises im einzelnen Fall bedürfen, zumal sie von anderen Autoritäten, wie Bluntschli, v. Gerber, Mittermaier in deren Lehrbüchern des deutschen Privatrechts § 115 (Ausgabe Danz) bzw. § 164 bzw. § 280 nicht zugegeben wird. Man kann somit nicht von einer deutschen Gewohnheit sprechen. Kreittmayr, Anmerkungen zum bair. L.-R. Th. 4 Cap. 1 § 11 drückt sich unentschieden aus, scheint jedoch im Zweifel die Rückgabe auszuschliessen (vgl. auch § 11 I). Ein solches Herkommen kann übrigens oftmals blos bestimmte Arten der arrha z. B. das Heerdgeld, das Trinkgeld betreffen, dagegen die übrigen Arten nicht, so dass dann bei Zusammentreffen solcher verschiedenartiger Daraufgaben für diese eine verschiedene Behandlung eintritt (vgl. Maurenbrecher, deutsches Privatrecht § 403).

III. Hört die Existenz der Verbindlichkeit aus dem Hauptvertrage sonst auf*), so bringt die accessorische Natur der arrha es mit sich, dass auch der arrhalische Pakt gelöst sei und es ist somit bezüglich der arrha Zurückführung auf den Moment von der Bestellung derselben geboten. Diese Eventualität kann aus verschiedenen Gründen eintreten, so durch mutuus dissensus (l. 11 § 6 D XIX 1 und l. 2 C IV 45 vgl. § 10), Unmöglichkeit der Erfüllung (l. 3 C V 1) u. s. f. (vgl. insbesondere § 17); in allen diesen Fällen tritt die Restitution der arrha ein; so mag beispielsweise der in Th. 2 Tit. 12 des Verzeichnisses „derjenigen Punkte, in welchen des Statt- und Landgerichts Hanau Ordnung der Solmsischen Ordnung nicht durchauss gleichförmig ist“ gedachten Anwendung dieses Satzes Erwähnung geschehen, dass dem Käufer, gegen welchen ein Retraktrecht geübt wird, die gegebene Arrha heimzustatten sei. — In verschiedenen Fällen treten aber statt dieser Rückgabe Strafbestimmungen ein (vgl. §§ 31 — 40). Dabei mag bezüglich der Verordnung des A. L.-Rechts Th. 1 Tit. 5 §§ 220, 222), dass im Fall der ohne besonderes Verschulden eines

*) Damit darf der Fall nicht verwechselt werden, dass der Hauptvertrag oder das pactum arrhale von Rechts wegen Anfangs schon nichtig war oder auf einen Anfechtungsgrund umgestossen wird. Hier tritt zufolge der accessorischen Natur des arrhalischen Vertrags gleichfalls einfache Rückgabe ein (vgl. § 8 I), wobei eine Begünstigung Minderjähriger aber nach A. L.-R. Th. 1 Tit. 5 § 217 verb. mit § 224 stattfindet (vgl. oben § 6).

Theils erfolgten Vertragsauflösung die arrha „sowie sie alsdann ist“ zurückzugeben sei, zur Abwendung eines Scheinschlusses bemerkt werden, dass damit Ersatzforderungen wegen verschuldeter Verschlimmerung offenbar nicht ausgeschlossen sind, sondern diese Stelle nur im Gegensatz zu Art. 217 das Wahlrecht zwischen Sache und Werth ausschliessen will, welches nach preussischem Rechte in gewissen anderen Fällen begründet ist (vgl. § 36).

IV. Das Schicksal der körperlichen Daraufgabe erreicht auch die unkörperliche, nur auf den analogen, einem Forderungsrecht angepassten Wegen. Wo die Rückgabe der Sache sonst eintritt, ist bei der Forderung gegen einen Dritten, welche als arrha cedirt ward, eine Rückcession (übrigens nicht cessio legis vgl. Mühlenbruch Cession § 4 3 fg.) erzwingbar; die vom Besteller gegen sich selbst lautende Forderung wird dagegen einfach durch Einrede unwirksam (l. 5 C V 1 „simili modo“). Doch ist auch eine Condiction zulässig (vgl. § 10).

§ 10.

3) Rechtsschutz.

I. Bezüglich des Rechtsschutzes des pactum arrhale bieten die Partikularrechte sämmtlich keine besonderen Bestimmungen, dagegen kommen folgende Stellen des römischen Rechtes in Betracht:

1. 2) l. 17 C IV 21 und l. 5 C V 1 vgl. § 21 bzw. § 13.

3) l. 3 C IV 49 „Ex arrhali pacto personalis dumtaxat actio paciscentibus praeparatur (Diocletian et Maximin. 290) vgl. § 8.

4) l. 5 § 15 D XIV 3 vgl. § 8.

5) l. 11 § 6 D de A. E. V. XIX 1 Ulpianus: „Is qui vina emit, arrhae nomine certam summam dedit; postea convenerat, ut emtio irrita fieret; Julianus ex emto agi posse ait, ut arrha restituatur, utilemque esse actionem ex emto etiam ad distrahendam, inquit, emtionem. Ego illud quaero: Si annulus datus sit arrhae nomine et secuta emtione pretioque numerato et tradita re annulus non reddatur, qua actione agendum est, utrum condicatur quasi ob causam datus sit et causa finita sit, an vero ex emto agendum sit? Et Julianus diceret ex emto agi posse; certe etiam condici poterit, quia jam sine causa apud venditorem est annulus.

6) So zählt auch c 11 § 6 Basil. de A. E. V. XIX 1 unter den Fällen der Zulässigkeit der actio emti venditi auf: „*Καὶ περὶ τοῦ, ποία ἀγωγὴ κινεῖται ἐπὶ ἀναλήψει τοῦ ἀῤῥαβῶνος, ὑποχωρησάντων τῶν μερῶν ἐκ τῆς συμφωνηθείσης πράσεως καλοθελῶς· καὶ*

τιοῖαι ἀγωγαὶ ἁρμόζουσιν ἐπὶ τῷ δοθέντι ἀῤῥαβῶνος χάριν δακτυλιδίῳ πρὸς ἀνάληψιν αὐτοῦ, τῶν τιμημάτων καταβληθέντων. (Et de eo quaenam actio competat ad arrham recipiendam, cum partes ab emtione contracta ultro discesserint. Et quaenam actiones pretio soluto competant annuli arrhae nomine dati repetendi causa.

II. Die Rechtsverwirklichung des pactum arrhale kann, wenn es zum gerichtlichen Austrag kommt, theils durch die exceptio pacti conventi in den verschiedenartigsten Lagen, welche eine besondere Aufzählung und Erörterung überflüssig erscheinen lassen, theils durch besondere Klagen geschehen. Was die letzteren anlangt, so zählte man früher, von der Meinung ausgehend, dass pacta adjecta eine actio praescriptis verbis erzeugten, auch diese Klage hierher (vgl. v. Buchholtz, juristische Abhandlungen No. 22 S. 280 Anm. 16a), während heut zu Tage mit deren grundloser Hereinziehung Unterholzner (Schuldverhältnisse § 774) wohl allein steht. Nach der gewöhnlichen Meinung kommen vielmehr nur die Klage des Hauptvertrages, die condictio ex lege und sine causa hauptsächlich, im Uebrigen aber auch die condictiones ob turpem causam, indebiti und ob injustam causam bei Vorliegen ihrer besonderen Voraussetzungen, hier in Betracht, während nach dem gesetzlichen Inhalt des pactum arrhale eine dingliche Klage (§ 8 III 2b a. E.) ausgeschlossen ist. Diese an sich richtigen Gesichtspunkte finden sich bald mit mehr, bald mit weniger Bestimmtheit schon aufgestellt in den Dissertationen von Lauterbach (thes. 119 ff. 137, 154, 170), Reuter (§§ 41 ff.), Mader (§§ 3 1 ff.), Hessdörffer (S. 29) u. A. m. — Einer systematischen, tiefen Untersuchung unterzog diesen Theil des arrhalischen Rechtes Westphal (Diss. S. 56—69) wohl zuerst, der die Contractsklage allein bei einer durch contrarius consensus oder durch Ausübung eines vertragsmässigen Reurechts erfolgenden Auflösung des Contracts, die Condictionen allein bei Ausübung des gesetzlichen Reurechts oder bei gesetzlichem Verbotensein des Contracts, dagegen die Contractsklage und die Condictionen in den sonstigen Fällen zulässt.

III. Auf das Natürlichste dürften sich jedoch folgende Sätze zu ergeben:

1) war der Hauptvertrag oder der arrhalische Pact von Anfang an ungültig, so entsteht keine Contractsklage und es sind die arrhalischen Leistungen, so z. B. die als arrha bestellte Obligation ohne Pflicht erfolgt, wesshalb condictio sine causa oder indebiti Statthaben (l. 1 D XII 6; l. 1 D XII 7), die letztere natürlich nur bei Existenz des Irrthums. Ein Irrthum über die Verpflichtung oder selbst das Wissen der Nichtverpflichtung würde übrigens bezüglich der übergebenen körperlichen arrha den Willen zur Eigen-

thumsübertragung nicht in der Weise ausschliessen, dass Vindication erfolgen könnte (l. 35 D XLI 1; l. 2 § 6 D XLI 6),

2) im Uebrigen tritt bezüglich der arrha bei unklagbaren Hauptverträgen condictio ex lege gemäss l. un. D XIII 2 und bezüglich der einfachen Rückforderung der bestellten arrha auch condictio sine causa (l. 1 D XII 7) ein, wobei zu bemerken ist, dass die condictio ex lege selbst beim Mahlschatz, obwohl poenalis, doch nicht vindictam spirans ist, also auf die Erben übergeht (l. 3 C V 1, l. 2 Basil. XXVIII 2 vgl. § 12). *) Hinsichtlich der arrha bei klagbaren Verträgen ist dagegen zu bemerken:

a) die accessorische Natur der arrha bringt es mit sich, dass auch ihr Rechtsschutz in der Regel ein abgeleiteter sei. So spricht l. 3 C IV 49 cit. von einem „praeparare actionem", was langher dahin gedeutet wird, es habe der Gesetzgeber anzeigen wollen, dass der arrhalische Pact nicht aus sich selbst eine Klage erzeuge, sondern dass ihm eine solche jeweils bereitet werde (Merill. observ. l. 7 c. 37; Westphal Kaufcontract § 668). So wird insbesondere die actio emti mehrfach als die zur Erzwingung des arrhalischen Rechtes dienliche genannt (l. 11 und const. 11 cit.); auch kann dies (nicht aber die Ausschliesslichkeit) in l. 4 pr. D. de L. C. XVIII 3 gefunden werden; l. 2 cit., welche Westphal dafür beiziehen will, dass für die arrha bei der lex commissoria keine Condiction, sondern nur die Kaufsklage gegeben sei, handelt aber nur von dem aus dem pactum arrhale fliessenden Recuperationsrecht im Allgemeinen, ohne die Klage zu bezeichnen, und es dürfte das Wort „solum" wohl auf „aurum" bezogen werden müssen. Es steht somit fest, dass die Klage des Hauptvertrags auch zur Erzwingung des pactum arrhale diene.

b) Wo die Rückgabe der arrha zufolge Wegfalls des Hauptvertrages eintritt, so bei Erfüllung, contrarius consensus u. s. f., da ist die Causa, derentwegen die Bestellung der Daraufgabe erfolgt, erloschen, und die condictio sine causa, welche man in dieser Anwendung gerade condictio causa finita nennt (vgl. v. Arndts' Lehrbuch § 345), daher am Platze. Hierfür bedürfte man gar keiner besonderen Quelle; zum Ueberfluss aber spricht Ulpian in l. 11 cit. dies aus. Ulpian knüpft daselbst wie auch Muther (Sequestration und Arrest S. 384) bestätigt, einen Fall seiner Praxis an ein Responsum Julians an: Julian hatte die actio emti zur Rückholung der arrha nach einer durch contrarius consensus erfolgten Aufhebung für zulässig erklärt; Ulpian reiht nun den

*) Anders jedoch nach kgl. sächs. Recht, vgl. § 12 verb. mit § 19 zufolge des dort angegebenen besondern Grundes.

für die arrha ganz gleichen Fall an, dass der Hauptvertrag erfüllt sei und fragt, ob auch dann zur Rückholung der arrha die actio emti, von welcher der Titel handelt, eintrete. Diese Frage beantwortet Ulpian sich dahin, dass schon nach Julian bei der Gleichheit der Sachlage diese actio hier anwendbar sei, fügt übrigens als Etwas ganz Sicheres und Selbstverständliches bei, dass auch die condictio sine causa (in alternativem Concurs) gebraucht werden könne, weil ja nach der Erfüllung des Hauptvertrages die causa, derentwegen die arrha beim Verkäufer sich befinde, weggefallen sei. Dieser aus dem Bau der Stelle auf den ersten Anblick in's Auge fallenden Erklärung gegenüber erscheint es äusserst gezwungen, den Hauptton darauf zu legen, dass bezüglich des ersten von Julian entschiedenen Falles nicht auch, wie bezüglich des zweiten, die condictio ausdrücklich als gleichberechtigt mit der Contractsklage hingestellt werde, und nun daraus zu folgern, dass zur Rückholung der arrha nur die Contractsklage, nicht aber auch die Condiction dann eingreife, wenn ein Kaufvertrag vorliege und derselbe durch mutuus dissensus gelöst sei. Westphal hat diesen Schritt nicht gescheut, um seiner Behauptung, die arrha müsse nicht zu Eigenthum bestellt werden, ein Argument beizulegen; dabei bedient sich Westphal folgender Darstellung: nur solange das Kaufobject nicht tradirt, also das Eigenthum daran nicht übergegangen sei, könne der Kaufvertrag durch gemeinsamen Willen der Contrahenten wieder zernichtet werden; es verhalte sich dieser Auflösungsvertrag gewissermassen wie ein pactum adjectum zum Kaufvertrag selbst und man gelange somit zum Resultate, dass die actio emti auch ad dissolvendam emtionem, insbesondere auch zur W i e d e r e r l a n g u n g d e s B e s i t z e s der bestellten arrha benützt werden könne, da ja das j u s d e t i n e n d i aus dem Contracte, wenn auch durch einen Nebenvertrag, erlangt sei; dieses jus detinendi höre mit der Aufhebung des Hauptvertrages ex mutuo dissensu von selbst auf, es liege daher keine Bereicherung, und somit kein Grund zur condictio sine causa vor; wäre dagegen die arrha zu Eigenthum übergegangen, so würde der contrarius consensus, da er doch nur eine Obligation, nicht aber das (hier als Rechtserzeuger des Eigenthums erscheinende) Faktum der Tradition der arrha aufheben könnte, eben dieses Eigenthum und somit eine ungerechtfertigte Bereicherung stehen lassen, so dass die condictio sine causa von Ulpian auch für den Fall des mutuus dissensus hätte angeordnet werden müssen; dass diese Anordnung nicht erfolgt sei, darin liege der Beweis, dass die Bestellung der Daraufgabe nicht mit Eigenthumsübertragung verbunden sei. Diese Argumentation, wenn man sie annehmen wollte, böte aber lediglich Gelegenheit Westphal mit seinen eigenen Waffen zu schlagen: das jus detinendi würde auch im Augenblick der Vertragserfüllung wegfallen, also dann keine Bereicherung vorliegen; und doch soll die condictio eintreten? Wie kommt es, dass für diesen Fall Westphal nicht mehr vom jus detinendi, sondern vielmehr von der zu condicirenden possessio selbst spricht (S. 64)? Ist denn die Sache nicht auch im Fall der Auflösung ex mutuo dissensu dann sine causa apud venditorem? Oder wenn man, auf Westphal's Standpunkt sich stellend, selbst eine dort vielleicht schlummernde, aber nirgends zur Deutlichkeit ausgesprochene Idee aufstellen und so sagen wollte: es handelt sich nicht um das jus detinendi, sondern um den Besitz selbst; dieser Besitz wird animo in dem Moment der vereinbarten Vertragsauflösung, da der mutuus dissensus sich auch auf das pactum arrhale richtet, verloren, während ein solcher Verlust bei der Vertragserfüllung nicht vorliegt, da ja der animus possidendi wohl fortdauern kann; somit liegt im letztern Fall wirklich eine Bereicherung vor, im ersteren Fall nicht — wenn man selbst soweit gehen wollte, so liesse sich doch dieses Zugeständniss nicht halten; es würde sowohl den in § 8, III 2 *b* bewiesenen Sätzen, als der Einfachheit der Sachlage und der Klarheit der l. 11 cit. widersprechen. — So auf Irrwege gerathen, kann man wohl den Rückschluss sich erlauben, dass die condictio sine causa auch bei der vereinbarten Vertragsauflösung, wie natürlich, anzunehmen sei.

3) Bei Existenz der besonderen Voraussetzungen können auch die sonstigen condictiones und die adjectitiae qualitatis actiones (vgl. § 8 III 1) eintreten. Bezüglich des Klagen-Concurses bieten sich keine Sonderregeln.

§ 11.

III. Anwendung und Eintheilung der arrha.

Die Anwendung der arrha kann überall da stattfinden, wo nicht ein Verbot durch das Gesetz oder durch das Wesen des Instituts eingelegt wird. Somit erscheint eine arrha ohne Existenz eines Hauptvertrages (dieser kann vorbereitender oder Endvertrag sein), z. B. eine arrha bei blossen Tractaten, als unzulässig (vgl. § 25). Mit Unrecht sind dagegen folgende Einschränkungen behauptet worden:

I. Die arrha könne nur, wenn man den Hauptvertrag nicht sofort erfülle, bestellt werden (Troplong, de la vente no. 144). In der That stellt auch l. 5 § 15 D XIV 3 für die arrha einen auf Borg geschlossenen Kauf unter, im Gegensatz zum „vendere praesenti pecunia“ und es würde die Bestellung einer Daraufgabe im Fall sofortiger Erfüllung, abgesehen von ihrer Beweisfunction, dann praktisch nutzlos erscheinen, wenn nicht die Parteien von der Rückgabe der arrha absehen wollten; aber der Beweiswerth darf nicht vergessen werden und es lässt sich auch, insbesondere beim Viehhandel, constatiren, dass die Bestellung einer arrha trotz gleichzeitiger Erfüllung dann den Sinn habe, dass die restitutio arrhae nach Uebung oder besonderer Ausmachung unterbleiben solle (vgl. § 9 II Abs. 2).

II. Die Beschränkung der arrha auf Consensual-Contracte, wo sie freilich am Nöthigsten erscheint, wurde von Schwendendörffer (thes. 26—30), Westphal (S. 33) und v. d. Pfordten (Abhandlungen aus dem Pandektenrecht No. 3) beliebt; so sagt Westphal „documentum autem consensus in eis tantum contractibus admittemus, ubi necessarium, in eis, qui non jam per naturam sui generis habent aliquod documentum.“ Die Existenz sicherer Zeichen für den Vertragsabschluss schliesst aber die Beifügung weiterer Beweisbestärkungen nicht aus, da das Ueberflüssige nicht verboten ist; zudem kann es den Parteien im gegebenen Fall vielleicht mehr auf die zur Vertragserfüllung antreibende Kraft der arrha, als auf den Beweiseffekt der letzteren ankommen. In der That spricht auch die gemeine Meinung für die Zulässigkeit der arrha bei allen Verträgen, selbst bei einseitigen (v. Wening, Lehrbuch III § 88), und findet hierfür in verschiedenen Particularrechten Belege, so im A. L.-R. Th. 1 Tit. 5 § 205, im lübischen Recht l. 3 tit. 6 art. 6, bayr. L.-R. Th. 4 Cap. 1 § 11, in den hamburger Statuten und Gerichtsordnung Th. 2 Art. 22 §§ 5 und 6, wie schon in der l. Bajuv. tit. 15 cap. 10; so spricht auch l. 17 C IV 21 nach der in § 20 vorgeschlagenen Lesart von einer Daraufgabe bei Kauf, Tausch, Schenkung und andern auf Einräumung einer Sache gerichteten Verträgen. Die römische sedes materiae für das arrhalische Recht ist allerdings Verlöbniss (§ 12 ff.) und Kauf (Gaj. III § 139; pr. J III 23; l. 35 D XVIII 1; l. 6 und 8 D XVIII 3; l. 11 § 6 D XIX 1; l. 2 C IV 45; l. 3 C IV 49) geblieben; auch bildete das deutsche Recht im Heerd- und im Halftergeld beim Kaufe besondere Anwendungen aus (§ 5). Auch bei der Miethe *) erscheint häufig eine arrha (lüb. R. l. c.; C. N Art. 1715); die wichtigsten hierher gehörigen Specialfälle sind das Dinggeld (§§ 29, 30), das Werbgeld (§ 5), die arrha fornicationis (§ 1); selbst bei der Häusermiethe

*) Bei der Miethe schliesst Cujacius observ. l. 4 obs. 26 die arrha aus, lässt sie dagegen später in der Paratitla zu C V, 1 ausdrücklich zu. In literarischer Hinsicht ist für das französische Recht auf Troplong de l'échange et du louage §§ 123—125, 849, 850 besonders zu verweisen.

erscheint nach einzelnen Stadtgewohnheiten das Daraufgeld als üblich (z. B. Ulmer Wohnungs-Ordnung von 1826 bzw. 1852 § 5); auch findet hier die italienische Sitte ihren Platz, dass die Lohnkutscher dem Fahrgast ein Haftgeld einhändigen (Unterholzner, Schuldverhältnisse I § 11). Ferner erwähnen die Quellen die arrha bei Spiel und Wette (§ 4) und auch in processualischer Beziehung ist dieselbe in Deutschland nutzbar gemacht worden (§ 5). Besonders nützlich erscheint die arrha zur Bestärkung naturaler Verpflichtungen (§ 38).

III. P. de Castro und Bartolus erklärten die gegenseitige Bestellung einer Daraufgabe, d. i. die s. g. arrha reciproca (Literatur bei Lauterbach S. 21 ff.) für unzulässig, während die gemeine Meinung nebst der Praxis ihnen entgegensteht. Zwar erwähnen die Quellen diese Art der Daraufgabe nicht, und ist dieselbe auch beim Dinggeld wirklich ausgeschlossen (§ 30); aber es erhebt sich kein Grund gegen die Gestattung der a. r., welche insbesondere als gegenseitiger Mahlschatz ein festes Gewohnheitsrecht für sich hat (Schwendendörffer thes. 17). Auch der Vorbehalt Reuter's (§§ 28 — 30), die a. r. dürfe nicht in Fungibilien gleicher Menge und Art bestehen, weil sonst in Wahrheit Nichts gegeben sei, wird als grundlos allgemein verworfen, da nach der Intention der Parteien wohl Etwas gegeben sein kann (z. B. beim Ringewechseln); die a. r. kann daher selbst durch sofortige Hingabe der empfangenen arrha bestellt werden. Die rechtliche Behandlung der a. r. geschieht so, als ob zwei beziehungslose Arrhen vorlägen; somit zeigt die a. r. eine erhöhte Wirksamkeit, denn der arrhalische Effekt verdoppelt sich hinsichtlich seiner materiellen Seite bei jeder Strafbestimmung (z. B. combinirt poena duplum restituendi und Verlust der bestellten arrha). Da die Arrhen juristisch in keiner Beziehung stehen, so kann man den Ausdruck arrha reciproca oder duplex übrigens genau genommen nicht billigen.

Was die Eintheilungen der arrha betrifft, so ist zunächst die juristisch haltlose Gegenüberstellung von arrha pacto perfecto und pacto imperfecto adjecta aus den in §§ 21—28 entwickelten Gründen zu verwerfen; eine Daraufgabe kann nur in Verbindung mit einem perfekten Vertrage existiren; dieser Vertrag aber kann ein vorbereitender oder ein Endvertrag sein und aus den verschiedenen vorbereitenden Verträgen entwickelt sich der klaglose Vorvertrag (pactum de contrahendo) als dasjenige, was man an die Stelle des Undings „pactum imperfectum" zu setzen hat. Ebenso muss die von französischen Autoren beliebte Eintheilung in arrhes symboliques und arrhes de quelque valeur als unjuristisch verworfen werden (§ 34). Dagegen stellen sich als berechtigt folgende Classifikationen dar:

1) die Ausdrücke arrha confirmatoria und poenitentialis werden zu verschiedenen Zwecken einander gegenübergestellt und reichen nicht aus (§§ 31 und 40). Besser würde man in folgender Weise eintheilen:

a) das Wesen der arrha besteht in einer Vertragsbestärkung und man nennt daher diejenige Daraufgabe, welche dieses Wesen einhält, mit Recht eine arrha confirmatoria, eine Daraufgabe ohne Reurecht. Ausnahmsweise fliesst zufolge Gesetzes oder Vertrages aus der arrha trotzdem ein Reurecht (§§ 32—35) und man spricht dann von einer Daraufgabe mit Reurecht oder von einer arrha poenitentialis. Eine von der arrha poenitentialis ganz verschiedene juristische Construction gebührt aber denjenigen Fällen, in welchen ein auch ohne arrha existentes Rücktrittsrecht zufällig mit einer arrha zusammentrifft; hier liegt eine arrha confirmatoria vor, weil das Rücktrittsrecht in keinem Causalzusammenhang mit der arrha steht;

b) der gewöhnliche Inhalt des arrhalischen Pakts lässt die Daraufgabe als eine arrha non poenalis (Daraufgabe ohne Strafbestimmung) erscheinen. Durch Gesetz oder Vertrag können aber solche Strafbestimmungen der arrha ankleben, und es ist dies insbesondere dann der Fall, wenn eine arrha poenitentialis vorliegt, oft auch wenn es sich zwar um eine confirmatoria handelt, aber ein nicht aus der arrha fliessendes Reurecht geübt (§§ 36 — 38) oder der Hauptvertrag nicht gehörig erfüllt oder gar vereitelt wird (§ 39). Dann muss man von einer Daraufgabe mit Strafbestimmung (arrha poenalis) reden.

2) An verschiedenen Stellen des römischen Rechts ist der Grundsatz ausgesprochen, dass die Bestellung einer arrha nicht als nothwendige Voraussetzung zum Vertragsschluss aufgefasst werden dürfe (§ 7 I 1—3); ebenso verfügt das Mühlhauser St.-R. (§ 7 I 8) und die Ulmer Wohnungs-Ordnung von 1826 bzw. 1852 § 5; so sagen auch die Hamburger Statuten und Gerichtsordnung Th. 2 Tit. 8 Art. 10: „Ein Kauff und Verkauff kann in dieser guten Stadt auch wol ohne Gottespfenning beständiglich getroffen werden." Die arrha hat daher auf die Constituirung des Vertrags regelmässig keinen Einfluss (v. Scheurl, Institutionen § 132, vgl. auch o. § 8 Anm. 1), wie schon die Turiner Glosse sagt „arrharum dationem argumentum, non firmam venditionis constitutionem" (v. Savigny, röm. R. im Mittelalter II S. 712). Diesen Grundsatz hielt bezüglich des Mahlschatzes auch das canonische Recht fest, indem es nicht nur ein Verlöbniss ohne arrha für gültig erklärt (cap. 1 X de spons. duor. IV, 4 „fides quando etsi non stringit manum"), sondern auch ausdrücklich sagt, es sei keine Sünde die Bestellung des

Mahlschatzes zu unterlassen (cap. 3 § 1 Caus. 30 quaest. 5). Trotzdem kommt nach deutschem Recht bisweilen, insbesondere beim Dinggeld (§§ 29, 30) die arrha als ein nöthiges Requisit des Vertragsschlusses (Hessdörffer S. 6) vor, ohne dessen Erfüllung der Vertrag nicht zu Rechten besteht; dies erklärt sich namentlich aus zur Rechtsüberzeugung erhöhten Volksübungen (vgl. § 5), ist aber zufolge derselben öfters auch durch lex scripta sanctionirt (§ 30). Eine Ortsgewohnheit von dieser Richtung bedarf natürlich speciellen Beweises. Arrhen der letztgeschilderten Art nennt man arrhae constitutoriae (v. Daniels System des preuss. Civ.-Rechts § 93), d. i. Arrhen, welche den Vertrag allein zum Abschluss zu bringen vermögen, also „nothwendige Daraufgaben" und setzt ihnen die „nicht gebotenen Daraufgaben" (arrhae non constitutoriae) entgegen.

Des zweiten Buches

(Von den besonders wichtigen Arten der Daraufgabe)

erster Theil.

Der Mahlschatz (arrha sponsalitia).

§ 12.

I. Wichtigste Rechtsquellen.

1) Papin. respons. lib. titul XXVIII De puellis vel mulieribus sponsatis (abgedruckt nach Cujacius Ausgabe, Lugd. 1566 pag. 702):

Si quis arras sponsaliorum nomine dederit, et pater vel mater acceptis arris, et eo qui arras dederat refutato, alio fortasse recesserit, arras in quadruplum esse reddendas. — Si vero puella per se aut per quemcunque propinquorum vel tutorum arras acceperit, et nuptias voluerit excusare vel alium fortasse suscipere, poenam supra scriptam de propria facultate dissolvat, actione contra illum qui inconsulte arras susceperit reservata. Hoc etiam constitutum est, ut si qui dedit arras intra biennium nuptias celebrare tardaverit, tum mulier alii se matrimonio sociare impune possit. — Similiter constitutum, ut qui datis arris puellam declinat accipere, id quod arrarum nomine datum probatur amittat, et quod vicissim a patre puellae muneris gratia acceperat, reformet.

2) l. 6 Cod. Theod. de sponsalibus et ante nuptias donationibus (III, 5):

Impp. Gratianus, Valentinianus et Theodosius Eutropio: — Patri, matri, tutori vel cuicunque, ante decimum puellae annum datis sponsalibus, quadrupli poenam remittimus, etsi nuptiae non sequantur. Et si interea puella decesserit, sponsalia jubemus sponso restitui. Quod si decimo anno vel ultra, pater quisve alius, ad quem puellae ratio pertinet, ante duodecim annos, id est usque ad undecimi metas, suscepta crediderit pignora esse retinenda, deinceps adventante tempore nuptiarum a fide absistens, quadrupli fiat obnoxius. Viduae autem ratio diversa est, cui auxilium non suffragatur aetatis, scilicet ut ea matrimonium non implens, ad quadruplum ex veteri constitutione teneatur Duodecimo autem anno impleto, quisquis de nuptiis paciscitur: siquidem pater semetipsum obliget, si mater curatorve aut alii parentes, puella fiat obnoxia. Cui quidem contra matrem, tutorem, curatorem, eumve parentem actio ex bono et ex aequo integra reservatur eorum pignorum, quae ex propriis, juxta poenam juris, reddiderit facultatibus, si ad consensum accipiendarum arrarum ab his se ostenderit fuisse compulsam.

Dat. XV Cal. Jul. Thessalonicae, Gratiano Aug. V. et Theodosio Aug. I coss.

3) l. 9 C. Th. III 5 (Haenel'sche Ausgabe) Multa ad nuptias sponsaliorum nomine pro solemnitate traduntur, quae nequaquam in damnum debent dantis acrescere, sed mortua in matrimonio puella ad dantis commodum revocari, vetere scilicet jure neglecto. Patris igitur explosa persona propinquorumque, his personis, quae ante coeptum matrimonium videntur obtulisse, incunctanter redhiberi oportet.

In das corp. jur. civ. ist die Stelle nicht aufgenommen.

4) l. un. C. Theod. si provinciae rector vel ad eum pertinentes sponsalia dederint (III, 6):

Si quis in potestate publica positus atque honore provinciarum administrandarum, qui parentibus aut tutoribus aut curatoribus aut ipsis, quae matrimonium contracturae sunt, potest esse terribilis, sponsalia dederit, jubemus ut deinceps sive parentes sive eaedem mutaverint voluntatem, non modo juris laqueis liberentur, poenaeque expertes sint, quae quadruplum statuit, sed extrinsecus data pignora lucrativa habeant, si ea non putent esse reddenda. Quod ita late patere volumus, ut non solum circa administrantes, sed et circa administrantium filios, nepotes, propinquos, participes domesticosque censeamus, quibus tamen administrator operam dederit. Impleri autem id postea matrimonium non vetamus, quod tempore potestatis ob eas personas, de quibus locuti sumus, arris fuerat obligatum, si sponsarum consensus accedat. Dat. XV. Cal. Jul. Thessalonicae. DD. NN. Gratiano Aug. V. et Theodosio A. I coss. — [380].

Bezüglich des gesperrt Gedruckten s. No. 10 hier unten.

5) l. 38 Dig. de R. N. XXIII, 2 principio bespricht den Fall der unter 3 und 10 angegebenen Gesetzesstellen und sagt insbesondere:

„ita scilicet, ut, si post officium depositum noluerit mulier nuptias contrahere, liceat ei hoc facere arrhis tantum modo redditis quas acceperat.

6) l. 16 C r. p. de episcopali audientia I 4. Leo et Anthemius Erythrio (469). Si legibus prohibitae non sint speratae nuptiae, et post arrhas sponsalitias sponsa conjugium sponsi propter religionis diversitatem recusaverit, si quidem probatum fuerit, ante datas easdem sponsalitias arrhas hoc idem mulierem vel parentes ejus cognovisse, sibi debeant imputare. Si vero horum ignari sponsalitias arrhas susceperint vel post datas arrhas talis causa poenitentiae intercesserit, iisdem tantummodo redditis super alterius simpli poena liberi custodiantur. Quod simili modo etiam de

sponsis super recipiendis nec non arrhis praestitis custodiri censemus.

7) l. 56 [54] C. r. p. de episcopis etc. (I, 3) verfügt mit grosser Weitläufigkeit dasselbe wie Stelle 12, welche selbstverständlich späteren Ursprungs ist, bezüglich der restitutio arrhae durch einen ins Kloster gehenden Brauttheil.

8) l. 3 t. c. —

„Impp. Gratianus, Valentinianus et Theodosius A. A. Eutropio P. P. — Arrhis sponsaliorum nomine datis, si interea sponsus vel sponsa decesserit, quae data sunt, jubemus restitui, nisi causam, ut nuptiae non celebrarentur, defuncta persona jam praebuit. — Dat. XV Cal. Jul. Thessalonicae, Gratiano A. V. et Theodosio A. I. coss. — [380].

9) l. 5 Cod. rep. prael. de sponsalibus et sponsalitiis arrhis et proxeneticis (V, 1):

Impp. Leo et Anthemius A. A. Erythrio P. P. — Mulier juris sui constituta arrharum sponsalium nomine usque ad duplum teneatur, id est in id quod accepit et aliud tantundem nec amplius, si post completum vicesimum quintum annum, vel post impetratam veniam aetatis atque in competenti judicio comprobatam hujusmodi arrhas suscepit; in simplum autem, id est tantummodo in id, quod accepit, si minoris aetatis est, sive virgo sive vidua sit, sive per se, sive per tutorem aut curatorem vel aliam personam easdem arrhas acceperit. Patrem vero vel matrem, legitimae videlicet aetatis constitutos, sive simul sive separatim arrhas pro filia susceperint, avum autem vel proavum, si pro nepte vel pronepte, in duplum tantummodo convenit teneri. Quae ita custodire censemus, si non propter personam vel conditionem vel aliam causam, legibus vel generalibus constitutionibus interdictam, futurum matrimonium constare prohibetur; tunc enim, quasi nullo facto, utpote sine causa easdem arrhas praestitas tantummodo reddi consequens esse praecipimus. His quoque adjicimus, ut, etiamsi legibus prohibitae non sint speratae nuptiae, post arrhas autem sponsalitias sponsa conjugium sponsi propter turpem vel impudicam conversationem, aut religionis vel sectae diversitatem recusaverit, vel eo, quod quasi vir coitum, ex quo spes sobolis oritur, facere non potuerit, vel ob aliam justam excusationis causam, si quidem probatum fuerit, ante datas easdem arrhas sponsalitias hoc idem mulierem vel parentes eos cognovisse, sibi debeant imputare. Sin vero horum ignari sponsalitias arrhas susceperint, vel post arrhas datas aliqua justa causa poenitentiae intercesserit, iisdem tantummodo redditis, super alterius simpli poena liberi custodiantur. Quae omnia simili modo etiam de sponsis super recipiendis nec ne arrhis praestitis custodiri censemus; quadrupli videlicet poena, quae anterioribus legibus definita erat, in qua et arrharum quantitas imputabatur, cessante, nisi specialiter aliud ex communi consensu inter contrahentes de eadem quadrupli ratione placuerit. Extra definitionem autem hujus legis, si cautio poenam stipulationis continens fuerit interposita, ex utraque parte nullas vires habebit, quum in contrahendis nuptiis libera potestas esse debet. — Dat. Cal. Jul. Marciano et Zenone coss. [469].

10) l. un. C. rep. prael. „si rector provinciae vel ad eum pertinentes sponsalitia dederint“ (V, 2) lautet im Allgemeinen wie die sub 3 mitgetheilte Gesetzesstelle. Dieselbe hat nach der Herrmann'schen Codexausgabe nur folgende Abweichungen bezüglich der oben gesperrt gedruckten Worte: statt sponsalia hier arrhas sponsalitias (wie in der Ueberschrift sponsalitia statt sponsalia), statt participes domesticosque hier participes, id est consiliarios, domesticosque, statt poena quadrupli hier poena statuta; dies sind emblemata Triboniani; andere Veränderungen (z. B. statt censeamus dort nun hier sprachlich richtiger locum habeat u. a.) verdienen keine Hervorhebung. Sponsalia ist im Codex Theodosianus, wie die obigen Stellen zeigen, durchgängig für arrhae sponsalitiae gebraucht, wie es auch noch nach Einigen in der Ueberschrift des gegenwärtigen Gesetzes geschehen ist, wenn man nicht die Schreibweise Anderer annimmt (cf. nota I ad l. c. in der Herrmann'schen Ausgabe, vgl. mit deren explic. sign. pag. XXIII—XXVI), welche aus der Vergleichung mit den anderen Stellen, in denen das Wort vorkommt, sich als unrichtig ergibt.

11) l. 1 C. r. pr. si nuptiae ex rescripto petantur (V, 8) eifert unter Strafbedrohungen gegen den Missbrauch, welcher damit getrieben wurde, dass man den Regenten um den Ausspruch, es sei eine Ehe geschlossen, bat, — und bestimmt, dass derartige Eingaben bzw. die erschlichenen Erlasse wirkungslos seien. Schliesslich heisst es jedoch: „exceptis his, qui parentum sponsionem de nuptiis filiarum impleri desiderant, vel sponsalia — hoc est arrharum data nomine — reddi sibi praecepto legum cum statuta poena deposcunt.“ Die Constitution ist im J. 409 von Honorius und Theodosius erlassen und findet sich auch schon im C. Th.

12) Nov. 123 Imp. Justinianus Aug. Petro [546] cap. 39:

Μνηςείας δὲ μεταξὺ τινῶν κατὰ τὸν νόμον γινομένης, εἴτε ὁ μνηςὴρ εἰς μοναςήριον εἰσέλθῃ, ἀναλαμβανέτω τὰ ὑπὲρ τῆς μνηςείας ἀῤῥαβώνων ὀνόματι δεδομένα, εἴτε ἡ μνηςὴ τον μοναχικὸν βίον ἐπιλέξηται, ἐκεῖνα μόνον ἀποδιδότω, ἅτινα ὁμοίως ἀῤῥαβώνων ὀνόματι ἔλαβε, τῆς ποινῆς ἑκατέρῳ μέρει συγχωρουμένης.

13) Basil. (edit. Heimbachiana tom. III Lips. 1843) XXVIII, tit. 2: *περὶ ἀῤῥαβώνων μνηστείας*; — zunächst

a) l. 1: *Ὁ ἀῤῥαβὼν φύσιν ἔχει τοιαύτην, ἵνα, εἰ μὲν ὁ λαβὼν τὸν ἀρραβῶνα παραιτήσεται, διπλάσιον οὗπερ ἔλαβεν ἀποδῷ· εἰ δὲ ὁ δεδωκώς, ἵνα ἐκπέσῃ τῶν ἀῤῥαβώνων.*

b) l. 2: *Τὸ κατὰ πόδας. Ἀρραβώνων ὀνόματι μνηστείας δοθέντων, ἐὰν ἐν τῷ μεταξὺ ὁ μνηστὴρ ἢ ἡ μνηστὴ τελευτήσῃ, τὰ δοθέντα κελεύομεν ἀποκαστῆναι, εἰ μὴ ἄρα αἰτίαν εἰς τὸ μὴ ἀπο τελεσθῆναι τοὺς γάμους τὸ τελευτῆσαν πρόσωπον ἤδη παρέσχεν.*

c) l. 3: *Ἐὰν γυνὴ αὐτεξουσία τελείαν ἄγουσα τὴν ἡλικίαν ἀρραβῶνας δεξαμένη παραιτήσεται τὸν γάμον, διπλοῦς ἀναδιδότω τοὺς ἀρραβῶνας. εἰ δὲ καὶ ἐλάττων οὖσα συγγνώμην ἡλικίας ᾔτησε καὶ ἀῤῥαβῶνας ἔλαβε, πάλιν τὸ διπλάσιον ἀναδιδότω. ἐὰν δὲ καὶ ἀφῆλιξ ἐστι, καὶ αὐτὴ συγγνώμην ἡλικίας οὐκ ᾔτησεν, αὐτὸ τὸ ἁπλοῦν, ὅπερ ἔλαβεν, ἀποκαταστήσει. εἰ δὲ καὶ πατὴρ κύρης, ἢ μήτηρ ἀρραβῶνας ἔλαβον ὑπὲρ θυγατρὸς τελείας ὄντες ἡλικίας ἢ πάππος ὑπὲρ ἐκγόνης, καὶ αὐτοὶ εἰς τὸ διπλάσιον κατεχέσθωσαν, εἴπερ δυναμένων προβῆναι τῶν γάμων παραιτοῦνται ποιῆσαι. εἰ δὲ καὶ ἀνυπόστατος μέλλει ὁ γάμος εἶναι, αὐτοὶ οἱ ἀρραβῶνες ἀναδιδόσθωσαν ἁπλοῖ. εἰ δὲ μὴ ἦν ἀνυπόστατος ὁ γάμος, δι' εὔλογον δὲ αἰτίαν παραιτοῦνται, εἰ μὲν ᾔδεισαν καὶ πρὸ τῆς μνηστείας τὴν αἰτίαν, ἑαυτοῖς ἐγκαλείτωσαν, διὰ τί τὸν τοιοῦτον ἐμνηστεύσαντο. εἰ δὲ ἠγνόουν, ἢ πολλάκις μετὰ τὴν μνηστείαν ἡ αἰτία συνέβη, τότε ἁπλοῦν ἀποδιδόσθω. τὰ δὲ αὐτὰ καὶ ἐπὶ τοῦ μνηστῆρος λέγομεν τοῦ τὴν μνηστείαν παραιτησαμένου. τὸ τὲ τετραπλασιάζεσθαι τοὺς ἀρραβῶνας, ὅτε ὁ μνηστὴρ ἢ ἡ μνηστὴ παραιτεῖται τὸν γάμον, νῦν οὐ κρατεῖ· εἰ μὴ ἄρα ἰδικῶς αὐτὸ τοῦτο συμφωνήσουσι. πᾶσα δὲ ἀσφάλεια παρὰ τὴν διάταξιν ταύτην γινομένη ἀνυπόστατος ἔστω.*

d) l. 5 wie Stelle 12

14) Cap. 3 Caus. 30 qu. 5. — Summarium: Nuptiae publice celebrari debent. Unter den der Trauung vorangehenden Thatsachen heisst es auch „et postquam arrhis sponsam sibi sponsus per digitum fidei annulo insignitum desponderit", und zwar so, dass das Ringegeben ausser der Kirche geschieht [i. J. 866]. Nicolaus ad consulta Bulgarum.

15) cap. 7 Caus. 30 qu. 5 (aus Isidor. lib. 2 de officiis cap. 19: i. J. 633 in Spanien) spricht von der nach der kirchlichen Einsegnung stattfindenden Verschleierung der neuvermählten Frau, und es folgt dann:

„§ 3. Item quod in primis negotiis annulus a sponso sponsae datur, fit hoc nimirum propter mutuae fidei signum, vel propter id magis, ut eodem pignore eorum corda jungantur; unde et quarto digito idem inseritur, quod in eo vena quaedam, ut fertur, sanguinis ad cor usque perveniat“

Ferner gehört anführungsweise hierher cap. 11 decr. Greg. II, 23, welches Grimm R. Alt. II 940 mit Cujacius und Gonzalez Tellez dahin auslegt „in Genua, wo der Streit geführt, hätten die unverheiratheten Bäckerinnen Ringe getragen, weshalb aus dem Tragen des Ringes nicht auf Existenz der Ehe geschlossen werden könne. — Vgl. ferner cap. 1 X IV 1; cap. 1 X IV 4.

16) Canon concilii Sexti in Trullo (Constantinop.) s. Bevergii synodicon tom. 1 pag. 277:

(Zonar): Sponsalia hoc quidem tempore ex Imp. Alex. Comn. novella, ejusdem sunt cum nuptiis potestatis. Et olim quidem quoniam osculum a viro in sponsalibus cum arrhabone mulieri praebitum esset, jure fiebat, ut qui viro superstite sponsam duxisset, adulterii reus ageretur; ac tum sponsalia rescindere et multam ex condicto praefinitam exigere licebat. — At si sponsal. nondum dissolutis mulier alterius erat sponsa, et qui eam ducebat adulter jure judicabatur. — Quod si nec osculum nec aliquid arrabonis nomine intercessisset, ut in iis, quae dicuntur vincula, hoc tempore fieri solebat; tunc etsi mulierem sibi alter adjunxerit, ab adulterii nihilominus criminis immunis existimabatur.

17) lex Wisigoth. lib. 3 tit. I de dispositionibus nuptiarum. III de non revocandis datis arris:

„Dum praeteritorum etc. etc.; . . . decernimus, ut cum inter eos, qui desponsandi sunt, sive inter eorum parentes aut fortasse propinquos, pro filiorum nuptiis coram testibus praecesserit definitio et annulus arrarum nomine datus fuerit vel acceptus, quamvis scripturae non intercurrant, nullatenus promissio violetur, cum qua datus est annullus etc. etc.

18) Heineccius corp. jur. Germ. (Hal. 1738) enthält unter den Capitularien unter additio tertia (S. 1778) cap. 69 de sponso vel sponsa in ministerio ingressa mit andern Worten die Verfügung des cap. 39 der nov. 123 s. o. 12.

19) Würtemb. L.-R. (1610) Th. III Tit. 2 §: „Dann so der verlobten Personen eine vor gehaltenem Kirchgang und, ehe die Decken durch eheliches Beylager beschlagen, verstürbe, soll ohne sondere Verschaffung das überlebende von dem verstorbenen, ausserhalb was es von demselben bey Lebzeiten auff die Ehe oder sonst Verehrungsweise empfangen, nichts erben.

20) Churfürstlicher Pfaltz bei Rhein erneuert und verbessert Landrecht (1610) Th. I tit. 7 der Ehe- und Ehegerichtsordnung. Von der winckelehe deren personen, so nicht unter der Eltern oder Vormünder Gewalt sind:

„(Solche Personen sollen 2 Blutsfreunde oder Schwäger, evt. 2 ehrbare Zeugen zum Verlöbniss beiziehen). Dann wo solches nicht geschehen, soll die heimbliche eheverlobung nichts seyn, auch desswegen kein Theil mit dem Eyd beschwert, noch einige ansprüch verstattet werden: sie haben gleich einander darauf gemahlschatz, ring oder anders geben.“

21) Churfürstlich brandenburgische (in Magdeburg und Mansfeld publicirte) Policey-Ordnung de anno 1688. Cap. 37 „Von Ehegelöbnissen.“

a) § 43. Wann Personen einander Mahlschätze gegeben, so ist zu Recht vermuthlich, dass sie sich mit einander ehelich verlobet etc.

§ 44. Würde aber ein Theil fürgeben wollen, dass seine Meynung gar nicht gewesen, sich mit solcher Person, welche er subarrhirt und ihr den Mahlschatz gegeben, ehelich zu verbinden, so soll er solches zu erweisen oder sein Gewissen vermittelst wirklich abgelegten Eids zu reinigen etc. angehalten werden.

§ 45 bezeichnet das Zusammentreffen von Rücknahme und Rückgabe des Mahlschatzes als Zeichen, dass das Verlöbniss ex mutuo dissensu aufgelöst sei.

§ 46 will Verlöbnisse ohne consensus parentum als heimlich auch dann angesehen wissen, wenn Mahlschätze gegeben sind, und bestimmt für den Fall, dass die Eltern nicht nachträglich einwilligen, „so sollen die Mahlschätze, den sowohl der Bräutigam als die Braut einander gegeben, unserm Consistorio heimgefallen sein.“

§ 47. Wie dann auch, so offte bei Verlöbnissen die Mahlschätze gegeben, darauf aber entweder durch des Bräutigams oder Braut Verweigern und Hinderniss, oder wann die Ehe-Gelöbnisse heimlich oder sonsten unbündig erkannt werden, und also die eheliche Trauung nicht erfolgen, sondern das eheliche Werck zurückegehen würde, solche Mahlschätze unserm Consistorio gebühren und zu dem Ende stracks bei dem ersten angestellten Verhör, bey demselben unweigerlich niedergelegt werden sollen.

b) Daselbst Cap. 38 „Wie hoch des Bräutigams und der Braut Mahlschätze, wie auch die Gegenvermächtnisse sich erstrecken sollen:

§ 1 bestimmt als Maximalsatz für die arrha sp. bürgerlicher Personen 100 Thlr.

§ 2. Wann ein Bräutigam oder Braut nach empfangenem Mahlschatz vor der etc. Trauung mit Tode abgehen würde: so sollen auf solchen Fall so wenig des verstorbenen Bräutigams als der Braut hinterlassene Erben solchen Mahlschatz hinwiederum zu fordern berechtigt sein; sondern es verbleibt derselbe nach zutragenden Fällen entweder des Bräutigams oder der Braut Erben.

22) Der Grafschaft Hohenlohe Landrecht (1737) s. Arnold, Beiträge zum deutschen Privatrecht, Band I Seite 367, sub 9:

„Was in berührtem Fall die etwa beiderseits gegebene Ehepfänder betrifft, soll derjenige Theil, welcher an Aufhebung der Ehe-Verlöbnus Schuld, dem Unschuldigen das Seinige zurückzugeben gehalten, und noch darzu der unschuldige Theil das von den Schuldigen emfangene Ehepfand zu behalten oder den Werth dafür zu fordern befugt sein; hätten aber beide Theile an Aufhebung der Ehe-Verlöbnus Schuld, so sind die Ehepfänder der Obrigkeit verfallen und sollen dieselbe zu milden Sachen gewidmet werden.“

23) Kurbaierisches Landrecht oder Cod. Max. Bavar. civil. (1756) Th. I Cap. 6 vom Ehestande § 17. Von dem Mahlschatze:

„Der Mahlschatz, welcher der Braut von dem Bräutigam, oder diesem von jener zum Zeichen und Beweise des Eheverlobnisses vor der Copulation gegeben wird (arrha sponsalitia) ist und bleibt pro 1mo dem empfangenden Theil von Zeit wirklicher Uebergabe eigenthümlich. Das blosse Versprechen des Mahlschatzes ist zwar 2do nicht ungültig, sondern verbindet den versprechenden Theil zur Erfüllung seines Wortes, wirkt aber das Eigenthum nicht eher bis auch die Uebergabe erfolgt. 3^{tio} hat derselbe in allen Sachen, wie das Heirathgut, Platz, und ist 4to die gerichtliche Insinuation nicht hierzu erforderlich, wenn gleich der Werth die Summe von 1000 fl. übersteigt. Es wird solcher 5to durch die Copulation vielmehr bekräftiget, als aufgehoben. Wohl hingegen fällt er 6to hinwiederum weg, und muss in natura vel pretio restituirt werden, wenn die Ehe nicht zu Stande kommt oder annullirt wird, ausgenommen wenn solches 7mo aus Verschulden geschieht; denn da bekommt der schuldige Theil, von welchem die Ehe gehindert worden, nicht nur den gegebenen Mahlschatz nicht wiederum zurück, sondern verliert auch allenfalls den, welchen er von dem unschuldigen Theil dagegen erhalten hat.“

24) Hofraths-Instruction für die badische Markgrafschaft (1794) unter *f*) Ehierichterliche Gerechtigkeitspflege überhaupt, insbesondere in Eheverspruchssachen, Art. 42:

In Eheverspruchssachen soll (a. b. c. d. sowie auch e): wenn Ehepfänder gegeben worden, der unschuldige Theil gegen Herausgabe des Empfangenen, das Gegebene zurückerhalten, der schuldige Theil aber das zurückerhaltene Gegebene, und den Werth des zurückzugebenden Empfangenen im durlachischen Landestheil dem

Waisenhaus, im Badischen aber zum Almosen des Kirchspiels, in welches er gehört, hinauszugeben verurtheilt werden.

25) A. L.-R. (1794):

a) Th. I Tit. 5. Von Verträgen. V. Von Verstärkung der Verträge 4) durch Draufgabe. § 209. Was wegen der Brautgeschenke und bei dem Miethgeld des Gesindes Rechtens sey, ist gehörigen Orts bestimmt. (Th. II tit. 1 Abschn. 2 — tit. 5 Abschn. 1), d. h. das preussische Recht stellt zwar die arrha sponsalitia (denn etwas Anderes kann hier nicht gemeint sein in diesem Zusammenhange) beispielsweise auch unter die Draufgabe; es gelten aber für erstere lediglich die für die sponsalitia largitas (Brautgeschenk) maassgebenden Regeln. — Nur der geistliche Mahlschatz wird besonders behandelt, nämlich

b) in Th. II Tit. 11 Abschn. 18. Von Mönchen und Ordensleuten und zwar „von geistlichen Brautschätzen" *) (§§ 1185 bis 1198) ist verfügt:

§ 1185. Wo bey dem Eintritte in ein Kloster die Bestellung eines geistlichen Brautschatzes gewöhnlich ist, mag es dabei auch ferner sein Bewenden haben.

§ 1186. Es muss aber diese Gewohnheit weder auf genugsam dotirte, noch auf Klöster der Bettelmönche ausgedehnt werden.

§ 1187. Auch soll dergleichen Brautschatz die Summe von 500 Thalern nicht übersteigen.

§ 1188. Höhere Summen können nur unter ausdrücklicher Genehmigung des Staats auf vorhergegangene Untersuchung der Umstände nach der besonderen Nothdurft des Klosters und der zur Unterhaltung der Conventualen erforderlichen mehreren Kosten ausgesetzt werden.

§ 1189. Den zur Wartung der Kranken bestimmten geistlichen Orden können höhere Brautschätze, ingleichen Vermächtnisse und Schenkungen, ohne Einschränkung auf eine gewisse Summe, zugewendet werden.

§ 1190. Aber auch bei diesen ist, wenn die Summe mehr als 500 Thlr. beträgt, die ausdrückliche Genehmigung des Staats nothwendig.

§ 1191. Unter dem geistlichen Brautschatze sind die Kosten der s. g. geistlichen Hochzeit und Ausstattung nicht mit begriffen.

§ 1192. Doch dürfen auch diese die Summe von 500 Thlr. niemals übersteigen.

---

*) Eine besondere Erörterung im Folgenden werden diese zwar wichtigen, aber auch vollkommen präcisen Bestimmungen, eben ihrer Klarheit halber, nicht zu erhalten brauchen. — Bekanntlich fasst die katholische Kirche den Eintritt ins Kloster als Ehe mit Christus und der Kirche auf.

§ 1193. Der Werth der Sachen und Effecten, welche der in das Kloster tretenden Person zu ihrem eignen Gebrauche mitgegeben werden, ist unter keiner der obigen Summen begriffen.

§ 1194. Doch fallen die darunter befindlichen Juwelen und Kostbarkeiten nach dem Abgang der Klosterperson nicht dem Kloster, sondern deren alsdann vorhandenen nächsten Erben zu.

§ 1195. Hat ein Kloster höhere Einkünfte, als nach § 1183 zulässig sind, oder einen höhern Brautschatz, oder ein Mehreres zur Ausstattung und Hochzeit als 500 Thlr. ohne Vorwissen und Genehmigung des Staats angenommen, so verfällt der ganze Betrag dem Fiscus, und das Kloster muss noch ausserdem den doppelten Betrag des zu viel genommenen als Strafe entrichten.

§ 1196. Haben weltliche Verwalter der Klostergüter dergleichen übermässigen Brautschatz oder Ausstattung und Hochzeitskosten angenommen, so trifft sie die Strafe und das Kloster verliert nur das Empfangene.

§ 1197. Haben dergleichen Verwalter den Betrag solcher Zuwendungen in den Rechnungen verschwiegen oder verheimlicht, so müssen sie die 3fache Summe zur Strafe entrichten.

§ 1198. Kann die verwirkte Summe und Strafe von dem Kloster oder dessen Verwaltern nicht beygetrieben werden, so haften dafür diejenigen, von welchen die gesetzwidrige Zahlung geleistet worden.

26) Erneuerte Castell-Remlingische Eheordnung (1795) s. Arnold a. a. O. S. 229 III 4:

„Heimliche (etc.) Eheversprüche sind ungültig und etc. strafbar. — Sie bestehen aus unbedingten Zusagen und sind auch vorhanden oder werden als bewiesen angesehen, sobald etwas auf die Ehe oder ein sogenannter Mahlschatz gegeben und angenommen wird, welcher in solchem Fall allemal verfallen ist und an das Consistorium eingesendet werden muss."

27) Oester. b. G.-B. (1811):

§ 45. „Ein Eheverlöbniss oder ein vorläufiges Versprechen sich zu ehelichen, unter was für Umständen oder Bedingungen es gegeben oder erhalten worden, zieht keine rechtliche Verbindlichkeit nach sich, weder zur Schliessung der Ehe selbst, noch zur Leistung desjenigen, was auf den Fall des Rücktritts bedungen worden ist." (Ausser nach § 46 unter gewissen Voraussetzungen Schadensersatzpflicht).

28) Bürgerliches Gesetzbuch für das Königreich Sachsen (1863):

§ 1583. Haben sich die Verlobten zum Zeichen des eingegangenen Verlöbnisses Mahlschätze gegeben, oder haben sie sich

Geschenke gemacht, so ist anzunehmen, dass dies unter der Voraussetzung geschehen sei, es werde die Ehe zu Stande kommen.

§ 1584. Wird das Verlöbniss durch gegenseitiges Einverständniss oder wegen eines Grundes aufgehoben, bei welchem keinem Theile eine Verschuldung zur Last fällt, so sind die Mahlschätze und Geschenke, soweit sie vorhanden, gegenseitig zurückzugeben. Sind vertretbare Sachen gegeben worden, so ist derselbe Betrag zu erstatten.

§ 1585. Tritt ein Theil ohne Grund von dem Verlöbnisse zurück, oder veranlasst er durch seine Verschuldung dessen Auflösung, so verliert er das, was er als Mahlschatz oder Geschenk gegeben, und giebt zurück, was er empfangen hat, und zwar die vorhandenen Gegenstände selbst, oder, wenn er die Unmöglichkeit der Rückgabe verschuldet hat, den Werth des Empfangenen. Hat er vertretbare Sachen empfangen, so ist derselbe Betrag zurückzuerstatten.

§ 1586. Wird das Verlöbniss durch Tod aufgelöst, so findet ein Anspruch auf Rückgabe der Mahlschätze und Geschenke nicht Statt.

§ 1587. Der Anspruch auf Entschädigung im Falle des § 1581 und auf Rückgabe der Mahlschätze und Geschenke verjährt in einem Jahre von der Auflösung des Verlöbnisses an. Ist der berechtigte Verlobte vor Anbringung der Klage gestorben, so geht der Anspruch auf dessen Erben nicht über.

Diese Stellen werden im Folgenden durch blosse Angabe ihrer Nummer citirt.

§ 13.

II. Literatur.

Als von besonderem literarischen Werth für die Lehre vom Mahlschatz dürften hervorgehoben werden:

I. An Dissertationen, welche sich hauptsächlich mit dieser Sache beschäftigen: Suarez, de arrhis quas maritus uxori permisit (Colon. 1590); Müller, de annulo pronubo, vulgo vom Jaworts- oder Trauring (Jena 1676); Perschbecher, de arrhis praesertim sponsalitiis (Basel 1676); Wolff, de arrhis sponsalitiis (Altdorf 1676); Tenzel, de restitutione arrhae et sponsalitiae largitatis etc. (Erfurt 1730); Willisch (praeside Crell), de arrha a sponsae heredibus restituenda (Wittenberg 1753).

II. In den Dissertationen über die arrha im Allgemeinen ist vom Mahlschatz besonders die Rede bei Lauterbach (cap. 7. 34—35. 39. 40. 43—44. 49. 50—53. 55—56. 62. 71. 75. 78—88. 108. 121. 132—133. 136—153. 158—162. 168—169. 171—177. 180), Mader (cap. 3 § 14; cap. 4 § 1), Schwendendörffer (thes. 13. 20. 35—40. 46) und Ursinus (thes. 26—29. 47. 57. 60).

III. In canonistischer Beziehung verdienen Hervorhebung von den älteren Schriften: Sanchez, de matrimonio (Lugd. 1739) (lib. I disp. 35. 36. 39 und VI. 1. 20—22. 27—31. 33—36. 38. 40—41); Schmalzgrueber, sponsal. et matrim. (Diling. 1726) (tit. I § 3 no. 126—138) und Thomasius, de pactis sponsal. (Magdbg. 1754) (§§ 12 und 14). Von den neueren dagegen: Brendel, Kirchenrecht, Aufl. 3 § 317; Friedberg, Eheschliessung (Leipzig 1865) Seite 72 und unter Volkssitten bei der evang. Eheschliessung; derselbe in Dove's Ztschr. für Kirchenrecht 1861 Aufsatz 11; Permaneder, Kirchenrecht, Aufl. 3 § 383; Richter, Kirchenrecht Aufl. 4 § 271.

IV. Bezüglich des Verständnisses der im vorigen Abschnitt angegebenen Codexstellen ist besonders zu verweisen auf Cujacius, observ. lib. 11 cap. 17 und desselben paratitla in Cod.; ferner auf Brunnemann, comm. in Cod. — In historischer Hinsicht sind die Stellen behandelt bei v. Loehr, Uebersicht der das Privatrecht betr. Constitutionen der röm. Kaiser etc. (1812 Wetzlar).

V. Von den Systemen des römischen Rechts sind für diesen Punkt besonders zu beachten: v. Wening Buch 4 § 20 und dazu Fritz, Erläuterungen Buch 3 Seite 310 ff.

VI. Bezüglich der Praxis vgl. insbes. Glueck, Pand.-Comm. § 1226 und v. Holzschuher, Theorie und Casuistik Band 1 cap. 3 Frage 21—24.

VII. Die Specialfrage vom historischen Verhältniss zwischen arrha und donatio propter nuptias behandeln namentlich Warnkönig, Burchardi, v. Löhr und Francke im Arch. f. civ. Praxis Bd. 13 S. 3 ff. bzw. Bd. 9 S. 199 ff. bzw. Bd. 15 S. 452—454 bzw. Bd. 26 S. 71 und Bd. 30 S. 322 ff. und Cruesemann in seiner Dissertation de don. propt. nupt. (Berlin 1869) § 2.

VIII. Von den partikularrechtlichen Bestimmungen hat ausführlich nur die bairischen v. Kreittmayr (Anm. über den Cod. Max. Bav. civ. Thl. I cap. 6 § 11 pos. 10 und § 17) erläutert, während die obigen Dissertationen über Recht und Praxis einzelner Länder (abgesehen von den ausführlichen Erörterungen des Würt. Landrechts durch Lauterbach) hie und da wohl eine Auskunft, aber nur eine höchst spärliche, geben.

§ 14.

III. Römisches Recht.

1) Geschichte.

Der Gebrauch besonderer, meist symbolischer Gaben bei Verlöbniss und Eheschliessung gehört dem jus gentium *) an (Schwendendoerffer thes. 21) und ist bekanntlich uralt; es lässt sich dabei oft kaum zwischen Ehe und Verlöbniss unterscheiden. Zu diesen symbolischen Gaben gehört auch die arrha sponsalitia.

Die coëmtio manus, bei der die Herrschaft über die Frau das Kaufobject ausmachte, erinnert an den deutschen Fraukauf, und aus diesem Herrschaftsverhältniss, wie aus der Lebenslage der Frauen in der frühen römischen Zeit mag es sich erklären, dass sich eine arrha sponsalitia nur als Gabe Seitens des Mannes in den Quellen vorfindet, wie ja Constantin überhaupt bezeugt, dass Frauen selten dem Bräutigam Etwas geben (l. 16 C r. p. V 3).

Die arrha sponsalitia ist eine arrha (vgl. § 7), welche zum Beweise (§ 15) und zur pönalen Sicherung des Verlöbnisses dient (§ 17); — so erscheint sie im praktischen Rechte. In der That muss es auffallen, dass eine beim Verlöbniss übliche Gabe einen Straf-Charakter aufweist und der gesunde Sinn führt zur Erklärung dieses Umstandes nicht auf ein derartiges Herkommen, sondern auf eine Willkür des Gesetzgebers. Darum und weil schon Papinian (Stelle 2) die an die arrha sp. gehefteten Strafen kennt, wird man sich mit Westphal (S. 15) der schon von Gothofredus (Ausgabe des C. Th. Bd. 1 S. 310 [Lips. 1736]) aufgestellten Hypothese unbedenklich anschliessen dürfen, dass die Festsetzung der bei der a. sp. vorkommenden Strafen durch die Augusteische Gesetzgebung, geschah, welche ja kein Zwangsmittel in Ehesachen scheute und nach dem Wegfall der directen wie der indirecten Klagbarkeit des Verlöbnisses (vgl. l. 134 D. de V. O. XLV, 1 und § 4) sich wohl veranlasst sehen konnte, den Verlöbnissbruch mit Strafe zu be-

*) Dies folgt schon aus dem sprachlichen Leben (§ 1). Stellen s. §§ 3 und 12. Ausserdem Ducange glossar. med. et infin. latin. s. v. arra (und ähnliche); Gregor. Tur. hist. Gall. l. 4 cap. 41; cap. 11 X de praesumpt. II 23; Stephanus thes. und Forcellini lexic. s. v. ἀῤῥαβών bzw. arrha; Rein, Privatrecht und Civ.-Process der Römer S. 410; Friedberg a. a. O.; Hach, das alte lübische Recht S. 248 (hanttruwe bressen); Zoepfl, deutsche Rechtsgesch. Aufl. 3 § 81 a Anm. 6. 7 und § 83; Giebel über Gebrauch der Ringe, Brautringe u. s. f. in den Hausblättern 1865 Heft 6. — Für das spanische Recht der a. sp., welche dort die Stelle der donatio propter nuptias vertritt, s. Sanchez a. a. O. l. 6 d 1 n. 1 und Lauterbach S. 51. Hier kann nur auf die mit Deutschland in Beziehung stehenden Rechte eingegangen werden.

drohen. Die von der a. sp. handelnden Stellen rühren von Paulus, Papinian, Leo und Anthemius; Theodos und den gleichzeitigen Kaisern Honorius, Gratian, Valentinian und endlich von Justinian her. Eine so reichliche Legislation beweist, dass durch materiellen Werth der Arrhen (§ 4) das arrhalische Recht wichtig geworden war. Uebrigens wurde der Grundsatz der freien Ehe nicht aufgegeben und es kann in einer gesetzlichen Straffixirung auf den Fall des Verlöbnissbruches nicht, wie bei der vertragsmässigen, etwas Verächtliches erblickt werden; auch hielt man an der Unzulässigkeit von Strafübereinkünften fest; nur erlaubte Theodos, als er die bisher für den Verlöbnissbruch gesetzlich bestandene poena quadrupli arrharum auf den einfachen Verlust der arrha bzw. auf restitutio dupli ermässigt hatte, wenigstens durch Vertrag bis zum quadruplum vorzuschreiten, und es mag dies aus Ehrfurcht für das ältere Recht geschehen sein (Stelle 9; v. Löhr Archiv 15 S. 449).

Das historische Verhältniss der verschiedenen im Hinblick auf eine Ehe möglichen Liberalitäten steht im Streit. Sehr früh schied sich gewiss die dos ab, dagegen könnte man über die Entwickelungsgeschichte der Gaben, die unter den Namen sponsalia, arrha sponsalitia, donatio oder largitas sponsalitia, donatio ante nuptias, donatio propter nuptias vorkommen, Zweifel hegen. Jedenfalls weist die Natur der Sache hier auf die Annahme einer allmählichen Absonderung. Während aber v. Löhr (civ. Arch. a. a. O.) diese Ablösung in der Weise festzustellen sucht, dass es zunächst zwischen largitas sponsalitia und a sp. keinen Unterschied gegeben habe und dagegen die donatio ante (später propter) nuptias als ein selbständiges Institut aus dieser sp. largitas bzw. a. sp. früh schon hervorgewachsen sei, so fand doch gegenüber dieser auch von Franke (civ. Arch. a. a. O.) befehdeten Ansicht ein Umschlag der Meinungen bald in der Art Statt, dass man den Ursprung der donatio ante bzw. propter nuptias von der a. sp. emancipirte und von der sp. largitas allein herleitete (Warnkönig, Burchardi, Cruesemann). Zur Befestigung seiner Ansicht stützt sich v. Löhr namentlich darauf, dass l. 5 C. Th. III 5 in die l. 16 C. r. p. V 3 mit einer Interpolation (donationis titulo statt sponsaliorum titulo) übergegangen sei; gerade hier aber war im C. Th. „sponsalia", das in diesem Codex sonst gleich arrha gebraucht wird, anders angewendet, da das osculum interveniens, wie l. 6 C. Th. und l. 16 C. r. p. cit. zeigen, nicht auf die a. sp., sondern nur auf die largitas sp., welche Justinian in einem von der a. sp. abgesonderten Titel behandelt, einen Einfluss ausübte; das Wort „sponsalia" hatte man in l. 5 cit. in dem ihm ausserdem noch zukommenden Sinne von Verlöbniss gebraucht, und nur um Verwechselungen vorzubeugen interpolirte

Justinian. Gegen v. Löhr ist ferner einzuwenden: Abgesehen von der Verschiedenheit des Werthes, indem die don. pr. n. ihrer Bestimmung gemäss (ad onera matrimonii ferenda) den Betrag der arrha sp. regelmässig übersteigen wird, greift auch die Verschiedenheit des Zweckes durch. — Zudem begegnen wir einer auffallenden Erscheinung bezüglich des Sprachgebrauchs der Quellen: in Stelle 2 und 4 ist das Wort sponsalia und arrha gleichbedeutend gebraucht; der tit. C. Th. III 5 spricht aber, wie ll. 1. 2 ejusd. tit. darthun, ausser der a. sp. auch von Brautschenkungen im Allgemeinen, und wenn es sich um die Auslegung seiner Ueberschrift „de sponsalibus et donationibus ante nuptias“ handelt, so muss man sagen, dass unter den sponsalia die sp. largitas nicht mitverstanden sein kann, weil l. 6 t. c. bezüglich der „Sponsalia“ beim Verlöbnissbruch von poena quadrupli redet, welche doch gewiss Niemand auf Brautgeschenke beziehen wird. Im C. Th. steht also die a. sp., sponsalia genannt, den donationes ante nuptias entgegen. Im C. r. p. dagegen findet sich an Stelle der „donatio ante nuptias“ eine „sponsalitia donatio“ und eine auch post nuptias bestellbare „donatio propter nuptias.“ Die a. sp. behandelt der neue Codex in tit. V, 1 „de sponsalibus (was hier im Sinn von „Verlöbniss“ gebraucht ist vgl. ll. 1. 2. 4. 6 daselbst) et sponsalitiis arrhis et proxeneticis“; wo das Wort „sponsalia“ im C. Th. im Sinn von a. sp. stand, ist es mit „arrha sponsalitia“ vertauscht (Stelle 4 verb. mit Stelle 10), und zur Abwendung von Missverständnissen in Stelle 11, wo das Wort sponsalia im Sinne von a. sp. allein beibehalten wurde, wird hervorgehoben „sponsalia — hoc est arrharum data nomine —“; im Uebrigen braucht Justinian „sponsalia“ nur im Sinn von Verlöbniss (vgl. D. XXIII, 1 und C. r. p. V, 1) und stellt dem tit. V, 1 C. r. p. den tit. V, 3 „de donationibus ante nuptias vel propter nuptias“ entgegen, in welchem von der a. sp. Nichts verlautet. Somit steht im C. Th. der dort als „sponsalia“ bezeichneten a. sp. die donatio ante nuptias, dagegen im C. r. p. der a. sp. die donatio sponsalitia und die donatio ante vel propter nuptias entgegen. Wie erklärt sich diese Wandlung? Als eine Eheschenkung (Liberalität des Mannes zur Deckung der Kosten einer künftigen Ehe) noch nicht ausgebildet und insbesondere nur vor der Ehe statthaft war, fielen diese Eheschenkung, die a. sp. und jede nicht besonders qualificirte Schenkung unter Brautleuten, unter den natürlichen Begriff der Schenkung vor der Ehe; schon im C. Th. ist aber die a. sp. unter der Bezeichnung „sponsalia“ hiervon abgetrennt, um den Rest als juristische donatio ante nuptias erscheinen zu lassen; Justinian nannte nun, durch frühere Constitutionen veranlasst (§ 3 J II 7 und l. 20 C. r. p. V 3), die der dos entsprechende Art der donatio ante nuptias eine donatio propter nuptias, unter Zulassung der Bestellung nach der Ehe, deutete übrigens durch die Ueberschrift des tit. V 3 C. r. p. noch jene ursprüngliche Bezeichnung der don. pr. n. als einer Art der don. a. n. an. Bei der Ausbildung der Eheschenkung musste ein weiser Gesetzgeber in der That nicht nur dieser einen geeigneten Namen beilegen, sondern auch sachgemäss die Bezeichnung jener Institute ändern, welche durch die Reform indirect in sich selbst oder in ihren auswärtigen Beziehungen Wandlungen erfuhren; insbesondere musste man den nach Ablösung der don. pr. n. restirenden Fällen der Theodosianischen don. a. n. eine neue Benennung verschaffen, weil die don. pr. n. vor und nach der Ehe vorkommt und eine Unterscheidung von gewöhnlicher don. a. n. und don. a. et post n. unverdaulich gewesen wäre. So gelangte man zum Ausdruck „sponsalitia largitas“ oder „sponsalitia donatio“ für eben diese Reste (C. r. p. V, 3). Diese Aenderung zog nothwendig die andere nach sich, dem hiermit verwechselbaren und schon ohnedem zweideutigen Worte „sponsalia“ ein anderes, nämlich a. sp. zu substituiren. — Alle diese Erwägungen dürften darauf hinführen, dass die don. pr. n. sich nicht aus der a. sp., sondern blos aus der donatio ante nuptias herausgebildet hat, und dass die a. sp. sehr früh schon den übrigen Gaben unter Verlobten als eigenthümlich geartetes Institut entgegentrat, ein Satz, der namentlich durch die pönale Natur der a. sp. noch eine besondere Bestärkung erfährt (§ 17). Auch spricht dafür die gemeinsame Behandlung der sp. largitas und der don. pr. n. in **einem** Titel (C. r. p. V 3), während die a. sp. eine andere Stelle im Gesetzbuch gefunden hat.

§ 15.

2) Praktisches Recht.

a) Der Mahlschatz im Allgemeinen.

Die a. sp. (Mahlschatz) offenbart sich, wie gesagt, als eine Art der arrha überhaupt, und es finden daher die allgemeimen Regeln insoweit Anwendung, als nicht besondere Bestimmungen entgegenstehen. Namentlich ist die accessorische Natur der arrha in allen Stellen auch hier festgehalten und daher der arrha sp. kein Einfluss auf das Hauptgeschäft eingeräumt, sondern vielmehr ein gesetzlich gültiges Verlöbniss (Nov. 23 cap. 39 „κατὰ τὸν νομόν“) vorausgesetzt. Ohne diese Voraussetzung würde auch der Beweiseffekt (Stelle 3 „pro solemnitate“) nicht erklärt werden können; eine a. sp. beim Vorvertrag kann hier selbstredend nicht gedacht werden. — Die a. sp. ist eine arrha poenalis (§ 40), indem beim Verlöbnissbruch gesetzliche Strafen eintreten, welche übrigens nur um ein Weniges vertragsmässig erhöht werden können (§ 14). Eine arrha poenitentialis darf man die a. sp., obwohl beim Verlöbniss freier Rücktritt beiden Theilen gewährt ist, doch nicht nennen, weil die Ungebundenheit in der Natur des Vertrags, nicht in der hinzukommenden a. sp. liegt, vielmehr auch ohne diese zu Recht besteht und eher durch die in der a. sp. liegende Strafe eingeschränkt wird.

Durch die Functionen als Beweis- und als Strafmittel unterscheidet sich die a. sp. auch praktisch von der Brautschenkung im Allgemeinen, und man kann es darum nicht billigen, wenn Tenzel a. a. O. § 9, v. Löhr im Archiv a. a. O., Vering in seinem Buche „Geschichte und Institutionen des römischen Rechts“ § 216 u. A. m. die a. sp. unter die Schenkung stellen; sehr scharf warnen vor diesem Missgriff schon die griechischen Anmerkungen zu den Stellen 13a und 13b; dass Schenkwille oftmals das factische Motiv zur Bestellung der a. sp. sein mag, kann deren juristische Natur nicht ändern. — Als Consequenzen hieraus ergeben sich:

1) Das osculum interveniens übt auf die a. sp. keinen Einfluss; so sagt mit Recht die Glosse zum Wort „defuncta“ der Stelle 8: „intervenerit osculum vel non — licet in donatione propter nuptias secus.“

2) Wie immer bei der körperlichen arrha geht das Eigenthum sofort auf den Empfänger über (§ 8) und tritt Rückgabe nach Erfüllung der Vertragsverbindlichkeit ein (§ 9, § 16). Man kann daher für das reine römische Recht nicht die Bedingung „si nuptiae sequuntur“, wie bei den Brautschenkungen, hier unterlegen (vgl. aber § 19).

3) Da die a. sp. Nichts mit der Eheschenkung gemein hat, kann ohne Eintritt besonderer Verhältnisse auch bezüglich der a. sp. keine Collationspflicht*) behauptet werden, falls nicht besondere Collationsgründe (vgl. namentlich § 16 I Abs. 2) eintreten.

§ 16.

b) Einfache Restitution des Mahlschatzes.

I. Zweifellos gebührt der gültig bestellte Mahlschatz demjenigen, welchem er bestellt ward, so lange, als keine Veränderung im Rechtsverhältniss zum Besteller erfolgt (§ 9). Wie es im Fall

*) Sehr ausführlich behandeln diese Frage: Carpzow decis. forens. p. 3 const. 11 def. 12; Mollenbec thesaur. jur. civ. zu Dig. XXXVII 6 und 7; v. Neumann, jus reale principum sect. 6 tit. 40 S. 576 ff.

der Eheschliessung (also der Vertragserfüllung) mit dem Mahlschatz gehalten wird, ist dagegen bestritten. Auf die Verwechselung der a. sp. mit der donatio spons. und der don. pr. n. bauend, behaupten Manche, so v. Löhr (Archiv Bd. 15 S. 450), Brendel (Kirchenrecht § 317), Mollenbec (thesaur. jur. civ. S. 976 zu D 23, 1) und Seuffert (Pandekten § 446), durch die Eheschliessung erhalte die a. sp. erst ihre Festigung und bleibe nun definitiv dem Empfänger. „Prorsus ignotum, quo fundamento ducantur“ entgegnet mit Recht schon Sanchez (a. a. O. l. 1 disp. 36 No. 1), welcher aus der accessorischen Natur der arrha die allgemeine Regel herleitet, dass im Fall der Vertragserfüllung die Restitution des Mahlschatzes geboten sei (§ 9). Mit Recht folgen ihm namentlich Lauterbach a. a. O. S. 86 und Glück Pandecten Commentar § 1226. In gleichem Sinn erging auch ein Urtheil der Altdorfer Facultät (vgl. Beck decis. et respons. Nürnberg 1734 S. 529).

Immerhin kann aber nach Analogie der ll. 1 und 14 C. r. p. V 3 und zufolge allgemeiner Grundsätze die Uebereinkunft geschlossen werden, dass der Mahlschatz ein anderes Schicksal erfahre, z. B. durch Eheschliessung sich in eine don. pr. n. verwandeln solle. Eine solche Metamorphose entscheidet dann über dessen fernere Behandlung, und es wird z. B. der vom Manne als don. pr. n. gegebene Mahlschatz ihm nicht, wie es bei der Eheschliessung hätte der Fall sein müssen, dann auch bei der Eheauflösung zurückgegeben, sondern er fällt dann an andere Personen. Für eine bestimmte Eventualität hatte übrigens hiervon Stelle 3 eine Ausnahme geschaffen, welche aber, da die Stelle nicht in das corpus juris kam, keine Gesetzeskraft mehr besitzt. Dort war nämlich für den Fall, dass ein Mann zwar eine a. sp. mit der Bedingung nachheriger Verwendung zu Ehezwecken gegeben, aber seine Frau in kinderloser Ehe überlebt hatte, bestimmt, dass die a. sp. dann dem Besteller bei der Eheauflösung heimfallen solle.

II. Wurde der Haupt- oder der accessorische Vertrag zufolge Anfechtung umgestossen, oder war einer derselben ipso jure nichtig, oder ist die Haupt- oder die arrhalische Obligation nachträglich weggefallen, so muss nach allgemeinen Grundsätzen ebenso die Zurückführung der Lage der arrha auf den Moment der Bestellung eintreten (§ 9). Bei der a. sp. fand das Restitutionsrecht aber deutlicheren Ausdruck, als bei der gewöhnlichen arrha, und es mögen darum als Anwendungen dieses Satzes einige wichtigere Fälle an der Hand der Quellen eingeführt werden:

1) wenn ein Paciscent sich beim Verlöbniss über so wesentliche Eigenschaften des andern Brauttheils täuscht, dass darauf

eine Anfechtung des Verlöbnisses wegen Irrthums gebaut werden kann, so ist die a. sp. zurückzugeben (Stelle 9).

2) Bezüglich des metus besitzen wir verschiedene Constitutionen:

a) Stelle 2, welche nicht in das corpus juris aufgenommen wurde. Dieselbe hebt hervor, dass ein Mädchen, welches durch andere zum Verlöbnissabschluss für sie berechtigte Personen zur Annahme einer a. sp. gedrängt worden sei (compulsa), bezüglich der sie beim Verlöbnissbruch treffenden poena dupli sich an diesen Personen erholen könne. Diese Stelle dürfte auch hierher gehören; denn sie enthält eher einen Fall des metus, als der vis, weil der Beweggrund für dies Mädchen nach der Sachlage in der Autorität der genannten Personen liegt. Eine Rescission des Verlöbnisses trat in diesem Fall auch gar nicht ein, falls nicht ein besonderer Grund sonst eingetreten.

b) Dagegen tritt aus den Stellen 4, 5, 10*) deutlich der Satz hervor, dass ein erzwungenes Verlöbniss unverbindlich und daher die a sp. zu restituiren sei. Die Constitutionen handeln übrigens nur von der durch römische Provinzialbeamte verübten Einschüchterung und Gewalt, deren Beispiele die Geschichte im Uebermaass erzählt. — Ganz richtig unterscheidet das Recht dabei bezüglich des Amtes drei Zeitabschnitte, den vor dem Amte, den während des Amtes und den nach der Niederlegung der Würde. Früher bestandene Verlöbnisse alterirt der Amtsantritt nicht (l. 38 § 1 D XXIII, 2), und nach der Amtsführung kann der Eheschluss mit Provinzialinnen, die während der Amtsführung anverlobt wurden, wohl Statt finden (Stellen 4 und 10). Dagegen wohnt einer Ehe, die zur Zeit der Beamtung geschlossen wird, keine Kraft inne (l. 63 [64] und 65 [66] D XXIII, 2); in diese Zeit fallende Verlöbnisse sind unverbindlich und können daher während und nach der Amtsführung Seitens der Provinzialin gelöst werden. Die Pflicht zur Rückgabe der a. sp. erscheint im ersteren Fall dann als eine blos naturale, indem die Provinzialin, wenn sie das Verlöbniss während der Amtsführung aufhebt, die ihr bestellte a. sp. zwar zur Strafe des römischen Beamten behalten, nicht aber auch nach trotzdem erfolgter Zurückstellung wieder einfordern darf (Stellen 4 und 10). Im zweiten Fall dagegen, d. i. wenn die Provinzialin nach Ablauf der Amtsführung das Verlöbniss aufhebt, muss sie die a. sp. unbedingt zurückgeben (Stelle 5).

---

*) Vgl. auch Cyrillus Note zu l. 20 Bas. 28, 1 und über den durch v. Löhr behaupteten angeblichen Widerspruch zwischen den Stellen 5 und 10 Hotomanni respons. amic. II, 11 und van Bynkershoek observ. VII, 15.

3) Ein Beispiel nachträglich eintretender Unerfüllbarkeit der Hauptobligation bietet namentlich der Tod, welcher daher gleichfalls die restitutio arrhae im Gefolge hat (Stellen 8 und 13 b; mehrere Urtheile bei Lynker, consil. et respons. III cent. 11 decad. 1039 und bei Tenzel a. a. O. § 15). Der Tod muss aber ein unverschuldeter sein, indem ein verschuldeter Tod als Verlöbnissbruch angesehen wird (v. Holzschuber a. a. O.); auch handelt es sich hier nur um einen Tod, der das bisher intakte Verlöbniss auflöst, weil, falls schon vorher ein Verlöbnissbruch eintrat, die Strafe des letzteren durch den nachfolgenden Tod keineswegs aufgehoben wird (Stellen 8 und 13 b). Die Ehe setzt ein weltliches Leben voraus, und es gilt darum der Eintritt in's Kloster, welcher ja nach späterem römischen Recht nicht einmal an einer bestehenden Ehe ein Hinderniss findet (nov. 117 cap. 12), dem Verlöbniss gegenüber wie der unverschuldete Tod; so verfügen nach dem Eindringen canonischer Grundsätze sowohl das justinianeische, als auch das Capitular-Recht (Stellen 7. 12. 13 d. 18).

§ 17.

c) Mahlschatz mit Strafbestimmung.

Unter dem Verlöbnissbruch muss man die schuldvolle Nichterfüllung der Sponsalien verstehen, und es tritt für diesen Fall von Gesetzes wegen der Verlust der gegebenen und die doppelte Rückgabe der empfangenen arrha als Strafe ein (Stellen 9 und 13 a); früher galten härtere Bestimmungen; die Festsetzung solcher blieb bis zu einer dreifachen Strafe nebst Rückgabe des bestellten simplum der arrha (§ 9) jedoch dem Vertragswege überlassen (§ 14). Zum Verlöbnissbruch gehört jedenfalls das nach der Verlobung geschehende Einwirken einer verlobten Person, so dass man hierher wohl die durch solches Einwirken, z. B. durch Abschluss einer andern Ehe, begründete Unerfüllbarkeit des Verlöbnisses rechnen kann (v. Hagen praes. Straub diss. de sponsal. et matrim. quaest. 5); unrecht thut dagegen die Glosse zu Stelle 9, wenn sie die wissentliche Eingehung eines ungesetzlichen Verlöbnisses dem Verlöbnissbruch gleichstellt (Lauterbach a. a. O. S. 98 ff.). Die Strafen des Verlöbnissbruches fallen nicht weg, wenn nach demselben Umstände eintreten, die das Verlöbniss aufgehoben hätten (arg. Stellen 8 und 13 b). Die Verschuldung des Verlöbnissbruchs fehlt dagegen, sowohl wenn nicht schuldvoll herbeigeführte Umstände die Sponsalien von Rechts wegen aufheben, als auch dann, wenn letztere zwar gültig sind, aber ein Brauttheil auf Grund von Thatsachen zurücktritt, welche ihm beim Abschluss des Verlöbnisses nicht bekannt waren und eine justa causa recedendi enthalten; die im Gesetz hervorgehobenen Gründe, so Religionsverschiedenheit (Stellen 6 und 9), Impotenz (Stelle 9), Untreue (Stelle 9), übermässige Verzögerung der Hochzeit (Stelle 1 und 13c) lassen jeden Umstand als justa causa erscheinen, der die Erfüllung des Ehezwecks, des physischen wie des psychischen, gefährdet; übrigens wird man nicht zu weit gehen, wenn man in den angeführten Stellen 8 und 13b auch die Intention des Gesetzgebers liest, dass derjenige, welchem eine justa causa zur Seite steht, von seinem Rücktrittsrechte ohne Begehung eines Verlöbnissbruchs nur innerhalb mässiger Zeit Gebrauch machen könne, dagegen dann als untreu behandelt werden müsse, wenn er trotz erhaltener Kenntniss von dem Rücktrittsrechte das Verhältniss als Brauttheil fortgesetzt und erst später aufgegeben hat.

Ueber die Strafe des verschuldeten Verlöbnissbruchs bestehen, wenn Minderjährige im Spiel sind, besondere Bestimmungen:

1) In historischer Hinsicht gehört hierher die sehr verwirrte Stelle 2 (s. dazu Cujacii Anmerkungen in seiner Ausgabe des C. Th.), welche, von der Verlobung eines noch nicht zehnjährigen Mädchens handelnd, folgende Sätze aufstellt:

a) Ein vor erreichtem zwölften Jahr (Pubertätstermin der Weiber) geschlossenes Verlöbniss kann unter einfacher Rückgabe der a. sp. (quadrupli poenam remittimus) bis zum Eintritt der Nubilität (12 Jahre „deinceps adventante tempore nuptiarum) von den Personen, welchen die Sorge für das Mädchen obliegt (ad quem puellae ratio pertinet), gelöst werden, während das Mädchen selbst (vidua vgl. l. 242 § 3 D. L, 16 und Heumann Handlexikon zum corpus jur. civ. s. h. v.), wenn es sich gegen die Ehe sträubt, von der Strafe nicht befreit wird.

b) Wird ein nach der Pubertät von dem Mädchen selbst oder durch ihre Gewalthaber geschlossenes Verlöbniss durch des Mädchens Schuld gebrochen, so trifft jedenfalls dieses letztere die Strafe; sie trifft aber auch den Vater, wenn dieser das Verlöbniss contrahirte. Uebrigens hatte das Mädchen nach Stelle 1 dann, wenn Andere unbedacht und ohne es gehörig befragt zu haben inconsulte), den Mahlschatz angenommen hatten, gegen diese Personen eine Regressklage auf den Betrag der verwirkten Strafe (§ 16 II 1a).

2) An Stelle dieser in die justinianeische Compilation nicht aufgenommenen Constitutionen traten folgende klare und einfache Verfügungen der Stellen 9 und 13c: die Minderjährigen können ein Verlöbniss ungestraft brechen, und es tritt bezüglich der a. sp. dann Zurückführung auf den früheren Stand ein; wo dieselben aber

nicht sui juris sind, trifft die Strafe die Eltern, aber nur wenn diese die Volljährigkeit bereits erreicht haben; ob die Verlobten nie verheirathet waren oder verwittwet sind, bleibt sich gleich. Diese Sätze müssen übrigens behufs heutiger Anwendbarkeit dahin berichtigt werden, dass es dann nicht auf den römischen Volljährigkeitstermin (25 Jahre), sondern auf denjenigen des in Frage stehenden Rechtsgebietes (Tenzel § 8), und überhaupt nicht auf Suität ankommt (v. Gerber, System des deutschen Privatrechts § 240 Anm. 1; § 242 Anm. 3).

§ 18.

IV. Canonisches Recht.

Das canonische Recht bildete die aus dem römischen übernommene a. sp. aus, ohne sie auf andere Grundlagen zu stellen. Allerdings behandelt das Kirchenrecht das Verlöbniss als einen klagbaren Vertrag und lässt Vollstreckung einer Schadensersatzforderung zu; es hielt aber trotzdem daneben die pönale Seite der a. sp. fest. Eine Veränderung der a. sp. wurde daher auch nur von solchen behauptet, welche die römische a. sp. als poenitentialis*) statt als confirmatoria et poenalis (§ 40) betrachteten und nun glaubten, das canonische Recht habe die a. sp. zu einer confirmatoria umgeschaffen (v. Eyben, scriptura de origine etc. jur. can. in terra protest. S. 214; undeutlich Permaneder Kirchenrecht Aufl. 4 § 241). Mit Recht hält man vielmehr an der principiellen Gültigkeit des römischen Rechts dem canonischen gegenüber fest, insoweit es sich um die Basis des Instituts handelt (Tenzel § 8; Glück § 1226 Note 82, 83; Schmalzgrueber a. a. O. pos. 132, 133; Richter Kirchenrecht § 137). Aber das canonische Recht erweiterte die a. sp. in folgender Weise:

I. Auch der Kirche galt die a. sp. als sicheres Zeichen eines Verlöbnisses (Stellen 14, 15 und cap. 11 X de praesumpt. II 23 und vgl. Friedberg Eheschliessung S. 79). Die Kirche ging aber weiter und nahm die a. sp. selbst in den Copulationsritus auf; dies ergiebt sich z. B. aus folgenden Stellen:

Euchólog. S. 109: „Sacerdos precibus absolutis in copulatione sponsi et sponsae viro tradit annulum aureum, argenteum vero uxori et dicit „ἀῤῥαβωνίζεται ὁ δοῦλος τοῦ θεοῦ etc.; deinde ad uxorem dicit: ἀῤῥαβωνίζεται ἡ δούλη τοῦ θεοῦ etc.“

*) Die arrha sp. kann selbstredend im Kirchenrecht noch weniger als poenitentialis aufgefasst werden, als im römischen vgl. Hartitzsch Eherecht § 136.

Angelsächsisches Trauformular bei Friedberg in Dove's Zeitschrift 1861 S. 378.

Ausspruch des Königs Alphons des Weisen in der Siete Partidas bei Friedberg Eheschliessung S. 72.

De Vert, tract. de ceremon. S. 231: „cum his petiis argenti te Arrho in nomine sanctae trinitatis."

Concil. Hispan. tom. 4 S. 365: Synodus Mexicana (1585) „Praecipit ... Synodus curatis, ut in benedictionibus nuptialibus Indorum naturalium Arrhas benedicant."

Ibid. S. 703 Concil von 1594: „Omnes Indorum hujus archiepiscopatus Parochi habeant Arrhas et amictus, quibus omnes suae parochiae sponsi copulandi sunt, ne Indi ad nuptias venientes novis semper sumptibus illa conferre cogantur."

Diese Erscheinung kann insofern gar nicht auffallen, als die Zulässigkeit der a. sp. bei den sponsalia de futuro naturgemäss auch die bei den sponsalia de praesenti mit sich brachte und von den letzteren zur feierlichen Eheschliessung nur ein Schritt ist (Richter § 271).

Die a. sp. erscheint somit im modernen gemeinen Rechte als eine zur Bekräftigung des Verlöbnisses oder bei der Eheschliessung bestellte arrha; in der letzteren Anwendung ist namentlich der Ring (annulus pronubus) praktisch (ein Urtheil über einen solchen bei Tenzel § 15). Das bair. L.-R. allein verwirft ausdrücklich diese canonistische Erweiterung und verlangt die Bestellung des Mahlschatzes vor der Copulation (Stelle 23).

II. Zwar kommt es auch unter der Herrschaft des canonischen Rechtes vor, dass blos der Bräutigam eine a. sp. bestellt (Stellen 14 und 15; Friedberg bei Dove S. 378. 379). Aber es findet sich doch häufig eine arrha a sponsa data (EuchＯlog. s. o., Cölner Trauformular s. Friedberg bei Dove S. 390; Müller S. 59; Sanchez l. 1 disp. 35 a. a. O.). — Heutzutage erscheint daher auch die arrha reciproca (§ 11) nirgends häufiger, als in dieser Anwendung.

III. Sanchez*) a. a O. l. 1 disp. 39 sagt treffend „arrhae valent in contractu ingrediendi religionem ... argumento ducto a matrimonio carnali, in quo valent, ad spirituale", d. h. die Kirche, welche den Eintritt in den geistlichen Stand wie eine Ehe mit Christus und der Kirche betrachtet, übertrug aus diesem Motiv das arrhalische Recht auf den Eintritt in's Kloster, die Priesterweihe u. dgl., kurzum auf die Fälle der s. g. geistlichen Ehe. Die Zulässigkeit des Instituts wurde von Manchem, so von Bartolus, bestritten, weil mit der a. sp., die doch einen äusseren

*) S. daselbst umfassende Literaturgeschichte.

Werth habe, das geistliche Gut der Weihe gewissermassen erkauft werde. Zwar kann eine Simonie im einzelnen Fall vorliegen und die a. sp. ungültig machen, aber in der Regel darf man dies nicht annehmen, da die a. sp. vielmehr meist als Entgelt eines Aufwandes, wie die Stolgebühren, erscheinen wird, und man zudem beim Eintritt in's Kloster einen Alimentations-Anspruch erwirbt. Demgemäss steht dem geistlichen Mahlschatz auch ein festes Herkommen vielfach zur Seite (Stelle 25b), und es richtete sich das Eingreifen der Kirchenobrigkeit nicht gegen das Institut selbst, sondern nur gegen seine Ausbeutung in materiellem Sinne; ein Beispiel hierfür bietet die in der Ausgabe von 1755 des Mainzer Landrechts sammt Ordnungen abgedruckte Verordnung von 1737, welche Maximalsätze für die a. sp. spiritualis angibt. Für das preussische Recht muss diese a. sp. unter die Bestimmungen der Stelle 25b subsumirt werden, welche aber nicht auf Weltpriester sich beziehen; das A. L.-R. verfügt daselbst mit einer Präcision und Ausführlichkeit, so dass es keines weiteren Commentars bedürfen wird.

IV. Eine sehr weit verbreitete Consistorialpraxis*), deren Bedeutung aber mit der fast allseitiger Aufhebung der geistlichen Gerichtsbarkeit wegfiel, benützte die Austragung der Verlöbnissprocesse vor ihrem Forum dazu, um die gerichtliche Deposition der a. sp. bis zu ausgetragenem Streite zu gebieten (Mevii decis. pars 7 decis. 180) und die arrha in gewissen Fällen für dem Consistorium verfallen zu erklären, welches sie aber nicht zum Nutzen seiner Mitglieder (Stelle 22), sondern zu milden Zwecken, z. B. für Waisen, Kirchen (Stelle 24) u. dgl. verwenden sollte. Als solche Fälle sind z. B. hervorzuheben: Heimlichkeit des Verlöbnisses (Stelle 26), Uneinigkeit (Mollenbec thesaur. jur. civ. l. 23 t. 1); ja man ging soweit beim Verlöbnissbruch nicht nur den schuldigen Theil (Stelle 22), sondern auch (aber unter Ersatzanspruch an den treulosen Verlobten) den unschuldigen mit Verlust der a. sp. zu bestrafen, da er in seiner Wahl hätte vorsichtiger sein sollen (Stryk, Müller, Roth, Brückner)*). Den hohen Adel ergriff diese Consistorialpraxis übrigens nicht (v. Neumann, reale jus principum lib. 5 tit. 9 § 657).

V. Zudem ergibt die canonistische Literatur eine grosse Reihe von — für den Praktiker höchst gleichgültigen — Untersuchungen

*) Literatur: Stryk, usus modern. l. 23 tit. 1 (das. auch Urtheile); Müller promptuarium jur. nov. s. v. a. sp.; Roth, Thomasinische Gedanken 15ter Handel § 10; Bruckner, decis. jur. matrim. cap. I 78 und cap. IV 75; Glück, Pandecten-Commentar § 1226; Tenzel § 8; Müller diss. cit. thes. 18; Carpzow, jurispr. consistor. lib. 2 tit. 3 defin. 51 (das. auch Urtheile); dazu die im Text Genannten.

über die Rechtslage der a. sp. nach Gewissensrecht (d. i. vor dem s. g. Forum internum oder conscientiae), insbesondere über die Frage, ob der zur Restitution Verpflichtete diese vor Klage und Urtheil vornehmen müsse. Näheres findet sich namentlich bei Sanchez und Schmalzgrueber an den a. O. — Vom Standpunkt des katholischen Pönitentialrechts erscheinen diese Fragen übrigens noch praktisch.

§ 19.

V. Deutsches Recht.

Auch in den deutschen Quellen (Friedberg, Eheschliessung S. 79) kommt oftmals die a. sp. und stets als ein Beweismittel für Verlöbniss oder gar Eheschliessung vor;*) in der ältern Zeit wurden auch hier Verlobung und Ehe juristisch nicht unterschieden (Zoepfl, deutsche Rechtsgeschichte § 89). Sehr häufig findet sich dabei der Ring, welcher übrigens, wie Friedberg (bei Dove) mit Recht behauptet, nicht dem Kreise deutscher Symbole angehört, sondern der von der Kirche hereingebrachte dem römischen Sittenkreise entnommene annulus pronubus ist; derselbe gelangte schon früh nach Deutschland, indem er noch den vom Fraukaufe übrig gebliebenen Gebräuchen angereiht wurde.**) Die Reception des römischen Rechtes von der a. sp. gelang nie vollständig, indem von jeher die deutsche Praxis***), zumal bei der Erzwingbarkeit des Verlöbnisses, die pönale Seite des Instituts nicht begriff und die a. sp., abgesehen von der Hochhaltung ihres Beweiszwecks, wie ein Geschenk sonst unter Brautleuten behandelte, das also

*) Stellen 17. 20. 21a. 23. 26. 28: „Ist der Finger beringet, ist die Jungfrau bedinget" (Lauterbach S. 59). Nork, Sitten und Gebräuche S. 164: nemet hin diz vingerlîn (-Ring); daz lônt eine urkund sin der truwe und der minn." Arn. Lub. Chron. VII 19: „Coram omnibus annulum proferens eam subarrhavit." Luitprand cap. 30 (V, 1): si quis (filiam) . . . desponsat cum solo annulo, eam subarrat et suam facit; Petr. Chrysolog. sermo 140; Gregor. Tur. l. c.

**) Schwäb. Verlöbniss bei Massmann, rhein. Museum f. Jurisprudenz III 281 ff.; angelsächsisches und cölnisches s. Friedberg (bei Dove) S. 378 bzw. S. 390; Fredegar epit. 18; Wallraf, Beitr. z. Geschichte Cölns I 159 ff.; „annulus pretii" Zöpfl, deutsche Rechtsgeschichte § 81a No. 6. Wegen der Ringe überhaupt s. Grimm Rechtsalterthümer I S. 177. 178. 432; Ruotlieb fr. 14; Kutrun 4990. 4999; Ztschr. f. Culturgeschichte 1858 April S. 247. Römer-Büchner in Müller-Falke's Ztschr. I 65. Während Ringe zur Gerade zu gehören pflegen (Ssp. I 24, Grimm R. A. II 581), nahm man bezüglich des annulus pronubus das Gegentheil an (Carpzow, jurispr. forens. pars 3 const. 2 defin. 23). Nach den statutarischen Rechten der Stadt Breslau (gedruckt Brieg 1793 S. 11) bleiben beim Tod der Frau dem Manne die Verlobungs- und Trauringe.

***) Lauterbach S. 97; Overbeck, Meditationen No. 457; compendium jur. matr. Wurtembg. (Stuttg. 1750 anonym) cap. 5 § 2 u. A. m.

namentlich wie unter der Bedingung der Eheschliessung gegeben betrachtet und bei erfolgtem Eheabschluss nicht zurückerstattet wird. Die neueren Gesetzgebungen *) schliessen sich dieser Auffassung der a. sp. als eines beweiskräftigen Geschenkes Verlobter an (Stellen 21 a. 23. 25 a. 27. 28), und es tritt nach demselben das betreffende Brautschenkungsrecht ein, dessen Erörterung nicht hierher gehört. Somit hat die a. sp. einen Kreislauf von der einfachen donatio inter sponsos zum selbständigen Institute (§ 14) und von da wieder zum Ursprung zurück vollzogen.

§ 20.

VI. Französisches und badisches Recht.

Was den Mahlschatz im französisch-badischen Rechte anlangt, so begegnet man der Thatsache, dass der C. N. wie das badische L.-R. und die badische Eheordnung Nichts über denselben bestimmen, und es liegt in diesem negativen Erfund nach C. N. Art. 4 bzw. L. R. S. 4a eine Verweisung auf den Geist des Gesetzes.

Wie insbesondere Zachariä, franz. Civ.-R. § 457, betont, ist aber die Entscheidung der Fragen, welche ein Verlöbnissvertrag hervorruft, nach dem einfachen Vertragsrechte und nach den Regeln von den Schenkungen unter Lebenden zu beurtheilen, weil der C. N. auch vom Verlöbnisse nicht handelt. Damit bestimmt sich zugleich die Rechtslage des Mahlschatzes, welcher durch das im Verhältniss zu den Sponsalien als accessorischer Vertrag erscheinende pactum arrhale bestellt wird. Das badische Recht dagegen traf Verfügungen über das Verlöbniss im Gesetze vom 21. Dezember 1869, die Beurkundungen des bürgerlichen Standes betreffend, und es wird für diese vom französischen Rechte abgezweigte Sphäre eine besondere Behandlung eintreten müssen. Bevor wir nach diesen beiden Seiten uns ausbreiten, soll nur noch der etwaige Einwurf beseitigt werden, als ob einer an den Hauptvertrag anschliessenden Auffassung die Analogie des Art. 1590

*) Vom 16. bis Ende des 18. Jahrhunderts ergingen über den Mahlschatz viele Bestimmungen, welche nur der beiläufigen Erwähnung verdienen, so Taxgesetze bezüglich des Mahlschatzes (Stelle 21b z. B.) und eine Fluth von Verpönungen der heimlichen Verlobungen. In letzter Beziehung vgl. Stelle 21a, die bei Müller a. a. O. S. 30 bezeichneten Mecklenburgischen und Coburgischen Verordnungen, das Fuldaer Verlöbnissedikt (abgedr. bei Erb, tractat. de natura etc. sponsalium) und insbesondere eine von Arnold (Beiträge zum deutschen Privatrecht Th. I S. 214 ff.) mitgetheilte höchst originelle baireuthische Verordnung, welche sich gegen die Liebschaften der Erlanger Studenten richtet.

vorzuziehen wäre, welcher die arrha bei der Verkaufssage bespricht und nebst Art. 1715 (der blos vom Beweise bei gewissen Arten der locatio conductio handelt) überhaupt als der einzige erscheint, welcher das arrhalische Recht erörtert; die Verschiedenheit der Gegenstände Ehe und Kauf, die besonders auf den freien Willen reflektirende Anschauung bezüglich aller mit der Eheschliessung zusammenhängenden Verhältnisse und endlich der Umstand, dass auch im römischen Rechte, wie in unsern deutschen Qellen, dem Mahlschatze stets eine Sonderstellung zugewiesen ward, verbieten vollkommen, hier von Rechtsähnlichkeit zu sprechen. — Demnach kommt es auf folgende Punkte an:

I. Von Alters her hielt das französische Recht an der Erzwingbarkeit des Verlöbnisses in verschiedenen Graden fest, ja sogar das Versprechen einer Busse (repentailles) des Verlöbnissbruchs war statthaft (vgl. z. B. Assisses de Jérusalem, Beugnot'sche Ausgabe II p. 112; établissements de St. Louis I 124; Warnkönig und Stein franz. Rechtsgesch. II § 87). Sehr bald gelangte aber in einer selbst das canonische Recht an Strenge der Durchführung übertreffenden Weise der Grundsatz des liberum matrimonium zur Herrschaft, welcher laut einem in Merlin's répertoire s. v. arrhes abgedruckten Urtheile vom 20. August 1680 jedes über den Schadensersatz hinauslaufende Klagebegehren aus dem Verlöbnissbruch zurückwies und darum selbst dem treulosen Theil seine arrha, insoweit deren Verlust eine übermässige Entschädigung der andern Partie involvirte, wieder zusprach. Von einer Anwendung römischer oder canonischer Grundsätze findet sich keine Spur mehr; die Doctrin erklärt ihr volles Einverständniss mit jener Praxis (insbes. vgl. Pothier, traité du contrat de mariage p. 2. ch. 1 § II 43). Ebenso wird die Ausmachung aller Strafbestimmungen, welche den Schadenersatz übersteigen, (also auch der an die arrha angehefteten), durch ein im Journal des audiences Band 6 stehendes Urtheil vom 29. August 1713, wie auch durch die citirten Autoren verpönt, während mit Recht die Neueren an der Hand der Artikel 6. 1108. 1137 des C. N. sich zu dem Princip aufschwingen, dass der vom Gesetz proclamirte Grundsatz des Art. 180, es müsse die Einwilligung zur Ehe absolut frei sein, überhaupt jedes Geding als den guten Sitten und dem Rechte zuwider für ungültig erscheinen lässt, welches dem Rücktritt vom Verlöbnisse durch Androhung von Nachtheilen entgegensteuert (Zachariä a. a. O., Behaghel badisches R. und C. N. § 48); in dieser Wahlfreiheit zwischen Thun und Lassen liegt gerade das Wesen des Verlöbnisses, wie es richtig durch das Rechtssprichwort gekennzeichnet wird „fille fiancée n'est prise ni laissée; car tel fiance qui n'épouse point (Loysel, institutes coutumières liv. 1 tit. 2 § 103). — Wenn auch die symbolische Function des Mahlschatzes in der französischen Volkssitte fortlebt, so streifte derselbe doch, wie das eben entrollte Bild zeigt, die juristischen Eigenthümlichkeiten völlig ab, welche ihn von der gewöhnlichen Schenkung unter Verlobten unterscheiden könnten. Damit klebt ihm von selbst auch die Bedingung „si nuptiae sequuntur“ an, wie insbesondere Uihlein im Arch. f. Rechtspflege in Baden (Band 1 Abh. 43) hervorhebt. Stets, wenn die Bedingung deficirt, ist die Rückforderungsklage gegeben; nur wird sie, insoweit die arrha eine zu leistende Entschädigung nicht übersteigt, nach dem Satze „dolo facit, qui petit quod redditurus est“ dem treulosen Theil zu verweigern sein (Zachariä a. a. O.).

II. Die badische Ehe-Ordnung vom 15. Juli 1807 verstattete dem Beschädigten einen pauschalen Schadensersatz, falls vor dem Verlöbnissbruch schon der Trauschein gelöst war. Dagegen sagt § 65 des oben gedachten Gesetzes von 1869 „aus dem Eheverlöbniss findet eine Klage nicht Statt.“ Nach dem Vorigen erscheint die arrha einfach als Schenkung unter Brautleuten und die, beim Deficiren der Bedingung nachfolgender Ehe, auf Rückforderung der arrha beiderseits gerichtete Klage muss, da sie nicht aus dem Verlöbniss-, sondern aus dem Schenkvertrag hervorgeht, auch nach badischem Rechte zugelassen werden. Diese Klage steht im Gegensatz zum französischen Rechte wirksam stets auch dem untreuen Theil zu, indem die unter I. genannte aus dem Entschädigungsanspruch fliessende Einrede nach badischem Rechte nicht geltend gemacht werden kann, und auch zur Annahme einer blos natürlichen Verbindlichkeit jede Vorbedingung fehlt. Eine natürliche Verbindlichkeit kann nach diesem Rechte nämlich nur dann behauptet werden, wenn entweder das Gesetz selbst eine klaglose Obligation ausdrücklich feststellt (was hier nirgends der Fall ist und vielmehr dem Sinn des § 65 direct widerstreiten würde) oder aber einem Vertrage mit erlaubter causa die Klage abspricht. Da aber das Gesetz dem Verlöbnissvertrag selbst den Rechtsschutz entzieht, will es letzteren offenbar auch einem Vertrag benehmen, der direkt oder indirekt in dieser oder jener Form eine Strafe, eine Entschädigung für den Fall des Verlöbnissbruchs stipulirt; mit andern Worten der Sinn des Geetzes erklärt eine solche Vertragsursache für unerlaubt und es kann somit hier nicht von einer Naturalobligation und folgeweise nicht von der angedeuteten Einrede gesprochen werden.

III. Neben diesen Abweichungen vom gemeinen Rechte ist noch hervorzuheben, dass die Bestellung der arrha, wenn solche nicht in einem Handgeschenk besteht, in den Formen der Art. 931 bis 953 zu geschehen hat, sowie dass die Beweisregeln des französischen Rechtes bezüglich der Verträge und Leistungen auch auf den Abschluss und die Erfüllung des arrhalischen Pacts sich beziehen. Damit ist nicht der Beweiseffect des Mahlschatzes hinsichtlich der Existenz des Verlöbnisses zu verwechseln; denn für das letztere erscheint im badischen Recht die Beweisregel des Art. 1341 C. N., welcher Schriftlichkeit für Rechtsgeschäfte gebietet, die den Werth von 75 fl. übersteigen, wegen der Unschätzbarkeit des Verlöbnisses unanwendbar, und es rückt somit factisch für das badische Recht die arrha in ihre Stelle als Beweisinstitut ein, um eine praesumtio hominis für den Verlöbnissabschluss zu gewähren; dies ist, trotzdem dass das Verlöbniss nach badischem Recht keine directen Rechtswirkungen erzeugt, insofern von Belang, als dennoch bei Prozessen auf die Thatsache des Verlöbnisses Etwas ankommen kann, weil diese oft unterstützend für die Streitlage einer Partie wirkt (z. B. bezüglich des Notheides an die uneheliche Mutter nach § 6 des Gesetzes vom 21. Februar 1851, Erbrecht und Ernährung unehelicher Kinder betreffend). Auch in Frankreich ist dieser Beweiswerth durch die Fortgeltung einer die ordonnance de Moulins weiterbildenden Declaration vom 26. November 1639, welche Schriftlichkeit des Verlöbnisses als Vorbedingung der Entschädigungsrechte aus dem Verlöbnissbruch unbedingt gebietet, demgemäss ebenso beschränkt (Merlin, répert. s. v. fiançailles).

Soweit im Vorstehenden nicht ausdrücklich oder folgeweise dem gemeinen Recht widersprochen, steht es im Einklang mit dem französisch-badischen. Auch in Frankreich ist der Sitte gemäss die arrha sponsalitia meist eine reciproca (Pothier a. a. O.).

Des zweiten Buches

(Von den besonders wichtigen Arten der Daraufgabe)

zweiter Theil.

Die Daraufgabe beim klaglosen Vorvertrag.

(**S. g. arrha pacto imperfecto adjecta.**)

Die sogenannte arrha pacto imperfecto adjecta.

§ 21.

I. Einleitung.

Kaiser Justinian erliess im Jahre 528 eine in den Codex repetitae praelectionis als l. 17 des Titels De fide instrumentorum (IV, 21) aufgenommene und im pr. J 3, 23 sowohl, als auch in Basil. XXII 1, 76 wiedergegebene Constitution, an welche sich drei wichtige Controversen knüpfen. Dieselbe sagt nämlich, dass eine Uebereinkunft erst dann erzwingbar sein solle, wenn die von den Parteien ausgemachte Schriftlichkeit hinzugekommen sei, und es dreht sich nun der Streit darum, ob eine solche Abrede der Parteien, eine Urkunde zu machen, lediglich nach der Intention der Contrahenten im gegebenen Falle entweder blos dahin auszulegen sei, dass ein Beweismittel geschaffen werde oder aber dahin, dass es sich um eine Vorbedingung der Gültigkeit des Geschäftes handle — oder ob nicht vielmehr für das Eine oder Andere eine Präsumtion vorliege — oder endlich ob, wie v. Keller Pandekten § 222 behauptet, die Abmachung der Paciscenten, eine Scriptur herzustellen, auch gegen ihren Willen, also auch dann, wenn sie nur ein Beweismittel schaffen wollen, stets die Perfection des Geschäftes bis zu formgerechter Vollendung des Instruments hinausschiebe, so dass dann die citirte lex 17 nicht einmal innerhalb der Schranken der Willens-Interpretation sich halte, sondern geradezu ein Willens-Correctiv abgebe. Da die Lösung dieser Controverse einen unmittelbaren Einfluss auf die Lehre von der s. g. arrha p. imp. adj. nicht auszuüben vermag, können wir uns hier damit begnügen, Farbe zu bekennen und im Uebrigen auf die ausgezeichnete Behandlung dieses Streites bei Goldschmidt, Rechtsgutachten in Sachen der rheinischen Gasgesellschaft Mannheim gegen Fabrikanten Sonntag (Heidelberg 1870) Seite 20 ff. zu verweisen. Die hier adoptirte Ansicht besteht darin, dass die Verabredung schriftlicher Form in sehr verschiedenem Sinne geschehen könne (v. Windscheid, Lehrbuch § 312) und die Feststellung dieses Sinnes nicht auf dem Wege der Präsumtion, sondern der im einzelnen Falle anzuordnenden Untersuchung des wirklichen Willens erfolgen müsse.

Auch von den anderen zwei Streitpunkten, welche mit l. 17 c. zusammenhängen und beide die arrha betreffen, bleibt der eine hier abseits liegen, nämlich der, ob den Parteien, welche in Beziehung auf einen Hauptvertrag eine arrha empfingen bzw. gaben, freistehe, ohne Abmachung eines solchen Rechtes, also von Gesetzeswegen, sich von den Verbindlichkeiten des Hauptvertrages dadurch zu lösen, dass der zurücktretende Empfänger der arrha diese nebst dem alterum tantum zurückgebe, der Geber aber, wenn er den Vertrag nicht halten will, die bestellte arrha verliere. Dieser Streit in solcher Allgemeinheit berührt nicht das Wesen der s. g. a. p. i. a. und wird daher in dem Abschnitte von der s. g. arrha poenitentialis seine Erledigung finden (§ 31 ff.).

Nachdem wir so diejenigen Seiten abgeschieden haben, welche hier an den zum Ausgangspunkte unserer Controverse dienenden Stellen uns nicht näher interessiren, mögen diese Stellen selbst folgen.

l. 17 C. de fide instrum. IV 21 nach der Herrmann'schen Codexausgabe:

Imp. Justinianus A. Mennae P. P. — Contractus venditionum vel permutationum vel donationum, quas intimari non est necessarium, dationis (dationes? donationes? donationis?) etiam arrharum vel alterius cujuscunque causae, illos tamen, quos in scriptis fieri placuit, transactionum etiam, quas in instrumento recipi convenit, non aliter vires habere sancimus, nisi instrumenta in mundum recepta, subscriptionibusque partium confirmata, et, si per tabellionem conscribantur, etiam ab ipso completa et postremo partibus absoluta sint, ut nulli liceat prius quam haec ita processerint, vel a scheda conscripta, licet literas unius partis vel ambarum habeat, vel ab ipso mundo, quod necdum est impletum vel absolutum, aliquod jus sibi ex eodem contractu vel transactione vindicare; adeo ut nec illud in hujus modi venditionibus liceat dicere, quod pretio statuto necessitas venditori imponatur vel contractum venditionis perficere, vel id quod emtoris interest, ei persolvere. Quae tam in postea conficiendis instrumentis, quam in his, quae jam scripta nondum autem absoluta sunt, locum habere praecipimus, nisi jam super his transactum sit vel judicatum, quae retractari non possunt; exceptis emtionalibus tantum instrumentis, jam vel in scheda vel in mundo conscriptis, ad quae praesentem sanctionem non extendimus, sed prisca jura in his tenere concedimus. Illud etiam adjicientes ut (viele Ausgaben fügen hier „et" ein) in posterum, si quae arrhae super facienda emtione cujuscunque rei datae sunt sive in scriptis, sive sine scriptis, licet non sit specialiter adjectum, quid super iisdem arrhis non procedente contractu fieri oporteat, tamen et qui vendere pollicitus est, venditionem recusans, in duplum eas reddere cogatur, et qui emere pactus est, ab emtione recedens, datis a se arrhis cadat, repetitione earum deneganda. — Dat. Cal. Jun. Constantinop. D. Justiniano A. II Cons.

Pr. Inst. III 23 de emtione et venditione nach der Gneist'schen Ausgabe:

Emtio et venditio contrahitur simulatque de pretio convenerit, quamvis nondum pretium numeratum sit, ac ne arrha quidem data fuerit . nam quod arrhae nomine datur argumentum est emtionis et venditionis contractae. Sed haec de emtionibus et venditionibus, quae sine scriptura consistunt, obtinere oportet; nam nihil a nobis in hujusmodi venditionibus innovatum est. In his autem, quae scriptura conficiuntur, non aliter perfectam esse emtionem et venditionem constituimus, nisi et instrumenta emtionis fuerint conscripta, vel manu propria contrahentium, vel ab alio quidem scripta, a contrahente (al. „contrahentibus") autem subscripta, et, si per tabellionem fiant, nisi et completiones acceperint, et fuerint partibus absoluta. Donec enim aliquid ex his deest, et poenitentiae locus est, et potest emtor vel venditor sine poena recedere ab emtione. Ita tamen impune recedere eis concedimus, nisi jam arrharum nomine aliquid fuerit datum: hoc enim subsecuto, sive in scriptis, sive sine scriptis venditio celebrata est, is qui recusat adimplere contractum, si quidem emtor est, perdit quod dedit, si vero venditor, duplum restituere compellitur, licet nihil super arrhis expressum est.

Const. 76 Basil. XXII, 1 de probationibus et praesumtionibus, et fide instrumentorum etc. nach der Heimbach'schen Ausgabe:

Constitutio jubet venditiones et permutationes et donationes minores quingentis solidis, et dationes (δόσεις im griechischen Text, nicht δωρεάς) arrharum, et omnes contractus, qui scriptura perficiuntur, et transactiones in scriptis habitas non aliter valere, quam si in mundum redigantur et subscribantur a partibus: et si per tabellionem instrumenta fiant, etiam completiones tabularii accipiant. Jubet autem, arrhas tacite naturam habere ejusmodi, ut sive is, qui dedit, contractum non impleverit, omnibus modis arrhis cadat: sive is, qui accepit, non impleat, omnimodo duplum reddat.

Die Controverse, welche nach diesen Stellen eine Entscheidung erfahren soll, und den dritten jener oben angedeuteten Streitpunkte ausmacht, welche aus l. 17 c. hervorgehen, liesse sich etwa dahin formuliren: „Enthält l. 17 cit. eine Veränderung des arrhalischen Rechtes? welche? und wie gross ist der Umfang derselben?"

Diese Fragen beziehen sich zunächst nur auf das römische Recht bis zu Justinian's Zeit einschliesslich; in einem Nachtrag werden sie einer weiteren Behandlung mit Rücksicht auf das moderne Recht unterzogen werden. — Der näheren Erörterung bleibt noch ein Hinweis auf die wichtigste Literatur vorauszuschicken, aus welcher die seltsame Erscheinung hervorgeht, dass man nicht nur auf verschiedenen Wegen zum selben Ziele, sondern auch auf gleichem Wege zu verschiedenen Zielen gelangt ist, ein Beweis dafür, dass zum grössten Theil die obigen Stellen die Verwirrung nicht blos verursacht haben, sondern wirklich selbst in sich tragen, wie mit scharfen Worten schon Viele hervorhoben. Indem wir die an passender Stelle zu citirenden zahlreichen Lehrbücher und Commentare des römischen Rechts hier übergehen, heben wir nur besonders folgende Dissertationen hervor: Die in § 2 citirten Abhandlungen von Lauterbach (S. 33. 61. 64. 71—76. 106 ff.), Ursinus (thes. 48 —52), Schwendendoerffer (thes. 18. 40. 41), Thomasius (§§ 23. 38. 48—65. 86), Zumbach (cap. 2. 3), Hessdoerffer (S. 25), Westphal (S. 20 ff. 31 ff.) Eigens über diesen Theil des arrhalischen Rechtes schrieben:

Reuter, de arrha pacto imperfecto data (1747) und mit viel mehr Geschick, sodann Limmer, de arrhis emtionum imperfectarum (1767) (commentatio juridica opposita Thomasii dissertationi de arrhis emtionum).

§ 22.

II. Römisch-justinianisches Recht.

1) Gibt l. 17 C IV 21 Anlass zur Statuirung einer besonderen Art arrha?

Zunächst lassen wir die weitere Frage offen, was man unter pactum imperfectum zu verstehen habe, seien es Tractaten, pacta de contrahendo oder irgend sonst Etwas Anderes, als ein schliesslicher Hauptvertrag, ein Endvertrag d. i. ein vollkommen geschlossener Vertrag, welcher an sich geeignet ist das schliessliche Endziel der Unterhandlungen zu bilden; denn es gilt vor Allem zu untersuchen, ob es nach römischem Rechte möglich sei, das pactum arrhale anzuwenden vor Existenz des schliesslichen Hauptvertrages; und es wird sich zur Evidenz herausstellen, dass man diese Möglichkeit in den Quellen selbst bestätigt sicht.

Freilich blieb diese Behauptung nicht unangefochten, und wird solange man mit der vollkommen missbräuchlichen Bezeichnung pactum imperfectum operiren zu dürfen glaubt, auch stets neue Anfechtungen erleiden. Dieselben bestehen meistens darin, dass man das Wesen einer solchen arrha abschwächt, sie auf blos factische, anstatt juristische Momente bezieht, und es werden diese Einwürfe, welche im Princip ja die Möglichkeit einer solchen arrha zugeben, im Verlaufe bei der Frage der juristischen Construction dieser arrha beleuchtet werden. — Die andere Art der Anfechtung dagegen besteht in einfacher Negation.

So lässt Thomasius eine arrha nur beim schliesslichen Hauptvertrage zu, und findet seine Ansicht sogar in pr. J. 3, 23 und l. 17 C. c. bestätigt. — Diese Bestätigung konnte er aber nur auf dem Wege der folgenden höchst gewagten Interpretion der gedachten Stellen erlangen:

Pr. J. 3, 23: etc. „Et potest emtor vel venditor sine poena recedere ab emtione et venditione" (*ut alias*, *fügt Thomasius ganz richtig bei*, *impune recedere potest ab emtione regulari et mere consensuali*, *si nondum convenerit de pretio*, *sed pactum saltem fuerit de vendendo*). „Ita tamen impune" (*pretio determinato!*) (Also nun soll Justinian plötzlich vom Gegentheil sprechen, während er doch offenbar einfach das Vorige weiterspinnt und ihm eine Beschränkung beifügt) „eis recedere concedimus nisi jam arrharum nomine aliquid fuerit datum" (*in emtione sine scriptis post conventionem*, *in altera*, *quae scriptis fit*, *postquam omnia sint consummata; nam ridiculum foret*, *ut contrahentes antea darent arrham*, *quae perfectae emtionis* — welche petitio principii !!! — *argumentum est*, *quam emtio fuerit perfecta*). „Hoc enim subsecuto sive in scriptis, sive sine scriptis venditio celebrata est" (*adeoque perfecta!*) „is qui" (*postea poenitere vult*, *vel alias in mora est et ita*) „recusat adimplere contractum" etc.

L. 17 C. 4, 21: „Illud etiam adjicientes, ut in posterum, si quae arrhae super facienda" (*h. e. consummanda per traditionem et solutionem!*) „emtione cujuscunque rei datae sint" (*post contractum perfectum!*) „sive in scriptis sive sine scriptis" (*emtio celebrata sit*) etc.

Mit solchen Interpretationen ist es allerdings leicht, das Gegentheil des Gesagten in die Gesetze hineinzulegen, und Thomasius hat daher nicht unverdient namentlich von Limmer scharfe Zurechtweisungen hierfür erfahren. — Uebrigens legt Thomasius selbst die Worte „super facienda emtione" an anderer Stelle seiner Disputation anders, freilich nicht weniger irrig, aus, indem er mit Brunnemann (Comment. ad Cod zu lex cit.) unter facienda emtio einer im Zeitpunkt der Publication jener Constitution zum Abschluss zu bringenden Kauf versteht.

Und wie nimmt es sich vollends aus, wenn Thomasius statt der weiteren Bezeichnungen jener l. 17 „vendere pollicitus“ und „emere pactus“ einfach „tradere pollicitus“ und „pretium solvere pactus“ setzen will und zur Vertheidigung seiner Interpretation Ulpian und Paulus vorwirft, sie hätten in l. 11 § 6 D de A. E. V. (XIX, 1) bzw. l. 47 pr. eod. sich derselben nicht genauen Ausdrucksweise bedient, während doch die citirten Stellen zu diesem Vorwurf nicht den mindesten Anhalt bieten!

Es schickt sich wohl, nach dieser Critik hier jene Interpretation folgen zu lassen, welche m. A. nach die richtige ist: und zwar soll dabei zunächst das Wesen der Justinianischen Verfügung betrachtet und dann erst auf Einzelheiten eingegangen werden.

In der Codexstelle behandelt Justinian den Fall, dass die Parteien abgemacht haben, eine Uebereinkunft solle schriftlich errichtet werden, durch die Schrift zu Stande kommen (contractus, quos in scriptis *fieri* placuit). Er gibt dann die gesetzlichen Formen an, in welchen das Instrument aufgenommen werden müsse, um zu genügen, und fügt die von einer Uebergangsbestimmung über zeitliche Collision begleitete Regel bei, dass „Contracten“ ohne Erfüllung dieser Formen im gedachten Falle keine rechtliche Kraft innewohne und dass man aus einem „solchen Contract“ sich keine Befugniss ableiten dürfe; so könne man namentlich bei derartigen Verkäufen (in hujusmodi venditionibus), obwohl der Preis festgesetzt sei (pretio statuto) nicht dem Verkäufer (venditori) die Auflage machen, dem Käufer (emtori) Interesse zu leisten oder die Thätigkeit des „contractum venditionis perficere“ eintreten zu lassen. Justinian gebraucht in dieser Constitution offenbar eine juristisch nachlässige, dem gewöhnlichen Leben entlehnte Sprache. Er nennt Contracte allerhand Dinge, welche vom Standpunkte des geschlossenen römischen Contractsystems durchaus nicht Contracte sind, so die Schenkung, und er spricht von Contracten, denen er bald darauf den Makel anhängt, dass sie, falls nicht jene Formen hinzukämen, keine Kraft hätten, also keine Contracte seien. Offenbar vergleichbar damit ist es, wenn wir heutigen Tages sagen „dieser Kaufvertrag gilt Nichts“ anstatt uns richtiger dahin auszudrücken „dies hier soll ein Kaufvertrag sein und ist es nicht“. Aber es liegt vielleicht auch folgendes in der Mitte zur Rechtfertigung. Das Wort contractus ist hier in seinem natürlichen Sinne „Abrede“ gebraucht, einerlei ob diese Abrede die Fähigkeit besitzt als Kaufcontract, als pactum de emendo zu gelten oder nicht; es handelt sich hier nicht um die juristische Seite dessen was contractus genannt ist, sondern letztere Bezeichnung wurde der Kürze halber, und um die Existenz des Factums einer Abrede darzuthun, hier beliebt. Mit Recht sagt daher schon Accursius in der Glosse zu unserer lex: „dicitur ergo hic contractus eo quod conveniunt sic inter se.“ Von dieser Grundlage ausgehend wird es leicht sein auch die übrigen uneleganter Weise gesetzten Worte richtig aufzufassen; so insbesondere die Bezeichnung „in hujusmodi venditionibus“, durch welche wieder offenbar das benannt wird, was venditio werden soll, aber noch nicht venditio ist und vielleicht nie venditio wird. Und gerade dieser missbräuchliche Ausdruck hat zu dem Unding der venditio imperfecta, des pactum imperfectum geführt, ja sogar die Eintheilung zu Tage gefördert „es gibt zwei Arten von Kauf und Verkauf, den perfekten und den imperfekten.“ Auf die Haltlosigkeit dieser Aufstellungen kommen wir später zurück; auch bleiben wir hier bei der blossen Negative, dass, was hier venditio genannt ist, Alles eher sein kann, als eine wahre venditio, ein als das Endziel der Unterhandlungen und Abmachungen erscheinender Verkaufsvertrag, und kümmern uns vorderhand nicht um die positive Frage, was es ist, weil es sich hier zunächst nur um die Eliminirung des „Thomasinischen Gedankens“ handelt.

Während Justinian so im ersten Theile des Gesetzes als leitendes Princip das hinstellt, man brauche weder eine derartige Abrede, zu welcher die bedungene schriftliche Form nicht hinzukomme, zu halten, noch für die Nichthaltung Schadenersatz zu leisten, so schwächt er doch im letzten Theile der Constitution diesen Satz selbst ab, indem eine solche Abrede doch insoweit wirken soll, als der sie nicht Erfüllende die darauf (super facienda) gegebene arrha verlieren, die empfangene doppelt zurückerstatten soll. Diesen Theil des Gesetzes, welcher sich als eine blosse Anfügung mit den Worten „illud autem adjicientes“ selbst richtig characterisirt, will Thomasius wie eine selbstständige Verfügung behandelt wissen und auf das Vorhandensein eines schliesslichen Hauptvertrages beziehen. Umgekehrt beweist gerade dieser Schluss unserer Stelle, wie die Worte venditio und contractus aufzufassen seien; hier heisst es ja deutlich „facienda emtio“ „vendere pollicitus“ „venditionem recusans“ „emere pactus“ m. a. W. es liegt nicht eine emtio facta vor, sondern die Stelle bezieht sich auf ein Stadium der Unterhandlung, welches der Perfection des schliesslichen Hauptvertrages vorhergeht. Die Worte „ab emtione recedens“ stehen dieser Erklärung nicht im Wege, sondern erhalten ihre richtige Beleuchtung durch die Anlehnung an das vorhergehende „emere pactus est"; emtio ist hier in uneigentlichem Sinne, wie ähnlich oben venditio, gebraucht.

Wenn diese Darstellung richtig ist, so muss sie durch die Institutionen und Basiliken, welche die lex 17 c. wiedergeben, bestätigt sein. Diese Bestätigung liegt auch wirklich war:

1) pr. J. 3, 23 unterscheidet sehr klar zwischen Kaufverträgen, zu welchen nach Abmachung der Parteien eine Scriptur hinzukommen solle, und solchen, denen dies Erforderniss nicht beigefügt ist. Die letzteren sind geschlossen, sobald man über Preis und Sache einig ist (und der Kauf- bzw. Verkaufswille existirt), und eine dieser Art von Kaufvertrag beigefügte arrha ist ein Zeichen des geschlossenen Endvertrages. Während dies dem alten Rechte entnommen sei (nihil innovatum), so folge nun der Inhalt einer Justinianischen Constitution. Und nun wird l. 17 c. kurz und bündig wiederholt, und gesagt: so lange eine der nöthigen Formen fehle (donec enim aliquid ex his deest), könne man zurücktreten; es werden hierbei wieder die Worte emtor, venditor, emtio in ungenauer Anwendung gebraucht. Dann folgt eben so eng an das Vorhergehende angeschlossen wie in l. 17 c. der in anderen Worten wiedergegebene Schluss der letzteren.

2) Einen ungleich kürzeren Auszug aus l. 17 c. bietet const. 76 Basil. 22, 1. Dieselbe sagt in grosser Kürze, welches die Formen schriftlich zu errichtender Verträge und Vergleiche sind und fügt bei, dass derjenige Theil, welcher das „implere" contractum weigert, die gegebene arrha verliere, die empfangene doppelt wiedererstatten müsse. Implere bedeutet aber (s. u.) das Vollziehen der Form, welche die Perfection des Contracts dann herbeiführt.

Der Totaleindruck, welchen die entscheidenden Stellen hervorrufen, spricht also gegen die Thomasische Ansicht. Um den Ueberblick des Bildes nicht zu beeinträchtigen sind aber im Vorstehenden einige Schwierigkeiten übergangen worden, welche diesen Eindruck schwächen könnten und daher hier noch einer Erörterung bedürfen:

1) Die Worte der Codexstelle „si quae arrhae datae sunt sive in scriptis sive sine scriptis" bedürfen dieser zunächst. Ein dare in scriptis im stricten Sinne gibt es nicht; es kann sich vielmehr nur darum fragen, *a*) ob über eine gegebene arrha eine Quittung ausgestellt worden sei oder *b*) ob es sich um eine schriftlich versprochene arrha handle oder *c*) ob die vorbereitenden Stadien des künftigen schliesslichen Hauptvertrages, zu welchen die arrha hinzutrat, schriftlich vor sich gingen. Die erste Möglichkeit würde nach dem Zusammenhange der Constitution wohl keinen Ausdruck gefunden haben. — Der zweiten kann nicht, wie häufig

geschehen ist, entgegengehalten werden, es gäbe keine versprochenen Arrhen, da solche vielmehr in l. 5 C. de sponsalibus etc. V 1 (super recipiendis necne arrhis praestitis) und const. 3 Basil. 28, 2 vorkommen. Auch könnte man mit Fritz (Erläuterungen zu v. Wening's Lehrbuch Buch 3 S. 310 ff.) sich vielleicht darauf berufen, dass im Eingang der Stelle unter den Contracten, welche der Abmachung nach auch schriftlich geschehen, der contractus dationis arrharum genannt sei; Westphal's Aeusserung (l. c. S. 23) „nescio quis auctor locum corruptum videri censuit, cui assentiar“ ermuthigt mich jedoch zum Vorschlag, statt „causae“ „causa“ zu lesen und die Worte im Anfang der lex 17 cit. „etiam arrharum vel alterius cujuscunque“ umzustellen in „vel alterius cujuscunque arrharum etiam“; dadurch würde nicht nur die widersinnige Bezeichnung eines accessorischen Pactums als Contract beseitigt (vgl. § 8) und die arrha selbst als ein Accessorium zu den vorhergenannten Verträgen hingestellt werden, sondern es erhielte auch das sonst sinnlose „tamen“ eine Unterlage; die ganze Stelle würde dann besagen, dass Verträge über Kauf- und Tauschgeschäfte, nicht zu insinuirende Schenkungen und sonstige Einräumungen von Sachen (datio) „sogar im Hinblick auf Daraufgaben dennoch“ im Fall der Abmachung schriftlicher Perfection erst nach Erfüllung der Förmlichkeiten vollgelten sollen, und es würde diese Hervorhebung, dass die arrha, welche doch sonst ein argumentum emtionis venditionis contractae genannt wird, dieser Abrede gegenüber dennoch nicht ihre Function als Beweisinstitut ausüben könne, durchaus am Platze sein. — Jedenfalls scheint übrigens die an dritter Stelle angedeutete Erklärung der Worte si quae arrhae datae sunt sive in scriptis sive sine scriptis dem Zusammenhange am Meisten zu entsprechen. Die arrha ist im gedachten Fall super facienda emtione gegeben und gerade die vorhergehenden Sätze zeigen, dass über Verkaufsabreden Punctationen aufgenommen werden; so sagt auch pr. J. 3, 23 „sive in scriptis, sive sine scriptis venditio celebrata est“, was man nach dem Zusammenhange, da es sich um den Rücktritt von Vorberedungen handelt, nur auf solche, nicht auf eine wirkliche venditio beziehen kann, wie schon Vinnius Comm. ad Inst. sagt „i. e. celebrari coepta est“; gerade so gut wie nachgewiesenermassen emtio sonst in ähnlichem Sinne vorkommt, kann und muss man hier finden, dass nicht von einem abgeschlossenen Kauf, sondern von einem Stadium der Unterhandlung die Rede sei und findet daher keinen billigen Anlass zu dem Tadel, welchen v. Savigny (Obligationenrecht, Band 2 § 79) ausspricht, der noch dazu die weniger klaren Worte der Institutionen zur Erklärung des Codex benützt anstatt umgekehrt. Somit sagt die Constitution, dass durch die Abrede schriftlicher Form als Gültigkeitsbedingung des Endvertrages dessen Perfection bis zur absolutio scripturae hinausgeschoben sei. Die mangelnde schriftliche Form könne weder durch die arrha, welche sonst ein argumentum emtionis venditionis contractae abgegeben hätte, noch durch schriftliche Abfassung der Vorberedungen ersetzt werden. Wenn aber auch vor jener absolutio scripturae die Verbindlichkeit nicht klagbar sei, so träten doch arrhalische Strafen wegen Nichteinhaltung der Vorberedungen ein und zwar einerlei ob letztere schriftlich oder mündlich erfolgt seien.

2) Bezüglich des „et“ vor „in posterum“ siehe den Schluss dieses §.

3) Wenn Thomasius Recht hat, so müssen die auf Erfüllung oder Nichterfüllung sich beziehenden Ausdrücke in den bewussten Stellen sich auf den schliesslichen Hauptvertrag beziehen. Dem ist aber nicht so. — Während einen (bereits widerlegten) Zweifel nur der Ausdruck „ab emtione recedens“ zulässt, erscheint der Sinn der anderen Bezeichnungen „perficere, adimplere, procedere“ durchaus unzweifelhaft, obwohl selbst von der Glosse zu l. 17 c. dieselben zu Gunsten der Thomasischen Richtung missverstanden worden sind. Justinian bediente sich wie gesagt einer alltäglichen Redeweise und nennt dasjenige, was Contract werden soll, schon Contract, weil es ihm eben nach der Natur des Falls auf diesen Keim ankommt; jene Vorberedungen erscheinen ihm als etwas Halbes, welches um seine Totalität zu erlangen, eines Complements (completiones, completa) bedürfe, und dieses Complement besteht in der Form. Ohne diese Form ist kein perfecter Contract vorhanden (pr. J 3, 23 „non aliter perfectam esse etc.“); ganz naturgemäss nennt Justinian daher im Codex auch die Erfüllung der Förmlichkeiten „perficere contractum.“ Dass diese Bezeichnung so gemeint sei, ergibt sich nicht nur aus dem Worte „perfectam“ der Parallelstelle, sondern auch aus der dem perficere contractum gegenübergesetzten Alternative „vel id quod emtoris interest persolvere“; wäre ein Kaufvertrag vorhanden, so könnte an die Möglichkeit eines verschiedenen Klagepetitums (Erfüllung oder Schadensersatz) nicht gedacht werden, während hier eine ganz naturgemässe Anreihung vorliegt „man solle weder verlangen können, dass die Scriptur hergestellt, noch dass das negative Vertragsinteresse geleistet werde.“ — Dasselbe, wie perficere auf den Gesichtspunkt des Vertragsschlusses abzielend, sagt adimplere von der anderen bereits angedeuteten Betrachtung ausgehend: die Form ist nöthig um das Vorhandene vollends zum Ganzen zu machen, um das Fehlende noch hinzu (ad-) zubringen und damit die Lücke aus-

zufüllen (implere); gerade diese Bedeutung entspricht der Zusammensetzung und dem Ursprunge des Wortes, welches sich sonst meist in dem verflachten Begriffe von „Erfüllen“ überhaupt vorfindet. — Die Worte „non procedente contractu“ wollen sagen: wenn der Contract (hier wie stets im Sinne von „werden sollende Contract“) nicht vorwärts schreitet bis zur Perfection; denn diese Worte stehen offenbar in Beziehung zu den vorherigen „et nulli liceat prius quam haec ita processerint etc.“

Somit dürfte erwiesen sein, dass die arrha nicht blos als ein Accessorium des schliesslichen Hauptvertrages erscheint, sondern auch in früheren Stadien der Verhandlung vorkommt. Die Stellen aber, auf welchen dies beruht, rühren von Justinian her und finden in älteren Fragmenten nur Entgegnung, nicht Unterstützung. Dies führt darauf, dass wir uns nicht einem Zustand, sondern einer Veränderung, einem geschichtlichen Factum gegenüber befinden. — Gajus nennt sowohl in den Institutionen als auch in l. 35 pr. D. de contrah. E. V. (18, 1) die arrha ein argumentum emtionis venditionis contractae, und auch in allen sonstigen Stellen, welche die arrha betreffen, nämlich in den Digesten l. 5 § 15 XIV 3, l. 6 und 8 XVIII 3, l. 11 § 6 XIX 1, l. 38 XXIII 2 und im Codex r. pr. l. 56 (54) I 3, l. 16 I 4, l. 2 IV 45, l. 1 IV 54, l. 3 und 5 V 1, l. un. V 2 und l. 1 V 8 erscheint diese als ein accessorium eines schliesslichen Hauptvertrags, oder es steht doch dieser Auffassung, wie in l. 3 C. IV 49, Nichts im Wege und wird dem Gegentheil kein Anhalt geboten. — Dieser Gesichtspunkt, dass erst seit Justinian eine arrha ohne den schliesslichen Hauptvertrag zugelassen wird, bietet wesentliche Momente zur Erklärung der s. g. arrha pacto imperfecto data, auf deren juristische Construction wir jetzt eingehen. Diesem historischen Hergange zu Liebe möchten wir uns bezüglich des „et“ vor „in posterum“ in l. 17 c. nicht denjenigen Handschriften anschliessen, welche es setzen, sondern denjenigen, die es weglassen; die Worte „auch in Zukunft“ würden voraussetzen, die von Justinian ausgesprochene Regel habe auch in der Vergangenheit gegolten, was aber nach dem bisher Gesagten nicht der Fall war.

§ 23.

2) Gewöhnliche Auffassung der arrha pacto imperfecto data.

Wenn es sich nun um die positive Erklärung der Art von arrha handelt, welche wir negativ als Daraufgabe auf Etwas Anderes, als den Endvertrag bezeichnet haben, so muss dabei ein factisches Moment und ein juristisches unterschieden werden; das

Erstere aber darf man nicht, wie so häufig geschieht zur Basis der rechtlichen Construction nehmen. — Mit anderen Worten: wenn v. Windscheid (Lehrbuch § 286) und v. Arndts (Lehrbuch § 240) sagen, es käme auch ein Handgeld „mit Rücksicht“ oder „in Beziehung“ auf einen erst abzuschliessenden Vertrag vor, so lässt sich hiergegen gar Nichts einwenden; denn hier wird die Absicht der Paciscenten, das factische Moment, ganz richtig characterisirt. In diesem Sinne heisst es ja auch „si quae arrhae super facienda emtione datae sunt“.

Ganz anders muss man aber urtheilen, wenn mit diesem thatsächlichen Verhältnisse das juristische zusammengeworfen wird; so wenn Glück im Pandecten-Commentar § 982, Bucher in seinem Werke „das Recht der Forderungen“ § 34 und Heimbach in Weiske's Rechtslexikon unter arrha und A. m. die sogenannte arrha pacto imperfecto data als „Zeichen eines erst abzuschliessenden Vertrages“ hinstellen. Ein erst abzuschliessender Vertrag ist ein Nichts und mit Recht nennt daher Westphal in der citirten Dissertation Seite 9 eine solche arrha ein „documentum rei nondum et fortasse nunquam existentis.“ Und wie nimmt es sich vollends aus, wenn dieselben Autoren als gleichberechtigte Alternative die Möglichkeit bestätigen, dass die arrha auch das Zeichen eines schon abgeschlossenen Vertrages sein könne! Es wird uns also eine doppelte Unmöglichkeit gelehrt: die arrha soll erstens Etwas nicht Vorhandenes beweisen und zweitens soll sie zu gleicher Zeit ein Beweismittel (argumentum) dafür sein, dass ein Vertrag vorliege und dass ein solcher noch fehle. Kann man sich in diesem Punkte mit einer Verweisung auf Logik und juristische Grundbegriffe trösten?

Wir glauben „Ja“. Aber dennoch müssen wir hier mit einer schwerwiegenden Thatsache rechnen: Die von Bucher und Heimbach ausgesprochene Lehre ist gemeine Meinung; in der That ist sie mit seltener Uebereinstimmung, in den meisten Dissertationen, Interpretationen und Systemen zäh festgehalten und mit aller Schärfe ausgesprochen worden. Es ist indess nicht schwer, weitere Gründe gegen die communis opinio in's Feld zu führen:

1) Es unterliegt zwar gar keinem Zweifel, dass im Falle der l. 17 cit. die arrha nach der Sachlage im Hinblick auf den abzuschliessenden Vertrag gegeben wird. Aber insolange eine juristische Construction gefunden werden kann, welche sich mit dem gesunden Gefühl verträgt, wird man nicht dazu greifen dürfen, unter einem Oberbegriff Heterogenes zu vereinigen und die Bedeutung des mitspielenden factischen Gesichtspunkts soweit auszudehnen, dass rechtliche Unmöglichkeiten als Resultate hervortreten. Vielmehr sagt eine der bekanntesten Auslegungsregeln, dass

man die Worte des Gesetzgebers eher zum Möglichen, als zum Unmöglichen, lieber zum Verständigen als zum Unverständigen wenden müsse. In der That gibt es aber nichts Sinnloseres als ein Zeichen eines abzuschliessenden Vertrages, und wenn wirklich keine befriedigende Erklärung der vorliegenden Stellen gefunden werden könnte, so läge eben eine Antinomie vor, mit deren blosser Wiedergabe man sich doch nicht abfinden könnte. Wir müssen darum nach anderen Auffassungen suchen, so lange ein möglicher Weise zum Ziele führender Weg offen steht.

2) Das gemeine Dogma hat selbst seine Geschichte und diese weist darauf, welchen Irrpfad die communis opinio gegangen ist. So lange lateinisch geschrieben ward, findet sich die Bezeichnung der s. g. arrha p. i. data als ein „argumentum emtionis futurae" selten; gewöhnlich begegnen wir vielmehr den Ausdrücken „arrha datur, adjicitur pacto vel perfecto vel imperfecto" oder „arrha est documentum pacti vel perfecti vel imperfecti" und andern ähnlichen Darstellungen. Hier liegt oft einfach eine Participal-Construction vor („die arrha wird gegeben, sei es, dass der Vertrag vollständig vereinbart oder nur vorberedet sei") oder es wird doch ein pactum, also etwas Existentes unterlegt, dem nur eine bemängelnde Eigenschaft anklebt. Spricht man dagegen davon, die Daraufgabe solle als Zeichen eines erst abzuschliessenden Vertrages, somit als Document einer noch nicht vorhandenen Sache dienen, so erscheint diese Uebertragung der lateinischen Bezeichnung in's Deutsche als sehr ungenau, indem sie offenbar statt einer Existenz eine Nichtexistenz setzt. Freilich erkennen wir in dieser Thatsache keine Singularität, sondern eine Offenbarung der gewöhnlichen Folge des Operirens mit selbstgemachten schlechten technischen Ausdrücken, unter denen dann die Autoren, welche diese termini als unantastbar ansehen, sich jeder nach seinem Bedürfniss etwas Anderes zurechtlegen. Diese Betrachtung, welche uns berechtigt von hieran den sinnlosen und aus ungenauer Uebersetzung entstandenen deutschen Begriff „Zeichen eines abzuschliessenden Vertrages" als unerklärbar und unfruchtbar ausser dem Auge zu lassen, wird uns bald auch berechtigen den lateinischen terminus technicus „pactum imperfectum" und somit auch „arrha pacto imperfecto adjecta" über Bord zu werfen. Gegen den Ausdruck „arrha, pacto imperfecto, data" mit der Participal-Construction liesse sich vom sprachlichen Standpunkt zwar Nichts einwenden; zur Meidung aller Verwirrung ist es aber besser, diesem und allen ähnlichen Ausdrücken zu entsagen.

Nun werden wir naturgemäss zur weiteren Frage getrieben, was man unter pactum imperfectum versteht. Die Antwort ist nicht leicht zu geben; denn Viele brauchen diesen unquellenmässigen Ausdruck gerade als ob er, den Worten heres, usucapio u. A. m. ebenbürtig, keiner Erläuterung bedürfe, und die Doctrin hielt sich für autorisirt diese Bezeichnung gerade wie ein im corpus juris gefundenes Wort zu interpretiren; es kann uns daher nicht wundern, dass die überhaupt vorhandenen Erklärungen nicht alle mit einander übereinstimmen. Zunächst sollen hier die selteneren derselben ausgeschieden werden.

1) Reuter in der cit. Dissertation §§ 1. 2. 6 sagt: „Quae inter paciscentes acta sunt, obligationi civili producendae vel sufficiunt vel minus; si illud, pactum perfectum — sin hoc, imperfectum pactum adest. Die am Meisten verwerthbare Consequenz, welche sich auf anderem Wege noch ergeben wird, nämlich, dass es sich im vorliegenden Falle um eine Naturalobligation handelt, zu welcher die arrha hinzutritt, hat Reuter nie klar ausgesprochen. Dagegen hebt er eine andere Folgerung seines Theorems, welche ad absurdum führen muss, scharf hervor, indem er die arrha sponsalitia, welche allerdings in Beziehung zu einem pactum imperfectum in seinem Sinne tritt, eine arrha p. i. data nennt, und somit das Anwendungsgebiet der l. 17 cit. auf ein Feld ausdehnt, von welchem sie die communis opinio doctorum durchaus fern hält. Es liegt hier wieder inmitten eine Verwechslung factischer und juristischer Momente: die Unerzwingbarkeit der in l. 17 cit. genannten Abreden hat allerdings, wie sich unten zeigen wird, Justinian bezüglich der bei solchen Abreden gegebenen Arrhen zur Erlassung ähnlicher Strafbestimmungen veranlasst, wie sie schon früher in Hinsicht der bei dem (gleichfalls unerzwingbaren) Verlöbnissvertrag vorkommenden arrha galten; bei der Verschiedenheit der in beiden Fällen entscheidenden Vorschriften über den Rücktritt und gegenüber der Thatsache, dass die arrha sponsalitia offenbar einem Endvertrag adjicirt ist, die arrha der l. 17 cit. aber nicht, können beide Fälle nicht in eine juristische Categorie gestellt werden. — Ausserdem waren zur Zeit Justinian's die pacta bekanntlich in der Regel unklagbar, das Regelmässige aber trägt wohl nur unpassend den Namen des Imperfecten. Endlich lässt die lateinische Sprache es nicht zu, die Ausdrücke „perfectum“ und „imperfectum“ in Reuter's Weise zu gebrauchen; denn perficere bedeutet vollkommen machen oder ausführen, erfüllen, steht aber in keiner sprachlichen Beziehung zu den Rechtsmitteln (vgl. Heumann, Handlexikon zum corpus juris s. h. v.).

2) Ummius in seiner disputatio ad processum II coroll. 1 meint nach dem Referate Lauterbach's (vgl. dessen cit. Dissertation cap. 163 ff.) „haec emptio ante scripturam adhuc est imper-

fecta utpote sub illa conditione contracta, ut tum demum valeat, ubi in scripturam redacta est.“ Es soll somit die in l. 17 c. genannte arrha wohl eine pacto imperfecto adjecta sein, aber die Imperfectität des betreffenden Pacts in dessen Bedingtheit liegen. Dieser Auffassung lässt sich Vieles entgegnen. Schon Schwendendoerfer a. a. O. sagt gelegentlich der Besprechung des Reurechtes in These 42 „idem de contractu sub conditione celebrato statuendum; talis enim, licet ratione obligationis et actionis perfectus dici nequeat, ratione tamen poenitentiae perfectus omnino videtur“ und beruft sich hierfür auf pr. J. 3, 23; in der That mit Recht, weil die Quellen nicht den mindesten Anhalt bieten, um bedingte Verträge unter das in pr. J. c. und l. 17 c. besprochene Reurecht zu subsumiren, denn diese Stellen reden durchaus von Nichtgebundenheit, keineswegs von bedingter Gebundenheit. Wollte man aber auch zugeben, es handle sich um einen Kaufvertrag, welcher unter der Bedingung nachfolgender Schriftlichkeit abgeschlossen sei, so würde man sich damit selbst in's Gesicht schlagen; ein Kaufvertrag lässt nämlich keine Bedingung zu, welche die Existenz der Verpflichtung schlechthin in die Willkür des Verpflichteten stellt (v. Arndts, Lehrbuch § 68 Anm. 3), während doch gerade die in Rede stehende Bedingung diese Natur an sich tragen würde: es liegt nämlich der Fall vor, dass ohne absolutio scripturae der Vertrag nicht existiren solle und man zu dieser absolutio nicht von Rechtswegen angehalten werden könne; die in dem gegebenen Falle anzunehmende Bedingung könnte also nur die sein „si scripturam absolvo“, deren Erfüllung wie gesagt in der Willkür des bedingt Verpflichteten stehen würde, so dass hier ein „volo si volam“ (v. Arndts Lehrbuch § 67 Anm. 1a E.) offenbar vorliegt. — Wir haben bisher constatirt, dass unsere Stellen nicht von bedingten Geschäften sprechen, und dass die Bedingung, welche man mit Missbrauch ihnen allein unterlegen könnte, eine solche wäre, die den Willen vom Willen abhängig macht und daher den Begriff einer bindenden Willenserklärung ausschliesst (Fitting, civ. Arch. XXXIX 13 Seite 335); die Ansicht des Ummius ist daher abzuweisen. Es würde aber selbst der Nachweis einer echten Bedingung nicht genügend den Character des bedingten Geschäftes als eines unfertigen erscheinen lassen, da vielmehr nach dem heutigen Stande der Wissenschaft m. E. die bedingten Rechtsgeschäfte für perfekte zu halten sind (vgl. v. Windscheid Lehrbuch § 86, Anm. 2 und 89, Anm. 3; Wendt, die Lehre vom bedingten Rechtsgeschäft).

Wir gelangen nun zur gewöhnlichen Erklärung des pactum imperfectum, welche dasselbe als eine „werdende, begonnene Uebereinkunft“ als eine „Uebereinkunft, welcher noch der formelle

Abschluss fehlt“, bezeichnet. So sagt Lauterbach a. a. O. cap. 54, es handle sich um ein negotium inchoatum, während Ursinus a. a. O. thesis 50 insolange ein pactum imperfectum annimmt „quamdiu aliquid contractui deest“ und Hessdoerffer a. a. O. Seite 6 von einem pactum, „quod suo tempore normali absolutione solvatur“ spricht. Immer liegt aber begriffsmässig in einer „Uebereinkunft“ etwas Vollendetes, nicht ein Werdendes, Begonnenes, noch nicht Abgeschlossenes vor. Es gibt schlechterdings auf die Frage, „was ist denn in Wahrheit ein pactum imperfectum, was ist denn eine noch nicht fertige Uebereinkunft?“ nur die eine Antwort: eine contradictio in adjecto; und ein Gleiches würde auch zutreffen, wenn man die statt dessen vorgeschlagenen Ausdrücke conventio imperfecta und perfecta, welche Westphal a. a. O. Seite 6 Note 1 empfiehlt, adoptiren würde. Wohl sagt man im gewöhnlichen Leben „ein noch nicht zu völligem Abschluss gerathener Vertrag“, aber logisch und juristisch ist letzterer ein Unding: was nicht abgeschlossen ist, kann nicht Vertrag, sondern nur Beredung sein, und was abgeschlossen, also vertragen ist, kann nicht zu gleicher Zeit nicht abgeschlossen sein. Ein pactum imperfectum bleibt daher, wir wiederholen es, eine contradictio in adjecto. Wenn man daher sagt, die arrha bezeuge, bestärke eine werdende Uebereinkunft, so kann in dieser Auffassung kein befriedigender Abschluss der Frage gefunden werden.

§ 24.

3) Kann die s. g. arrha pacto imperfecto data Accessorium einer quasiemtio sein?

Somit dürfte als bewiesen gelten, einmal, dass es seit Justinian eine arrha ohne schliesslichen Hauptvertrag gibt, dann aber, dass diese Art der arrha durch die Bezeichnungen „pacto imperfecto adjecta“ „Document eines abzuschliessenden Vertrages“ und ähnliche eine durchaus irrige Characterisirung erfahren habe, insofern man das wahre factische Verhältniss, dass die arrha in Rücksicht auf einen solchen Endvertrag gegeben wird, geglaubt hat zur Basis der juristischen Construction erheben zu dürfen. — Es gibt hier m. E. nur die Alternative: entweder findet sich ein anderer Vertrag, als der schliessliche Hauptvertrag, um die arrha in eine accessorische Beziehung aufzunehmen — oder es fehlt an einer Existenz, an die sich die arrha als accessorium anlehnen kann, und es wird sich in diesem letzteren Falle dann fragen, ob man noch von arrha sprechen kann oder unter ihrem

Namen eine andere Sache zu suchen hat. Man schlug übrigens auch Mittelwege ein, und wir wollen auch diese zunächst noch begehen. Das Wesen dieser vermittelnden Ansichten besteht darin, dass die arrha zu einer quasiemtio hinzutrete und wir müssen hier zwei Vertreter dieser Richtung nennen, welche nicht ganz mit einander harmoniren:

1) Zumbach's Argumentation für die Ansicht, dass „eigentlich" ein pactum perfectum vorliege, ist folgende: auf Seite 13 sagt er „transeamus ad eam legis partem, quae . . . praecepta quaedam de arrhae conditione ante emptionem perfectam continens etc."; auf Seite 15 „non enim facile contrahentes ante sibi arrham daturi sunt, quam sciunt pro qua re eam dent et antequam conditiones contractus statutae sint. At in contractibus qui nudo perficiuntur consensu, scripturae accessio, quam paciscentes quasi ad majorem contractus perfectionem utilem esse existimant, contractum per se nec firmiorem nec fide digniorem reddit. Hic igitur si partium consensu exstante arrha sit data, Justiniani sanctio vim habere potest. Itaque vana redditur divisio arrhae in etcetera (a p. perf. und a. p. i. d.), cum nempe re vera arrha pacto imperfecto existere nequeat; nam contractus nudo consensu contrahentium jam perfectus, ante hunc consensum nullo modo adesse potest! Am deutlichsten aber spricht Zumbach seine Ansicht am Schluss des zweiten Capitels dahin aus: „quamobrem in nullo alio pacto imperfecto amissio illa arrhae advenire potest; atque in emtione venditione tunc solummodo, cum secundum generalia legum principia re vera esset perfecta." Mit Recht darf man eine solche Ausführung Wirrwarr nennen und es tritt insbesondere die Unbestimmtheit der Begriffe nicht nur in der Bezeichnung desselben Gegenstandes bald als perfekt, bald als imperfect, sondern auch namentlich dadurch hervor, dass die Worte „quasi" (gewissermassen) und „re vera" (eigentlich) hier eine grosse Rolle spielen. Wenn wir zwischen den Zeilen der undeutlichen Darstellung lesen, so scheint uns die Auffassung im Wesentlichen dahin zu gehen, dass man zwischen der an natürliche und allgemeine Rechtsregeln geknüpften Perfection und derjenigen Perfection, welche besondere künstliche Vorbedingungen erfüllt verlange, unterscheiden müsse; zu der ersten Art gehöre beim Kauf blos der Consens und zu der durch diesen Consens hervorgerufenen perfecten Abrede gehöre die arrha, welche als ein accessorisches Institut stets Etwas Perfectes, dem es hinzutreten könne, voraussetze; dies sei auch dann wahr, wenn der Fall der l. 17 cit. vorliege, d. h. wenn zur Perfection noch weitere Thatsachen als der Consens, also hier die absolutio scripturae, hinzu-

kämen; die natürliche Perfection, wenn sie auch sonst keine gesetzlichen Folgen habe, bestehe doch und lasse eine arrha zu; durch das Hinzutreten der bedungenen schriftlichen Form werde dann aber die Perfection noch gewissermassen erhöht (quasi ad majorem contractus perfectionem) und dadurch zu noch vervielfältigten Rechtswirkungen befähigt. — Zumbach ist daher nicht unter diejenigen Autoren zu stellen, welche es läugnen, dass die arrha auch vor der Vollkommenheit des schliesslichen Hauptvertrags gegeben werden könne, vielmehr sagt er, es handle sich um ein pactum imperfectum (ante emtionem perfectam), aber dieses sei eigentlich perfekt. Mit dieser Erklärung weicht er aber auch wieder so sehr von den Verfechtern der a. p. i. d. ab, dass ihm hier diese Sonderstellung zu Theil werden musste.

Wir glauben nicht, dass es Noth thut, diese Ansicht, welche auch nur wenige Fürsprecher gefunden hat, ausführlich zu widerlegen. Es mag vielmehr die blosse Constatirung genügen, dass Zumbach sich in den grössten Widersprüchen mit sich selbst befindet, welche ja klar vor Augen liegen, und dann, dass seine Auffassung von Perfection als eine Gebilde blos der Phantasie ohne quellenmässigen Anhalt erscheint. — Der Moment der Perfection führt bekanntlich auf die Schwelle, welche zwischen Existenz und Nichtexistenz steht! Wie kann man hier von Graden sprechen, von Perfection secundum generalia legum und secundum legem 17 citatam? Oder soll es eine eigentliche und eine uneigentliche Perfection geben?

2) Während Zumbach sich in schwankenden Ausdrücken ergeht und zwischen Perfection und Nichtperfection hin- und hertaumelt, so hat Westphal a. a. O. den Gedanken, welcher bei Zumbach weder zu vollem Ausdruck, noch zu innerer Durchbildung gekommen ist, lebendig gemacht, und das Kind beim Namen genannt, wenn er sagt „die arrha ist ein Document des Consenses der Vertragsparteien“, ein Document der „quasi emtio“. Beide Autoren stehen sich also offenbar im Resultate sehr nah.

Westphal geht von dem richtigen Princip aus, dass die in den älteren Stellen bezeichnete accessorische Natur der Daraufgabe als eines Beweismittels und Zeichens einer perfecten Existenz, möglichst festgehalten werden müsse, indem aus l. 17 cit. und pr. J. 3, 23 keineswegs hervorgehe, dass eine Aenderung der arrhalischen Natur beliebt sei, abgesehen davon, dass die arrha jetzt auch ohne Endvertrag vorkomme. Man müsse also diese letztere Thatsache mit möglichster Wahrung der arrhalischen Natur erklären und auch nicht unnöthig zur Annahme einer Veränderung der Contracte durch die arrha greifen. Diese „Scylla und Charybdis“

glaubt Westphal durch folgenden Ausweg zu meiden: „Quid agere videntur contrahentes arrhas dando ante emtionis perfectionem, quippe quae non possit effici nisi instrumenti absolutione? Non potest negari h. l. non dari arrham documento emtionis perfectae; sed ab altera parte ne illud quidem nos fugit, jam esse factam quasi emtionem consensu contrahentium et bonae fidei esse, stare hoc consensu. Etc. Cujusnam igitur rei perfectae dabatur documento arrha? Nihil profecto habemus reliquum quam ut dicamus, arrham in hac lege dari ejus, quae jam facta est, „quasiemtionis" documento. Etc. Eam esse veram arrhae naturam ut documento sit consensus contrahentium. Tali supposita arrhae natura etiam illud intelligimus, quomodo arrha possit dari in eo contractu, qui scriptura demum perfectionem erat recepturus, — intelligimus, quomodo arrha possit dari in sponsalibus, quae omnino non sunt contractus et apud Romanos ne actionem quidem pariebant; consensus enim in utroque genere negotiorum inest."

Die Analogie der arrha sponsalitia, welche Westphal für sich herbeizieht, schlägt offenbar hier nicht ein; denn die „quasiemtio" handelt von dem Fall eines noch nicht perfekten Geschäftes, über welches die Parteien einig sind; aber der Verlöbnissvertrag ist ja vollkommen perfekt; die Klagbarkeit und die Perfection sind völlig verschiedene Begriffe, und es gibt viele perfekte Uebereinkünfte, welche klaglos sind und dennoch Rechtswirkungen erzeugen; endlich kommt es darauf, dass der Verlöbnissvertrag kein Contract ist, gar nicht an, indem die arrha dem jus gentium angehört und ihre Bezeichnung als argumentum emtionis venditionis contractae lediglich eine der römischen Jurisprudenz gewöhnliche Exemplification für argumentum cujus libet contractus vel pacti contracti darstellt. — Doch thut dieser Nebenpunkt der Westphal'schen Hypothese keinen Eintrag, wir müssen dieselbe vielmehr in ihrem Wesen und durch ihr Wesen bekämpfen:

Wenn man die Absicht hegt die arrha der l. 17 C. c. mit der alten arrha, wie Cajus sie kennzeichnet, zusammenzuhalten, so ist dies gewiss ein richtiges Streben; man wird sich aber nicht verhehlen dürfen, dass jene Constitution bezüglich der Contraktstheorie Aenderungen hervorgebracht hat. Diese Thatsache bringt es mit sich, dass man zur Entscheidung des Perfectionsmoments bei Verträgen nicht auf halbem Wege stehen bleiben darf, z. B. also nicht sagen darf, der Kauf sei ohne Scriptur nicht perfekt, es sei aber doch schon ein perfekter Consens vorhanden, welcher etwas Kaufähnliches, eine quasiemtio geschaffen habe. Wohl haben manche mit quasi zusammengesetzte Worte wie quasicontractus, quasipossessio, quasitraditio u. A. theils die Autorität der Uebung, theils auch die Quellen (vgl. z. B. J. III 13) für sich, und alle diese Ausdrücke stellen einen festchrystallisirten Inhalt dar; über den Umfang des dehnbaren Wörtchens „quasi“ herrscht in diesen Fällen kein Streit; der Begriff der „quasiemtio“ dagegen besitzt weder das Privileg des hergebrachten, noch eine Stütze in den Quellen, und für die Fixirung seines Inhaltes sind keine Aussichten geboten. Westphal geht freilich von der Grundlage aus, dass im Falle der l. 17 c., was den Consens anlangt, schon ein Kauf vorliege, dass dieser Kauf aber zur Perfection noch der Scriptur bedürfe; diese Prämisse aber steht auf schwachen Füssen. Entweder hat die Schriftlichkeit in einem gegebenen Falle den Zweck der Beweissicherung und dann ist der Kauf solo consensu perfekt — oder die Schriftlichkeit soll erst die Perfection hervorbringen und dann kann auch kein perfecter Consens für einen Kaufvertrag (wohl aber für ein pactum de emendo vendendo) vor absolvirter Schrift vorliegen. Wenn die Sachverhältnisse in concreto ergeben, die Schriftlichkeit sei nöthig zum Vertragsschluss, so darf man nicht sagen: in dem Augenblick, in welchem die Paciscenten ausgemacht haben einen schriftlichen Kauf solcher Art schliessen zu wollen, haben dieselben Paciscenten einen mündlichen Kauf schon abgeschlossen; vielmehr haben sie ja selbst kundgegeben, dass ihr Consens erst in der Erfüllung der Form ausgedrückt sein solle. Sie können abmachen, sie wollten diese Form erfüllen; dies aber ist dann nicht der Consensus emptionis contractae, sondern contrahendae; zwischen diesen beiden Consensen muss man wählen; die Mittelsorte des consensus quasiemtionis lässt sich gar nicht denken. Es muss ferner jeder Consens, wenn auch nur tacite, ausgedrückt sein; im angeführten Fall kommen nun die Parteien überein, dass nur ein bestimmter Ausdruck (absolutio scripturae) zulässig sei; man müsste also geradezu Unmögliches annehmen, müsste annehmen, dass im selben Moment dieselben Parteien trotzdem gültig auf andere Weise einen Consens ausdrückten, wenn man mit Westphal einen consensus perfectus, eine quasiemtio in diesem Fall herausbringen will. — Und wenn dies möglich wäre, würde damit die arrha in ihrer alten Natur erscheinen? Gewiss nicht, sie würde das Zeichen eines blossen Consenses, nicht aber auch einer Convention sein, während sie vordem als Document der Uebereinkunft (emtionis venditionis contractae argumentum), nicht aber des blossen Consenses erscheint (§ 7).

Die betretenen Wege, welche uns der oben angedeuteten Alternative entheben sollten, führten nicht zum Ziel; wir schreiten daher zur Lösung der Alternative selbst.

§ 25.

4) Kann die s. g. arrha pacto imperfecto data als selbständige arrha erklärt werden?

Eine weitverbreitete Meinung, welche aber wie gesagt, nicht die communis opinio ausmacht, bezieht l. 17 c. auf Tractaten im weiteren Sinn, d. h. auf beiderseitige vorbereitende Verhandlungen über einen einzugehenden schliesslichen Hauptvertrag, seien dieselben nicht in bindende Verträge gebracht (blosse Tractate) oder sei es, dass man sich wirklich zum künftigen Vertragsabschluss (Vorvertrag, pactum de contrahendo) oder zu einer diesen vorbereitenden Handlung (pactum praeparatorium, vorbereitenden Vertrag) verpflichtet hat; dies behaupteten namentlich Stryk usus modernus XVIII, 1 de contrah. emt. § 11, für das römisch-justinianeische Recht auch Sintenis, Civilrecht § 99, ferner Unterholzner, Schuldverhältnisse Band I § 11 IV Band II § 774, Göschen, Lehrbuch (herausgegeben von Erxleben) § 436 u. A. m.

Jedenfalls müssen wir hier zuerst eine Ausscheidung vornehmen, gezwungen durch die Verschiedenartigkeit der in dem allgemeinen und hergebrachten Begriffe der Tractaten liegenden Fälle:

1) ist begriffsmässig von den Tractaten das pactum de contrahendo auszuscheiden, welches, wie Degenkolb in seiner Festschrift „der Begriff des Vorvertrags“ überzeugend nachwies, ein völlig selbständiger Vertrag ist, welcher theoretisch nicht unter die Vorverhandlungen gestellt werden darf, obwohl er zufolge der Eigenthümlichkeit des Vertragsgegenstandes (contrahere) im praktischen Leben durch manche Fäden mit dem schliesslichen Hauptvertrage zusammenhängt.

2) Wie bereits erwähnt, muss immerhin nach einem Vertrage gesucht werden, dem die arrha als Accessorium sich anlehnen könnte, und es steht Nichts im Wege dieser Eigenschaften halber sowohl das pactum de contrahendo als auch die pacta praeparatoria (zu denen man irriger Weise selbst wieder den Vorvertrag rechnet) hier zurückzustellen.

Somit bleiben uns zur nächsten Betrachtung nur die blossen Tractate. Eine während solcher Tractatur gegebene arrha lässt nicht den Versuch zu, als accessorisch erklärt zu werden, und in der That ist man vor dieser Consequenz nicht zurückgeschreckt; so sagt z. B. Sintenis a. a. O.: „Sonach erscheint in diesem letzteren Fall die Bestellung einer arrha als ein selbständiger Vertrag.“

Hier ist von keinem pactum imperfectum, von keiner quasiemtio die Rede, zu welchen die Daraufgabe hinzutrete, sondern die Bezeichnung „arrha pacto imperfecto data“ ist im Sinne der Anhänger dieser Ansicht die Bezeichnung für eine „Daraufgabe, ohne dass ein Pactum existirt.“ Wollte man auch zugeben, dass l. 17 cit. und pr. J. cit. auf blosse Tractaten sich beziehen (was wie namentlich Lauterbach a. a. O. cap. 154 und Zumbach a. a. O. Seite 15 hervorheben und wie im folgenden Abschnitt dargethan werden wird, keineswegs der Fall ist), so befände man sich in der unangenehmen Lage unter dem Worte arrha zwei Institute zusammenzufassen, welche nach allen Richtungen von einander divergiren. Der alte Begriff der arrha als eines accessorischen Instituts wäre zerstört, welcher doch, ohne andere Stellen gegen sich zu haben, aus fast allen Stellen hervorgeht, und, seit längst schon klargestellt (vgl. Lauterbach a. a. O. cap. 46), bis auf die heutige Zeit sich behauptet hat (vgl. § 8). — Mit dem Begriffe würden aber auch viele wichtige Folgen, namentlich der Beweiswerth der arrha, völlig in Frage gezogen, während doch weder aus l. 17 cit., noch aus pr. J. 3, 23 hervorgeht, dass Justinian in solcher Weise die Natur der arrha habe umwenden wollen. Die Unhaltbarkeit dieser Consequenzen, deren Fall von selbst auch in unsern Augen den Sturz der Ursache mit sich zieht, d. h. die Zulässigkeit der arrha bei blossen Tractaten ausschliesst, wurde auch von den Vertretern der hier bekämpften Ansicht wohl gefühlt, und sie haben darum die arrha bei Tractaten mit der Conventionalstrafe verschwimmen lassen; so sagt z. B. Puchta, Pandekten § 254, diese arrha habe die Natur einer Conventionalstrafe, Sintenis a. a. O., sie nehme den Character einer Conventionalstrafe an, während Unterholzner a. a. O. ganz offen ausspricht, in einem solchen Falle sei die arrha „lediglich als eine Art von Pfand zu betrachten.“ In der That, eine arrha bei blossen Tractaten ist überhaupt keine arrha. Oder soll man aus der Thatsache, dass die arrha bei blossen Tractaten nicht gedacht werden kann, folgern, dass die arrha wirklich die Natur der Conventionalstrafe annehmen könne? Die Conventionalstrafe wird nur versprochen, die arrha auch gegeben; die Conventionalstrafe tritt nur auf ausdrückliche Abrede ein, die Strafbestimmungen der lex 17 cit. und pr. J. III 23 bezüglich der arrha wirken dagegen auch ohne Abrede (licet nihil super his arrhis sit expressum); die Conventionalstrafe kann selbständig oder accessorisch sein, die arrha nicht das erstere, sondern nur das letztere. Die Conventionalstrafe gewährt dem Promittenten der Strafe eine facultas alternativa, die Hauptleistung oder die Strafe zu bezahlen; die arrha gewährt eine ähnliche Facultät unter andern

Modalitäten nicht nur dem Geber, sondern auch dem Empfänger im Fall der l. 17 cit. — In der That ist es nicht leicht zu begreifen, wie zwei so verschiedene Institute das eine die Natur des andern annehmen können, und wir glauben in der Thatsache, dass eine Auffassung der arrha dazu führt, letztere trage den Character der Conventionalstrafe an sich, nur als eine Selbstdeduction in absurdum betrachtet, nicht aber als ein Beweis, die arrha werde zur Conventionalstrafe, angesehen werden kann. — Auch erblicken wir gegen Justinian, der bekanntlich die Conventionalstrafe sehr wohl kennt, darin eine sonderbare Zumuthung, dass er in den citirten Stellen von einer arrha mit den deutlichsten Worten spricht und doch eine Conventionalstrafe gemeint haben soll.

§ 26.

5) Versuch einer Lösung.

I. Um auch im Falle der l. 17 c. die gewöhnliche und einzig mögliche, die accessorische arrha zur Anwendung bringen zu können, bietet sich nach dem Vorstehenden nur noch der eine Weg, einen anderen Vertrag, als den schliesslichen Hauptvertrag zu finden, welchem ersteren Vertrage dann das pactum arrhale beigefügt würde. Hierzu müssen aber zwei Voraussetzungen erfüllt sein:

1) es muss ein anderer perfekter Vertrag als der schliessliche Hauptvertrag vorhanden sein, und dies ist möglicher Weise nur ein pactum de contrahendo oder ein pactum praeparatorium, oder es kann vielleicht bei beiden der Zulässigkeit der Daraufgabe Nichts im Wege stehen. Jedenfalls würde der Einwand, diese pacta seien unbezweifelt nach römisch-justinianeischem Rechte nicht klagbar, keinen unabweisbaren Gegengrund in sich schliessen; denn leicht kann man constatiren, dass sich die Begriffe Vertrag bzw. Obligation mit blos naturaler Wirkung und arrha keineswegs principiell ausschliessen, indem ja Naturalobligationen anerkannter Massen zur Grundlage accessorischer Geschäfte gebraucht werden können und auch beim Verlöbnissvertrage, welcher keine Klage erzeugt, eine arrha in den Quellen ausdrücklich zugelassen wird (vgl. die römischen Stellen in § 12). Dass aber pacta praeparatoria wie pacta de contrahendo Naturalobligationen hervorbringen, folgt aus der allgemein anerkannten Thatsache, dass solche aus jedem pactum nudum entspringen. Es kann sich hier nur noch fragen, ob

2) mit dem Begriff der Naturalobligation auch die Zulässigkeit der arrha, wie anderer accessorischer Geschäfte, schon gegeben sei oder ausdrücklich ausgesprochen werden müsse. In der That ist die Zulässigkeit der Naturalobligation als Grundlage von Pfandrecht (l. 13 pr. D. XII, 6; l. 5 pr. und l. 14 § 1 D. XX, 1), Bürgschaft (l. 13 cit., l. 6 § 2, l. 7, l. 16 § 3, l. 60 D. de fidej. XLVI, 1), Novation (l. 1 § 1 D. de novat. XLVI, 2) und constitutum debiti (l. 1 § 7 de pec. constit. XIII 5) anerkannt. Im Princip aber entbehrt die Naturalobligation der Rechtswirkung, und es ist stets ein specielles Nachgeben des Rechtes erfordert, um Ausnahme auf Ausnahme hiervon zu gewähren; eine Nachgiebigkeit berechtigt nicht zur analogischen Ausdehnung des Indultes auf verwandte Fälle, sondern es muss bezüglich jeden Punkts eine besondere Feststellung erfolgen, wie namentlich v. Windscheid, Lehrbuch § 288 Note 4 mit Recht urgirt. Wenn wir also in l. 17 cit. und pr. J. cit. eines der bezeichneten pacta finden, so müssen wir dennoch nach einer ausdrücklichen Anerkennung der Fähigkeit, durch arrha verstärkt zu werden, suchen. Nach Entdeckung dieser darf man dann die Nachsicht des Rechtes nicht auf andere Fälle mit Berufung auf Analogie ausdehnen; dagegen wird man nicht zu weit gehen die in § 38 angedeutete Consequenz an der Hand der erlaubten extensiven Interpretation zu ziehen.

Wir gelangen zur Lösung nach beiden angedeuteten Seiten:

1) In vielen Punkten wurden unsere Stellen schon beleuchtet; das Folgende mag an dieser Stelle als Ergänzung hinzutreten. — Während oben ausgeführt ist, dass die in l. 17 cit. und pr. J. cit. vorkommenden Ausdrücke „emptio venditio emtor venditor" häufig nicht den schliesslichen Hauptvertrag, bzw. dessen Contrahenten, bedeuten, vielmehr blos nach der Sprache des gewöhnlichen Lebens gebraucht sein können, so gehen wir hier zur Aufgabe, jedem dieser Worte seine positive Bedeutung zuzumessen. Um diese zu finden, müssen wir mit demjenigen Satze beginnen, dessen Bedeutung am klarsten ersichtlich ist, nämlich „Illud adjicientes etc."; dieser Satz lässt sich ganz einfach mit den Worten wiedergeben: „Wenn mit oder ohne Hinzutreten einer Aufzeichnung Arrhen hinsichtlich eines abzuschliessenden Kaufvertrags gegeben wurden, so soll, falls nicht besonders beigefügt ist, was beim Nichtzustandekommen des Contracts mit denselben geschehen solle, dennoch in Zukunft, wie wir hier noch beifügen, derjenige, welcher zu verkaufen versprach und den Verkauf weigert, zur Rückerstattung des Doppelten angehalten werden, und wer zu kaufen versprach und vom Kaufversprechen zurücktritt, bezüglich der von ihm gegebenen Arrhen im Prozess

unterliegen (wie causa cadere in § 33 J IV 6 und l. 95 § 11 D 46, 3 vgl. Heumann, Handlexikon zum corpus juris), indem ihm die Rückforderung derselben zu verweigern ist.“ Es handelt sich hier um einen abzuschliessenden Kauf und der eine Theil hat versprochen zu kaufen, der andere zu verkaufen. Was ist dies anders als ein pactum de emendo vendendo, ein pactum de contrahendo, wie man es deutlicher nicht zeichnen kann? Dies sprechen geradezu, wenn auch ohne die Consequenzen zu ziehen, schon Lauterbach a. a. O. cap. 164 und Beyer im Volkmannus emendatus (Leipzig 1701) Th. 1 vom Kauf S. 110 ff. von 5 an aus; auch stehen die im vorigen Abschnitt bezeichneten Autoren, welche die Stelle auf Tractaten beziehen, insofern mit uns im Einklang, als sie wenigstens die pacta de contrahendo mit unter die Tractaten rechnen. Die Richtigkeit dieser Auffassung ergibt sich aber nicht nur aus diesen klaren Worten, sondern auch noch

a) aus dem Totalinhalt unserer Stellen. Diese besagen nämlich, dass die Contrahenten die Perfection eines Vertrages von der absolutio scripturae abhängig machen wollen. Im Moment, wo sie diese Abrede treffen, müssen sie doch offenbar den Willen in sich tragen, diese absolutio scripturae eintreten zu lassen; sonst würden sie ja zum Voraus wissen, dass die Abrede keinen Zweck hätte. Da aber das contrahere emtionem venditionem im gegebenen Fall nur durch die absolutio scripturae geschehen kann, so bewirkt eben dieser beiderseitige Wille ein pactum de contrahendo. Selbstredend ruft dieses keine Klage hervor, so dass also an sich Jeder frei zurücktreten kann. Man möchte vielleicht einwerfen, die Paciscenten hätten den unbestimmten Willen entweder die absolutio scripturae zu leisten oder nicht, je nach Belieben. Abgesehen davon, dass ihnen die Unerzwingbarkeit der Vorverträge stets die Negative offen hält, so erscheint eine solche gleichberechtigende Nebeneinanderstellung der Gegentheile als unmöglich, weil man nicht zu gleicher Zeit unbestimmt „Wollen“ und „Nichtwollen“ kann; eine solche Gleichberechtigung würde ein Wollen des Nichtgewollten und ein Nichtwollen des Gewollten, also etwas Undenkbares mit sich führen. Im Moment der gedachten Abmachung muss ein Wille überhaupt vorhanden sein und dies kann offenbar aus dem angegebenen Grund nicht der Wille sein, die absolutio scripturae nie eintreten zu lassen; *) der mögliche Wille, der Grundton der Abrede, ist also der, zur schriftlichen Form das Seinige später zu thun; wohl aber kann man sich dabei jedes den Verpflichtungswillen nicht unbedingt aufhebende vorbehaltene Rücktrittsrecht denken, welches beschränkend und mildernd eintritt.

*) In diesem Sinn scheint schon Pothier, contrat de la vente partie 6 ch. 1 die l. 17 cit. aufzufassen, indem er dieselbe als Beispiel auf die promesse d'achat et de vente réciproque des Art. 1589. 1590 C. N. bezieht.

Durch solche Vorbehalte wird die Existenz des Pactums nicht aufgehoben, ebensowenig wie die, selbst von den Paciscenten gekannte, gesetzliche Unerzwingbarkeit desselben diese Existenz beeinträchtigt. —

b) Es erscheint nach dem Vorstehenden als natürlich, wie schon in § 22 angedeutet ist, die Worte „ab emtione recedere“ in l. 17 cit. und pr. J. cit. und „venditio“ (celebrata) in letzterer Stelle im Sinne von „Abrede zu kaufen, bzw. zu verkaufen, m. a. W. pactum de emendo, bzw. de vendendo“ auszulegen.

c) Hervorhebung verdient noch, dass die klaren Worte „vendere pollicitus“ „emere pactus“ offenbar nicht ein pactum praeparatorium, sondern de contrahendo bezeichnen.

2) Zu diesem pactum de contrahendo gehört in der That auch die in den behandelten Stellen besprochene arrha; diese letztere wird nämlich geradezu als eine super facienda emtione gegebene Daraufgabe bezeichnet, und bei der accessorischen Natur der arrha und dem alleinigen Vorhandensein dieses Pactums (de contrahendo) bleibt keine andere Wahl. Auch spricht hierfür das in § 22 auseinandergesetzte Verhältniss der Worte „si quae arrhae sive in scriptis sive sine scriptis super facienda emtione datae sunt“ und „sive in scriptis sive sine scriptis venditio celebrata est.“ — Namentlich wird auch Verlust bzw. restitutio dupli bezüglich der arrha von der Nichterfüllung des pactum de contrahendo geradezu abhängig gemacht (vendere pollicitus, venditionem recusans — bzw. emere pactus, ab emtione recedens), woraus ein untrüglicher Rückschluss sich rechtfertigt, dass die arrha dem pactum de contrahendo adjicirt sei.

So sind wir denn zum Ergebnisse gelangt, dass die sogenannte arrha pacto imperfecto data oder adjecta eine arrha pacto perfecto adjecta sei, dass es prinzipiell keine zwei Arten von Daraufgaben gibt, dass die factische Rücksicht auf einen abzuschliessenden Endvertrag nicht zum Lenker der juristischen Construction erhoben werden darf, dass die alte Bedeutung der arrha als Argument einer geschlossenen Convention völlig aufrechterhalten bleibt. Wie das pactum de contrahendo von den anderen perfekten Verträgen nur hinsichtlich des Vertragsobjects sich unterscheidet, so differirt auch die arrha bei Vorverträgen von der Daraufgabe bei schliesslichen Hauptverträgen nur hinsichtlich des Gegenstandes, auf welchen ihre Unterlage abzielt. Diese Thatsache gewährt aber dem juristischen Gefühl gewiss Befriedigung, welches nur ungern sich dazu entschliessen könnte, einem Institut in Ausnahmsfällen essentielle Eigenschaften abzusprechen; bei dem hier getroffenen Urtheil bedarf es keiner solchen Beugungen des Characters, und das Institut steht trotz besonderer neuer Anwendung in alter Reinheit vor uns.

Dieses Resultat empfängt durch seine Geschichte eine weitere Bestärkung: einen Rechtsschutz der pacta de contrahendo finden wir vordem nämlich nur, wo sie in einen Formationsact eingekleidet sind, also ihre eigentliche Natur abgelegt haben (l. 68 D. de V. O. 45, 1), oder wo der Schutz durch eine Conventionalstrafe bewirkt wird (l. 122 § 3 eod.) oder wo wegen der speziellen Stellung des pactum de contrahendo als pactum adjectum zu einem geschlossenen bonae fidei Contract dessen Klage zur Erzwingung der Nebenabrede gebraucht werden kann (l. 75 D. de contrah. emt. 18, 1 und l. 21 § 5 D. de A. E. V. 19, 1); das selbständige und blosse pactum de contrahendo dagegen entbehrte allen Schutzes. Bei Consensualcontracten aber wurde auch in den Quellen nicht gehörig auseinandergehalten der Wille sich zur Vertragsschliessung zu obligiren und der Wille den Vertrag wirklich zu schliessen. Daher kommt es auch, dass vielfach (wie z. B. durch Lauterbach a. a. O. cap. 53) behauptet wurde, es liessen sich pacta de contrahendo nur bei Realcontracten denken. In der That tritt dieser Mangel der Unterscheidung auch hervor in der Perfectionstheorie des Kaufes, welche Gajus III § 139 und Justinian im correspondirenden pr. J. 3, 23 aufstellen, und auch die vom Kauf vorkommenden Urkunden (insbesondere l. 47 pr. und § 1 D. de pactis II 14) zeigen nicht ein Binden des Consenses an schriftliche Formen, sondern stellen sich, wie Gneist (die formellen Verträge III, § 1 II Seite 237) bezeugt, als einfache Beweismittel dar. Diese Contractslehre erhielt aber durch unsere Stellen eine Umwandlung: zwar wird bezüglich der mündlich abzuschliessenden Uebereinkünfte die alte Rechtsanschauung bestätigt, dagegen hinsichtlich der schriftlich zu absolvirenden Verträge der Abrede, man wolle die Perfection des Vertrages von der absolutio scripturae abhängig machen, ein Privileg ertheilt. Wie namentlich v. Keller (Pandekten § 222) ausführt, hatte nämlich die Formlosigkeit der Verträge, gefolgt von vielen Missständen, zu Justinian's Zeit einen Zustand geschaffen, welcher diesen Kaiser nöthigte, Surrogate zu gewähren für die Formalcontracte der frühern Zeit, die indess untergegangen waren (Gneist a. a. O. IV, § 1). Von diesem Gesichtspunkte aus unsere l. 17 cit. betrachtend, werden wir nicht zu verkennen vermögen, dass Justinian hier dem Gebrauche der Contrahenten ein solches Surrogat zur Verfügung stellt, durch die Bestimmung nämlich, er werde die Abrede, ein Contract solle nicht vor erlangter absolutio scripturae perfekt sein, schützen, d. h. er werde, obwohl die Einigkeit über Sache und Preis vorliege (pretio statuto), dennoch keine Klage vor erfüllter Schriftlichkeit gestatten. Dadurch, dass der Wille zum Abschluss des Endvertrages sich in die Form legt, löst sich die Rechtsanschauung, welche emtio und pactum de emendo nicht schied, bezüglich der schriftlich abzuschliessenden Verträge von selbst auf; denn hier kann z. B. eine der schriftlichen Form entbehrende Einigung über Preis und Sache nicht mehr den consensus emtionis, sondern nur den consensus für ein pactum de emendo abgeben. Diese Consequenz hat auch Justinian gezogen, indem er die Rechtswirkungen dieser beiden Stadien des Abschlusses getrennt und verschieden regelt. —

Bei diesem geschichtlichen Hergange kann uns aber nicht entgehen, dass bei dieser theilweisen Ausscheidung der prototypisch gewählten Begriffe emtio und pactum de emendo, welche dagegen verwischt blieben hinsichtlich mündlich abzuschliessender Verträge, das pactum de emendo den kürzern ziehen musste; es entsprach aber einer blos correctorischen, nicht umstürzungssüchtigen Gesetzgebungspolitik gewiss, diesem pactum soviel möglich noch einen Kreis von Rechtswirkungen zu belassen. Ein solches Motiv erklärt die Thatsache, dass bei den pactis de contrahendo, deren Object das facere scripturam ausmacht, Justinian die arrha zugelassen hat.

Diese Zulassung findet überdem eine Analogie in der Anwendung der arrha beim Verlöbnissvertrage; denn wie mehrfach hervorgehoben wird (vgl. z. B. v. Windscheid Lehrbuch § 325 Anm. 4, Westphal a. a. O. Seite 28), fällt hier als entscheidendes Gewicht der Umstand in die Wagschale, dass auch die Sponsalien gleich den übrigen und eigentlichen pacta de contrahendo nach dem damaligen Rechte keine Klage erzeugten. Vor falschen Schlüssen aus diesem Umstand ist übrigens oben schon gewarnt worden.

II. Es handelt sich nun darum, das Anwendungsgebiet der in l. 17 cit. enthaltenen Bestimmungen über die arrha nach den im Vorstehenden gegebenen Directiven für das justinianeische Recht im Einzelnen festzustellen wie folgt:

1) Bei blossen Tractaten ist eine arrha undenkbar (vgl. Unterholzner, Schuldverhältnisse § 774 Note 12); kommt die Bestellung eines Sicherungsmittels, welches die Paciscenten arrha nennen, dennoch vor, so ist auf die Intention der Parteien zu sehen, welches andere Institut darunter zu suchen sei; haben die Parteien wirklich die, an sich schon unerklärliche Absicht ein pactum arrhale blossen Tractaten beizufügen, so bewirkt dasselbe kein Rechtsverhältniss, indem der Satz einschlägt „impossibilium non est obligatio“; denn eine rechtliche Unmöglichkeit liegt vor. —

2) Diejenigen Autoren, welche eine Daraufgabe bei blossen Tractaten zulassen, thun dies auch bei vorbereitenden Verträgen. Im Gesetze selbst ist aber von blossen pacta praeparatoria, selbst wenn man extensiv interpretiren wollte, wie gesagt, nicht die Rede.

3) Was die Anwendbarkeit der arrha bei Vorverträgen selbst anlangt, so mag zunächst v. Savigny's Rath (vgl. Obligationenrecht § 77 I) beherzigt werden, man solle genau scheiden zwischen unverbindlichen Abreden, Kaufverträgen mit aufgeschobener Erfüllung und wirklichen pacta de contrahendo, indem selbst Glück (Pandecten-Commentar § 982) die Anwendung der l. 17 cit. auf bedingte Kaufverträge ausdehnen will, welche doch vollkommen die Erfordernisse schliesslicher Hauptverträge an sich tragen. Nicht bei allen Vorverträgen erklärte unsere Constitution die arrha für anwendbar. Von vornherein kann man pacta de contrahendo im Hinblick auf einen mündlich zu perficirenden Endvertrag nach dem oben angegebenen, geschichtlichen Verhältniss der l. 17 cit. nicht zur Sprache bringen. Jedoch hinsichtlich der pacta de contrahendo, welchen ein schriftlich zu perficirender Endvertrag folgen soll, wird gestritten. Fritz erklärt sich in den Erläuterungen zu v. Wening Buch 3 S. 310 ff. nebst Zumbach a. a. O. S. 16 für die stricte Auslegung der Worte „super facienda emtione", so dass hier nur das pactum de emendo in Betracht käme. Der Beisatz „illud adjicientes etc." stellt sich aber nicht, wie Fritz behauptet, als „Anhang zur Verordnung über die Frage, wann ein der Uebereinkunft gemäss schriftlich zu errichtender K a u f c o n t r a c t bindend sein soll", dar. In der Institutionenstelle ist dessen Behauptung zwar gerechtfertigt; aber auf diese kann es deswegen nicht ankommen, weil sie überhaupt über die Vorschriften der l. 17 cit. nur bezüglich des Kaufes referirt, während doch die Basilikenstelle beweist, dass Justinian, wenn er in die Institutionen gemäss der dortigen systematischen Stellung (tit. de emtione venditione) nur den Kauf aufnahm, nicht daran dachte, die Vorschrift der l. 17 cit., welche sich auf sehr verschiedene Conventionen bezog, durch die Wiedergabe in den Institutionen auf den Kauf zu beschränken. Die Normirung des Anwendungsgebietes der l. 17 cit. muss daher in ihr selbst gesucht werden, und obwohl sie sich (wenn man nicht die in § 22 vorgeschlagene Conjectur adoptiren will) wörtlich nur auf Kauf, Tausch, Schenkung und Vergleich bezieht, so sieht doch die gemeine Meinung hierin eine Exemplifikation des durch interpretatio extensiva zu gewinnenden Princips, die Constitution sei auf a l l e s c h r i f t l i c h z u p e r f i c i r e n d e n C o n t r a c t e anwendbar (vgl. z. B. v. Arndts Lehrbuch § 232, v. Windscheid Lehrbuch § 312). Wenn nun Justinian in dem gedachten Anhange allerdings nur die facienda emtio hervorhebt, so kann uns dies umsoweniger befremden, als er schon oben einmal den Kauf besonders hervorhebt (in hujusmodi venditionibus), als ferner die ganze Stelle nur Exemplifikationen enthält und als endlich Justinian kein Bedenken trug auch hinsichtlich der für die mehreren

genannten Verträge wichtigen Punkte des ersten Theils der Codexstelle in den Institutionen nur von Kauf zu sprechen. Derselbe Kaiser hat daher mit seiner Exemplifikation dennoch bestimmt, dass die arrha bei allen pacta de contrahendo, denen ein schriftlich zu perficirender Endvertrag folgen soll, angewandt werden dürfe, und damit diejenige Bestimmung getroffen, welche allein einer vernünftigen Erwägung der historischen Lage seiner Constitution entspricht und auch in unserer ganz allgemein sprechenden Basilikenstelle eine nicht zu unterschätzende Bestätigung erhielt.

III. Wir gehen nun über zur Darstellung der Rechtslage der justinianeischen arrha bei Vorverträgen, und es wird hierbei angemessen sein, Punkt für Punkt diese Art der arrha mit ihrer älteren Schwester, der Daraufgabe bei schliesslichen Hauptverträgen, in kurzen Vergleich zu ziehen.

Die Bezeichnung der arrha als argumentum emtionis venditionis contractae muss gleichfalls unter dem Gesichtspunkte der Exemplifikation betrachtet werden als statt conventionis perfectae gesetzt. Betrachten wir aber das Anwendungsgebiet der arrha bei schliesslichen Hauptverträgen und bei Vorverträgen, denen ein schriftlich zu perficirender Endvertrag folgen soll, so springt der Unterschied im Umfange desselben in das Auge. Wenn auch stets die arrha eine praesumptio juris abgibt dafür, dass die Convention, welcher sie accessorisch sich anfügt, perfekt sei, so steht immerhin noch die Frage offen, ob aus dieser Verschiedenheit der beiderseitigen Umfänge nicht eine Folgerung zu Gunsten des vorjustinianeischen Rechtes gezogen werden könne, m. a. W. ob nicht die bestellte arrha im Zweifel die weitere Präsumption erzeuge, dass ein Endvertrag vorliege. Wir glauben dies nach pr. J. cit. theilweise verneinen, theilweise bejahen zu müssen; denn dort ist dem Theile der Constitution, in welchem von mündlich abzuschliessenden Verträgen gesprochen wird, bei denen also eine arrha pacto de contrahendo adjecta nach justinianeischem Recht nicht vorkommen kann, die Bemerkung beigefügt „nam nihil a nobis in hujusmodi venditionibus innovatum est, die sich offenbar auch auf die oben angedeuteten Worte „argumentum etc.“ bezieht. Somit sagt Justinian „bei mündlich abzuschliessenden Hauptverträgen gibt es keine arrha pacto de contrahendo adjecta, und an der Bestellung der arrha haftet hier die Präsumption, dass der Hauptvertrag, d. i. hier der Endvertrag, abgeschlossen sei; bei schriftlich zu perficirenden Verträgen gibt es aber sowohl beim Vertrag dieser Art selbst, als beim pactum de contrahendo eine Daraufgabe und man kann nun dort nicht eine Präsumption für Perfection des Endvertrages statuiren.“

Es liegt in der Natur der Sache, dass die arrha bei Vorverträgen, insoweit nicht diese eine Modifikation gebieten, nach denselben Grundsätzen behandelt werden müsse, wie die arrha bei Endverträgen; von dem Gesichtspunkte müssen daher zahlreiche Spezialfragen entschieden werden, wie z. B. ob es eine arrha reciproca geben, ob die Bestellung der arrha gültig durch Versprechen erfolgen könne u. a. m. — Dagegen muss hervorgehoben werden, dass

1) das Gesetz selbst in den citirten Stellen für die arrha bei Vorverträgen eine Regel aufstellt, welche, ausser ähnlich hinsichtlich der arrha poenitentialis und sponsalitia, nicht vorkommt. Es wird nämlich verfügt, dass der vendere pollicitus venditionem recusans die erhaltene arrha in duplo restituire, dagegen der emere pactus ab emtione recedens die gegebene verliere. Diese Regel ist auch auf den Fall auszudehnen, dass wir bezüglich des Gebens und Empfangens die Personen unserer Stelle umsetzen. Durch Bestellung einer arrha reciproca kann die Wirkung des Verlustes und der restitutio dupli combinirt werden. Es steht sogar dem Parteiwillen Nichts entgegen, noch härtere Strafbestimmungen als die vom Gesetze angeordneten auszumachen, welche immerhin die Natur der arrha nicht verändern; denn es wird nicht eine Conventionalstrafe ausgemacht, sondern es liegt blos eine Anknüpfung von Abreden an ein bereits bestelltes Object, also ein legem dicere suae rei vor.

2) Gleichwie die arrha sponsalitia, so ist auch die arrha bei eigentlichen Vorverträgen, im Gegensatz zur sonstigen Anwendung der Daraufgabe, einem unklagbaren Pact angereiht, und es bedarf keiner Hervorhebung, dass man von solchem frei zurücktreten, frei ihn brechen darf. Das Hinzutreten der Daraufgabe in solchen Fällen gibt daher nicht erst das Reurecht, sondern belässt das existente, mit Beifügung einer Strafclausel (vgl. §§ 15. 37).

§ 27.

III. Neueres Recht.

Während im Vorstehenden blos das reine römische Recht zur Darstellung gelangte, so gehen wir jetzt zum usus modernus über, welcher sich wie eine Novelle dem Bisherigen anreihen mag. Derselbe soll aber nur, insofern er für Deutschland Bedeutung bietet, hier zur Sprache kommen, und wir vertiefen uns daher nicht in das Recht Castiliens und Lusitaniens, welches Thomasius a. a. O. thesis 63 als practischen Beleg seiner in § 22 erörterten Auffassung hinstellt. Auch kann hier der französische Rechtskreis (vgl. § 28 Anm.) nur kurz berührt werden.

Die für das heutige gemeine Recht Deutschlands aufgestellte an l. 17 cit. geknüpfte Theorie pflegt in dem Satze zu gipfeln, dass die s. g. arrha pacto imperfecto adjecta, unter welcher dann wieder Verschiedene Verschiedenes verstehen, heute noch ein Institut des praktischen Rechtes sei; in dieser Weise sprechen sich z. B. Glück Pandectencommentar § 982 Note 66, v. Wening Civilrecht Buch 3 § 88, Seuffert praktisches Pandectenrecht § 280, Westphal a. a. O. Seite 32 u. A. m. aus. Eine vorsichtigere Formulirung finden wir dagegen bei v. Holzschuher, Theorie und Kasuistik Band 3, S. 293 ff. (Auflage 2) und bei v. Windscheid, Lehrbuch § 325, welche die l. 17 cit. für das heutige Recht nur noch auf diejenigen Fälle beziehen, in welchen auch heute zum Vertragsabschluss noch kein Theil verpflichtet ist. Sintenis dagegen hat mit voller Schärfe auf den Satz „pacta sunt servanda" für das moderne Recht in seinem Civilrecht § 99 Note 2 hingewiesen, und darum die Regeln der l. 17 cit. überall da für unanwendbar erklärt, wo nicht blosse Tractatur, sondern eine Uebereinkunft vorliege. So stehen sich die Meinungen gegenüber, welche erst dann besprochen werden können, wenn die Basis der Entscheidung, nämlich der Einfluss der Klagbarkeit der pacta auf Vorverträge, offengelegt ist.

Die Thatsache, dass Reichsgewohnheit den pacta nuda Klagbarkeit verlieh, gehört zu den unbestrittensten unserer Doctrin; nur Einschränkungen des Factums versuchte man zu behaupten, so z. B. auf Vorverträge beziehe sich diese Gewohnheit nicht (vgl. Lauterbach a. a. O. Seite 64 ff., dem Glück beistimmt, s. o.). Wenn auch in Hinsicht einiger Particularstatuten solche Vorbehalte keinen Tadel verdienen, so müsste man doch gewaltige Beweise für die Gemeinrechtlichkeit dieses Reservates erst noch beibringen, um das Gewicht des Umstandes zu neutralisiren, dass die am meisten bedeutenden Autoritäten der Zeit, Germanisten wie Romanisten die Vorverträge für klagbar im Princip erklären. Dass aber lex. 17 cit. von Vorverträgen handelt, denen ein schriftlich zu perficirender Endvertrag folgen soll, ist m. E. in den früheren Abschnitten erwiesen worden.

Von dieser Grundlage der Entscheidung aus glauben wir die in § 26 II für das römisch-justinianeische Recht aufgestellten Sätze nun zum heutigen gemeinrechtlichen Gebrauche einer Revision unterziehen zu müssen, welche folgende Ergebnisse abwirft:

1) Die dort bezüglich der bei blossen Tractaten bestellten Daraufgabe vertheidigten Normen müssen nach wie vor Anwendung finden; denn es lässt sich gar kein Grund einsehen, welcher auf eine Aenderung hinwiese.

2) Die pacta praeparatoria sind zufolge jener Reichsgewohnheit klagbar geworden, und ist, da l. 17 cit. nicht von ihnen spricht, jedenfalls die ihnen beigefügte arrha nicht nach den Regeln von der Daraufgabe bei Vorverträgen, sondern wie eine sonstige arrha zu behandeln.

3) Es gibt Fälle, in welchen ein pactum de contrahendo vorliegt und die in l. 17 cit. behandelte Eventualität der Unklagbarkeit damit zusammentrifft; wir tragen kein Bedenken, in diesen Fällen (vgl. namentlich v. Gerber System § 164, v. Windscheid Lehrbuch § 312) die Geltung unserer l. 17 nicht auszuschliessen. Allerdings bietet unser Fall Verschiedenheiten im Vergleich zum ursprünglichen Gegenstand der gedachten Constitution. Es betraf aber dieses Gesetz alle damals losgelösten pacta de contrahendo (vgl. § 26 I), und erst der späteren Zeit, welche auch bezüglich der mündlich zu perficirenden Endverträge die Scheidung durchführte zwischen dem Willen gegenwärtig einen Vertrag zu schliessen und der Absicht, sich zu künftiger Vertragsschliessung zu verpflichten, verdanken wir die Fixirung des Begriffs und Anwendungsgebiets der Vorverträge. Die Darstellung der Fälle selbst, in welchen heute noch ein Vorvertrag keine Klage erzeugt, gehört offenbar nicht der Lehre von der Daraufgabe, sondern der von den Vorverträgen an, so dass wir hier uns mit Beispielen und mit der allgemeinen Bemerkung begnügen können, dass diese dem Particularrecht blos entnommen werden können. — So erscheint das pactum de permutando als unerzwingbar nach dem würtembergischen Landrecht Th. 2 Titel 21 „Wann Einer etc.“ (vgl. Lauterbach a. a. O. cap. 104 und Griesinger Commentar zum würtemb. Landrecht zu Th. 2 Tit. 9 §§ 19 und 20), sowie auch nach einem Urtheil des Leipziger Schöffenstuhls (Carpzow, jurisprudentia forensis Th. 2 Const. 33 Defin. 23); andere Beispiele s. an den unmittelbar vorher citirten Stellen bei v. Gerber und v. Windscheid und endlich insbesondere in § 37 II 3.

4) Klagbare Vorverträge, denen ein mündlich abzuschliessender Endvertrag folgen soll, werden offenbar nicht von l. 17 cit. betroffen, und müssen, wie unter 2 angegeben, behandelt werden. —

5) Was endlich die zunächst von l. 17 behandelten Vorverträge, denen ein schriftlich zu perficirender Endvertrag folgen soll, anlangt, so ergibt der Satz „cessante ratione legis non cessat lex ipsa“, dass der Wegfall des gesetzgeberischen Motivs (die Unerzwingbarkeit der pacta de contrahendo) die Wirksamkeit der l. 17 cit. nicht aufhebt. Aus einem andern Grunde aber muss l. 17 cit. bei solchen Vorverträgen, wenn sie klagbar sind, cessiren. Wie oben erörtert, fliesst

nämlich das Recht, vom pactum de contrahendo der l. 17 zurücktreten zu dürfen, aus dieses Vertrages Unerzwingbarkeit, nicht aus der beigefügten arrha. Diese Unerzwingbarkeit fiel weg und mit ihr das Rücktrittsrecht. Die bezüglich der arrha in l. 17 gegebenen Bestimmungen offenbaren sich als Strafandrohungen für den Fall, dass man das Recht gebrauche. Dies Recht aber ist beseitigt, und mit ihm sind es also auch die Poenalverfügungen bezüglich der arrha, weil deren Voraussetzung nicht mehr existirt. — L. 17 cit. findet daher nach heutigem gemeinem Rechte nur im Falle 3 noch Anwendung.

6) Hervorhebung verdient übrigens, dass nach unseren Gewohnheiten in gewissen Fällen die arrha des Vorvertrags ausgeschlossen ist: sowohl das Dinggeld nämlich, als auch die arrha sponsalitia finden sich nur in Verbindung mit dem Endvertrage (vgl. §§ 15, 30).*)

Dass mit der Klagbarkeit der pacta das Anwendungsgebiet der l. 17 so sehr beschränkt ist, findet in den Quellen des deutschen Rechtes manche Bestätigung. Wenn wir nämlich absehen von denjenigen Stellen, welche blos von bestimmten Contracten reden und z. B. nur das Dinggeld, den Mahlschatz, die arrha beim Kauf betreffen, so begegnet uns doch in folgenden Aussprüchen offenbar eine Auffassung der Daraufgabe, welche in deren Hinsicht für alle Fälle ein Recht festsetzt und selbst als unbedeutend oder ungelegen den heute noch bestehenden einzigen Fall (oben 3) des Unterschieds der arrha bei Vorverträgen vom sonstigen arrhalischen Recht nicht hervorhebt. So heisst es im Codex des lübischen Rechts von 1294, den Kanzler Albrecht von Bardewich zum Gebrauche der Stadt schreiben liess (vgl. Hach, das alte lübische Recht), unter Punkt 117: „So we deme anderen gift des hileghen gheystes pennich up enen koop oder up ene loude, dat is also stede alse he hebbe den litkop (alias „winkop") gegheven"; diese Stelle ist im neueren Rechte (vergl. Mevius ad jus Lubecense lib. 3 tit. 6 art. 6) ausgedehnt wiedergegeben „Wann einer auf gethanen Kauff, „Pact" u. s. f. den Gottespfennig oder arrham gibt." — So sagt auch das Brünner Schöffenbuch (vgl. Roessler, deutsche Rechtsdenkmäler aus Böhmen und Mähren Band 2 Seite 76 und Schöffenbuch selbst capit. de emtionibus 280) „denarium qui vulgo gotzphenig dicitur, qui omnem contractum fori ratificat". So spricht

*) Damit darf der Gesichtspunkt nicht verwechselt werden, dass der Verlöbnissvertrag selbst im Hinblick auf den Eheschliessungsvertrag wie ein Vorvertrag erscheint. Hier aber ist von der Abrede, später ein Verlöbniss schliessen zu wollen, welche wohl vorkommt und früher namentlich in den hohen Häusern üblich war, die Sprache.

auch, ohne die gedachte Unterscheidung aufzustellen, das bayrische L.-R. Th. 4 Cap. 1 § 11 von dem Darangeld, „welches die Paciscenten zum Zeichen ihrer vollkommenen Einverständniss öfters einander zu geben oder zu bedingen pflegen“ (vgl. dazu v. Kreittmayr Anm. Th. 4 Seite 33 ff. in der Ausgabe von 1821). Gleichfalls ohne alle Unterscheidung bestimmt das A. L.-R. Th. 1 Tit. 5 § 205 „Draufgabe (arrha) ist das, was als Zeichen des geschlossnen Vertrags entrichtet wird“; und mit Recht hebt dessen Commentator Bornemann in seiner systematischen Darstellung des preussischen Civilrechts hervor „das römische Recht kennt auch noch ausser der arrha pacto perfecto data eine arrha pacto imperfecto data, die mit der Unverbindlichkeit der pacta de contrahendo zusammenhängt und eben deswegen unserer Gesetzgebung fremd ist.“ In gleicher Weise verfügt § 908 des öster.-bgl. Gesetzbuchs „Was bei Abschliessung eines Vertrags voraus gegeben wird, ist, ausser dem Falle einer besonderen Verabredung, nur als ein Zeichen der Abschliessung etc. zu betrachten.“

Bei dieser gleichheitlichen Anwendung der Daraufgabe auf Endverträge, vorbereitende Uebereinkünfte und pacta de contrahendo kann der Beweiswerth der arrha wie gesagt nur im Zeugniss für die geschlossene Convention bestehen, nicht aber in einer Präsumtion für die Art der letzteren, wie mit Recht auch insbesondere für das französische Recht Troplong de la vente zu art. 1590 unter 141 hervorhebt, weil im Zweifelsfall, z. B. ob ein Kauf oder eine Kauf- und Verkaufzusage geschlossen, der Richter eher das Mindere als erwiesen annehmen muss; nur geht gedachter Autor wohl zu weit, wenn er in seinem commentaire de l'échange et du louage § 124 den Gesetzgebern des C. N. anstatt dieser einfachen und vernünftigen Erwägung vielmehr den falschen Glauben unterschiebt, es werde die arrha viel häufiger vor, als bei dem schliesslichen Hauptvertrag gegeben, ja das erstere sei die factische Regel.

Soviel steht aber ausserdem fest, dass man nach allgemeinen Interpretationsregeln die Bestellung einer arrha immer auf eine Art dieser Pacten beziehen muss, und es stets als Ausnahme und Missbrauch erscheint, wenn Etwas unter der Bezeichnung arrha während der blossen Tractatur bestellt wird. Das Vorhandensein einer solchen Ausnahme muss daher besonderen Gegenbeweis erheischen gegen die sonst gerechtfertigte Annahme des Richters, es sei das, was eine arrha von den Parteien genannt wird, auch wirklich arrha. (Vgl. auch oben § 7.)

Die vorstehende Gestaltung hat sich übrigens in einem der wichtigeren Particularrechte nicht in ihrer Reinheit erhalten. Das sächs. Civilgesetzbuch (vgl. Siebenhaar'sche Ausg. von 1865) von 1863 unterscheidet eine selbständige und eine accessorische Arrha, zu Gunsten welch' letzterer die Präsumtion spricht. Es verfügt nämlich art. 893 „Wird bei einem Vertrage Etwas als Draufgeld, Handgeld, Angeld, Arrha gegeben, so ist im Zweifel anzunehmen, dass dies zum Zeichen des abgeschlossenen Vertrages erfolgt sei.“ § 898 fügt bei „Ist ein Draufgeld zu der Erwartung, dass ein Vertrag geschlossen werde, gegeben worden, so ist es zurückzuerstatten, wenn der Vertrag geschlossen wird oder ohne Verschuldung des einen oder anderen Theiles nicht zum Abschluss kommt. Wird der Vertrag nicht geschlossen, weil der Geber sich weigert, so behält der Empfänger das Draufgeld; weigert sich der Empfänger, so hat er dasselbe in doppeltem Betrage zurückzuerstatten.“ — Dieser letztere Artikel kann deshalb nicht auf pacta de contrahendo bezogen werden, weil das sächsische Gesetz (vgl. § 783) derjenigen Theorie huldigt, welche Vorverträge nur bei Realcontracten zulässt (vgl. art. 1068, 1069, 1174, 1261). Diese besonders anerkannten Vorverträge aber haben daselbst eine besondere Regelung erfahren, welche den Art. 898 als auf sie unanwendbar erscheinen lässt; auch spricht dieser Artikel von einem Stadium, in welchem noch kein Vertrag vorliegt. — So hat die s. g. arrha pacto imperfecto adjecta in ihrer vollen Verbildung (§ 25 Ziffer 2) ein Asyl im königlich sächsischen Rechte gefunden; und es wundert uns die dortige Auffassung derselben umsomehr, als die arrha nicht einmal in Beziehung gesetzt ist zu den Regeln über schriftliche Form (vgl. Art. 823 ff.), wie dies im römischen Rechte geschehen war und als trotz Zulassung der arrha bei der blossen Tractatur aus der Existenz des arrhalischen Vertrags im Zweifel auf einen Endvertrag geschlossen wird (§ 893 cit.).

Der besonderen Prägnanz halber, mit welcher der oben unter 3 ausgesprochene Grundsatz vertheidigt wird, müssen wir schliesslich noch die einschlagenden Bestimmungen des würtembergischen Landrechts erwähnen. Nachdem in Th. 2 Tit. 9 § 19 die Unverbindlichkeit derjenigen pacta de contrahendo erwähnt ist, denen ein schriftlich zu perficirender Hauptvertrag folgen soll, so sagt § 20, welcher (wie Griesinger im Commentar hierzu hervorhebt) in unmittelbarster Verbindung hierzu steht „Doch wo eine arrha oder Haftpfennig auf den Kauf gegeben u. s. f., soll der Käufer, wenn er abtreten will, den Haftpfennig verloren haben; so aber der Verkäufer vom Kauf abzusehen begehrte, soll er dem Käufer den Haftpfennig doppelt wieder hinauszugeben und zu erstatten schuldig sein und von Unsern Amtleuten dazu angehalten werden.“ Daneben muss im ersten Fall der Käufer den Weinkauf allein zahlen, im zweiten ebenso der Verkäufer (vgl. Reinhardt, Commentar zum würt. L.-R. zu diesem Artikel). Deutlich ist in dieser Stelle auch das Princip proclamirt, dass nicht die arrha das Renrecht gibt, sondern sie nur im Falle eines existenten Reurechts eine besondere Regelung erlangt hat (vgl. Reyscher, würt. Privatrecht Band 2 § 413). Der Art. 19 handelt übrigens nur von der Ausmachung der schriftlichen Form, welche Ausmachung aber vor erfolgter Perfection eintreten muss, wie mit Recht gegen Keller (Pandecten § 222) für dieses Particularrecht v. Waechter, würt. Privatrecht § 107 Note 11 betont. Jedoch die gleiche Stellung der arrha liegt auch vor, wo aus anderen Gründen nur ein Vorvertrag angenommen werden kann, so namentlich wenn das Gesetz eine Form vorschreibt, welche nicht erfüllt ist (vgl. cit. L.-R. Th. 2 Tit. 13) und ebenso bei bedingten Verträgen zufolge der falschen Behandlung derselben als Vorverträge (§ 37 II 2). —

§ 28.

IV. Schlussbemerkungen.

Nachdem so des Rechtes Soll und Haben postenweise eingetragen ist, bleibt uns nur noch die Ziehung der Bilanz übrig:

Kaiser Justinian erliess im Jahre 528 eine Verordnung (l. 17 C. 4, 21; pr. J. 3, 23; Bas. 22, 1, 76), wornach im Fall, dass schriftliche Form als Perfectionsvorbedingung eines Vertrages ausgemacht sei, keine Klage auf Leistung oder Entschädigung vor Erfüllung des formellen Erfordernisses gegeben werden dürfe, aber immerhin, wenn eine Daraufgabe hinzugetreten sei, der Rücktritt mit Verlust der bestellten arrha bzw. mit doppelter Heimstattung der empfangenen zu bestrafen sein solle. Diese Constitution erzeugte schwere Gefahren für den reinen und klaren Begriff der arrha als eines accessorischen Institutes und eines Beweismittels für die Existenz der geschlossenen Uebereinkunft. Man muss die Augen verschliessen um mit Thomasius den alten Begriff dadurch zu retten, dass man den kaiserlichen Erlass auf schliessliche Hauptverträge bezieht! Vielmehr handelt derselbe von Etwas Anderem, und man sieht sich einfach vor die Alternative gestellt, ob eine andere perfekte Uebereinkunft, als der Endvertrag gefunden werden könne, oder ob es eine selbständige arrha gebe; denn die Mittelwege, welche man glaubt einschlagen zu dürfen, führen zu unjuristischen Dingen, wie quasiemtio und pactum imperfectum, führen also um das Ziel herum. Die Annahme einer selbständigen arrha bringt die Folge mit sich, dass eine arrha keine arrha sei, und muss als Unmöglichkeit verworfen werden. Es blieb darum Nichts übrig, als nach einer perfekten Uebereinkunft ausser dem Endvertrage zu suchen, um derselben die Daraufgabe zu adjiciren. Als diese Convention ergab sich auf Grund der Constitution und ihrer Geschichte der Vorvertrag schriftlich zu perficirender Endverträge. Die Klagbarkeit der pacta hat dazu geführt, dass in Deutschland jedes pactum, welches klagbar ist, die arrha zulässt und zwar eine solche arrha, welche nach den römischen Regeln behandelt wird, die ausser lex. 17 cit. und deren Wiedergebungen vorhanden sind; l. 17 cit. findet vielmehr heute nur dann noch Anwendung, wenn die arrha zu einem unklagbaren pactum de contrahendo hinzutritt, und nach kgl. sächsischem Rechte treten die arrhalischen Strafen der l. 17 bei der während blosser Tractatur bestellten arrha ein. Im Zweifelsfall, ob ein Vor- oder ein Endvertrag vorliegt, ist nach kgl. sächsischem Recht aus der arrha das Letztere zu vermuthen, während dieselbe nach gemeinem Recht eine Präsumtion nur für den Abschluss, nicht für die Art der Convention abgibt.*) **)

*) Auf die arrha bei Vorverträgen nach französisch-badischem Rechte, insbesondere auf C. N. art. 1590, wurde im Vorstehenden keine Rücksicht genommen, weil die betr. Bestimmung, nämlich dass man vom pactum de emendo-vendendo gegen Verlust bzw. doppelte Rückgabe des Draufgeldes zurücktreten könne, welche nach Ansicht Vieler auch auf andere Vorverträge anzuwenden ist, bei der allgemeinen Klagbarkeit der Vorverträge nach französischem Rechte lediglich dahin aufgefasst werden muss, dass die bei den einschlägigen Vorverträgen bestellte arrha im Zweifel eine poenitentialis sei. Die Besprechung des gedachten Artikels gehört aus diesem inneren, sowie auch aus äusseren hier nicht näher auszuführenden Gründen in die Lehre vom Reugeld mehr, als hierher. Gerade aber diese französische Bestimmung, welche mit l. 17 cit. allerdings in historischem Zusammenhang steht (Pothier de la vente Th. 6 cap. 6 art. III § I 497), zeigt, dass die Verfasser des C. N. die arrha der l. 17 cit., gerade wie wir, auf Vorverträge bezogen haben. —

**) Die arrha beim Verlöbnissvertrag fällt auch, wo letzterer klaglos, unter besondere Regeln (§§ 12—20); eine arrha bei dem Vorvertrag auf ein künftiges Verlöbniss (vgl. Anm. S. 122) kommt nicht vor.

Des zweiten Buches

(Von den besonders wichtigen Arten der Daraufgabe)

dritter Theil.

Das Dinggeld.

§ 29.

I. Das Dinggeld im Allgemeinen.

Eine eigenthümliche, sehr ausgebildete Gestalt empfing die arrha beim Dienstvertrag. Man nennt sie in dieser Anwendung gewöhnlich Dinggeld; doch stehen auch viele andere Namen in Uebung (§ 1). Man versteht darunter eine von dem dingenden Theil dem Gedingten bei Abschluss des Dienstvertrags gereichte, meist in Geld bestehende, Gabe. Diese Gabe kann natürlich gültig auch von andern Personen als von dem Dingenden gereicht werden, und es existirt in dieser Weise in grösseren Städten namentlich die Uebung, dass die Subarrhirung des Gesindes durch besondere Unterhändler erfolgt.

Man kann nicht behaupten, dass das Dinggeld häusliche Dienste voraussetze, obwohl Troplong (vgl. § 11), dies annehmend, die arrha als ungebräuchlich bei „ouvriers, gens de peine, journaliers“ hinstellt. Sie kommt vielmehr auch bei Taglöhnern (ausweislich z. B. einer churcöllnischen V.-O. von 1764)*), ferner bei Hauderern (Rivier in v. Holtzendorff's Encyklopädie s. v. arrha), bei Schiffsleuten (D. H. G.-B. Art. 545) vor und kann überhaupt juristisch bei keiner Art persönlicher Dienste (Dingung) ausgeschlossen werden. Allerdings aber offenbarte sich der Ortsbrauch bezüglich des Dinggelds gerade beim eigentlichen Gesindevertrag **) am meisten, willkürlichsten und zähesten, und es erscheint dieser Vertrag auch insofern als sedes materiae für das Dinggeld, als die gesetzliche Regelung des letzteren sich gerade an ihn hauptsächlich anknüpft.

*) Vg. Sammlung cölnischer V.-O. von 1773 Bd. 2 S. 264.

**) Dorn, ausführliche Abhandlung des Gesinderechts (1794); Kirchhoff, Gesinderecht (1835); Schröter vom Miethgeld als arrha in seinen Abhandlungen Bd. 2 No. 2; Hommel rhapsod. observ. 329; Troplong vgl. § 11 dieser Abh.; — eine gute Zusammenstellung mit Erläuterungen bietet Eggert, die Gesindeordnungen im preussischen Staate, 3. Aufl. Berlin 1863. Vgl. ferner Bertram, nassauisches Privatrecht §§ 707—709.

Es ist in dieser Beziehung namentlich auf folgende Gesetze und Verordnungen zu verweisen: A. L.-R. Th. 2 Tit. 5 § 23 und 177 ff.; D. H. G.-B. a. a. O.; cit. churcölln. V.-O.; badisches Dienstbotengesetz von 1868; Strassburger Polizei-Ordnung von 1628 Tit. 4 Art. 6; Ulmer Gesindeordnung von 1826 bzw. 1852 § 6; bayr. L.-R. Th. 4 Cap. 1 § 11; Münchener St.-R. von 1350 Art 209; badische Gesindeordnung von 1809 Art. 9; Preussische Gesindeordnung von 1810 §§ 23—31, 45—53; Rheinpreussische Gesindeordnung von 1844 §§ 8—12; Gesindeordnung für Neuvorpommern und Rügen §§ 27, 28, 41; Mühlhauser Statuten und Gerichtsordnung Th. 2 Art. 30 § 5; Neuerliche kgl. sächsische Gesindeordnung von 1769 Tit. 1 §§ 10, 12; Churbraunschweigisches Geheimerathsausschreiben von 1730 und 1732 bezüglich der Dienstboten (s. Churbraunschw. Landesordnungen etc. Th. 3 Cap. 4 Bd. 1 S. 973, 978); lübisches Recht Buch 3 Tit. 6 Art. 6; österreichische Dienstbotenordnung von 1688 § 13; bergische Gesindeordnung § 5; Nassauisches Gesinde-Edict von 1819 §§ 5 und 9 u. dgl. m.

Diese Anknüpfung des Dinggelds an den Gesindevertrag verlustigte aber das Dinggeld keineswegs seiner arrhalischen Natur und es weist keinerlei Beziehung mit dem Lohne auf, abgesehen von der Aufrechnung (§ 30 IV). Daher sind auch die Privilegien des Lohnes, insbesondere diejenigen im Concurse, nicht auf das Dinggeld auszudehnen, wie schon Overbeck (Meditationen No. 399) und Haubold (Lehrbuch des kgl. sächs. Priv.-Rechts § 96 I) hervorheben.

§ 30.

II. Insbesondere Abweichungen von der gewöhnlichen arrha.

Als Abweichungen, welche beim Dinggeld im Vergleich zum gewöhnlichen arrhalischen Rechte eintreten, sind hervorzuheben:

I. Der Beweiswerth des Dinggelds hält sich zwar oftmals in den gewöhnlichen Schranken; so bestimmt das cit. bad. Dienstbotengesetz § 2 „Die Einhändigung und Annahme eines Haftgelds gilt als ein Beweis des abgeschlossenen Vertrags.“ Aehnlich verfügen die cit. Gesindeordnungen von Kgr. Sachsen, Provinz Rheinpreussen und Stadt Ulm (§§ 10, 12 bzw. § 9 bzw. § 6). So sagt auch das Münchener St.-R. a. a. O.: „von gedingten ehehalten, die wieder absagent. Wann ez darzuo chümpt, daz sich ain knecht oder ain diern verdingt hat zuo ainem man oder zuo ainer fraun und ainen pfenning oder mehr darumb einnimpt, der sol denselben man oder fraun dan treuleichen dienen und warten als·lang und als viel und auf die zeit als er im versprochen hat; waer aber ob ain knecht oder diern, der sich also verdingt hiet, das nicht tuon wolt, und wolt die pfennig wiedergeben und dem nicht dienn als er im versprochen hat, so sol derselb man oder frau, zuo dem er sich verdingt hiet, im fuer recht bieten."

Oftmals wurde aber das Dinggeld geradezu zu einem wesentlichen Theil des Vertragsschlusses erhoben (Rivier a. a. O., Hessdörffer diss. cit. S. 6) und es spricht sich sehr entschieden in diesem Sinn ein bei Troplong a. a. O. abgedrucktes Urtheil des Pariser Parlaments von 1728 aus. In diesen Fällen spricht man von einer arrha constitutoria (§ 11). Dem steht sehr nahe die Bestimmung des § 23 der altpreussischen Gesindeordnung von 1810, wornach (ebenso im A. L.-R.) Hingabe und Annahme des Haftgelds die Stelle des sonst nöthigen schriftlichen Vertrages vertritt; nur bei Annahme von Hausofficianten ersetzt das Dinggeld die Schriftlichkeit nicht, wird aber dennoch insofern beachtet, als der Bruch des mündlichen Vertrages den Verlust der gegebenen bzw. die Heimstattung der empfangenen arrha zur Folge hat. (A. L.-R. Th. 2 Tit. 5 §§ 178, 179).

Zudem kommt hier die merkwürdige und nur bei Annahme einer arrha constitutoria genügend erklärte Erscheinung vor, dass vielfach, wenn eine Person von mehreren Seiten Dinggeld erhielt, derjenige Gesindevertrag, auf welchen das erste Dinggeld gegeben wurde, den andern selbst dann vorgeht, wenn diese im Uebrigen früher abgeschlossen wären; so verfügt das A. L.-R. Th. 2 Tit. 5 § 5, die altpreuss. Ges.-O. § 27, die neuvorpommersche Ges.-O. § 27, die rheinpreuss. Ges.-O. § 11; die kgl. sächs. Ges.-O. von 1769 Tit. 1 § 10; das cit. braunschw. Geheimerathsausschreiben von 1730; die Mühlhauser Statuten und Ger.-O. Th. 2 Art. 30 § 5.

Auch erscheint der Beweiswerth insofern als erhöht, als ein Dinggeld nie beim Vor-, sondern nur beim Endvertrag sich findet. Dagegen hält die Volksansicht auch unverrückbar daran fest, dass das Dinggeld nicht in einer Forderung bestehen, sondern nur durch sofortige Hingabe der Sache bestellt werden kann; Geldzeichen sind jedoch zugelassen.

II. Es gibt keine arrha reciproca in Anwendung auf das Dinggeld. Nur der dingende Theil gibt eine arrha. Oftmals ist er nach Ortsgewohnheiten dazu verpflichtet (A. L.-R. a. a. O.) Ja diese Verpflichtung findet dann auch bei der Relocation Statt, d. i. wenn trotz einer anfänglichen Aufkündigung der Gesindevertrag erneuert wird. Noch weiter geht die Ulmer Gesindeordnung § 7: „Auch solchen Dienstboten, welche sich schon im Dienst befinden, wird überdies in vielen Häusern in den beiden Jahresmessen eine s. g. Haftung gegeben. Durch das Geben und Annehmen dieser Haftung wird der Wille den Dienstvertrag fortzusetzen ausgedrückt; das Nichtgeben und Nichtannehmen dieses Haftgelds gilt in denjenigen Häusern, wo dieser Gebrauch besteht, für Aufkündigung". Diese Besonderheit erklärt sich daraus, dass letztere Gesindeordnung den regelmässigen Gesindevertrag nicht als einen, mit vorbehaltener Kündigung, auf unbestimmte Zeit geschlossenen Pact, sondern vielmehr als einen von Ziel zu Ziel neu abzuschliessenden betrachtet.

III. Die Freiheit der Parteien ist in Hinsicht der Quantität des Dinggelds oftmals beschränkt, namentlich durch Bestimmung eines Maximums, wie dies aus der cit Strassburger Pol.-O., der cit. cölnischen V.-O. und der cit. sächs. Ges.-O. hervorgeht. Verschieden für Stadt und Land wird der Betrag in der zweitcitirten braunschweigischen V.-O. festgesetzt. Das A. L-R. hatte gleichfalls Rechtsbestimmungen über die Höhe des Dinggelds, die Gesindeordnung von 1810 aber hat dies nicht mehr, welche an die Stelle des gedachten Gesetzbuchs in diesem Punkte getreten ist (v. Daniels, System des preuss. Civ.-Rechts § 24).

IV. Vielfach bewahrte das Dinggeld seine frühere Natur einer Daraufgabe im grammatischen Sinn (§ 5); dies ist in Theorie und Praxis (v. Gerber, System § 165 Anm. 4; Haubold a. a. O.; v. Holzschuher, Theorie und Casuistik Aufl. 2 Bd. 3 S. 295; Koch, Recht der Forderungen Bd. 2 S. 230) anerkannt; so sagt auch Troplong a. a. O.: ces arrhes ne s'imputent pas sur le prix; c'est un don fait aux domestiques.

Dennoch wird vielfach im Zweifel eine Abrechnung des Dinggeldes vom Lohn angeordnet, so in der alt- bzw. in der rheinpreuss. Ges.-O § 25 bzw. § 10 und in dem badischen Dienstbotengesetz § 2; die Volkssitte, in deren Sinn auch das Nassauische Gesinde-Edict § 5 verfügt, sträubt sich übrigens entschieden dagegen mit einer selbst das Gesetz ausser Wirkamkeit setzenden Verbreitung.

Insbesondere besteht auch oft die Uebung, dass bei einer ohne Verschulden oder sonstiges Zuthun der dienenden Person erfolgten Vertragsauflösung das Dinggeld nicht zurückerstattet wird. In dieser Richtung verfügt das D. H.-G.-B. Art. 545 „Der für eine Reise geheuerte Schiffsmann, welcher aus anderen als den in Art. 543 und 544 erwähnten Gründen (Verschulden, Untauglichkeit und Nichtantritt der Reise wegen Kriegs oder Sperre) vor Ablauf des Heuervertrags entlassen wird, behält, wenn die Entlassung vor Antritt der Reise erfolgt, als Entschädigung die etwa empfangenen

Hand- (und Vorschuss)gelder, soweit dieselben den üblichen Betrag nicht übersteigen.“ Gegentheilig gebietet übrigens die altpreuss. Ges.-O. §§ 48—50. 52—53 für den eigentlichen Gesindevertrag.

V. Vielfach wird die Annahme eines aus dem Dinggeld fliessenden Reurechts zurückgewiesen, insofern nicht eine Ortsübung dafür eintritt. So im D. H. G.-B. Art. 285, bad. Ges.-O. von 1809 § 9, bad. Dienstbotengesetz § 2, Münchener St.-R. a. a. O., alt- bzw. rheinpreuss. Ges.-O. § 46 bzw. § 9. Doch bestehen zahlreich solche Uebungen. So nimmt v. Kreittmayr Anmerkungen zum bayr. L.-R. Th. 4 Cap. 1 § 11 eine solche zu Gunsten der Herrschaft an. Troplong sagt: dans certains pays la tradition des arrhes ne consomme l'engagement qu'après le laps de 24 heures; pendant ce délai il est libre au domestique de les rendre. Noch weiter geht die Ulmer Ges.-O. § 8, wornach im Fall bestellten Dinggelds jeder Theil das Recht hat, den Dienstvertrag auf 14 Tage probeweise auszuführen und innerhalb dieser Frist gegen Verlust der gegebenen bzw. Rückgabe der empfangenen arrha aufzulösen; diese Probezeit steht in engster Abhängigkeit von dem Dinggeld und findet ohne dieses nicht Statt.

VI. Auch sind manche Strafbestimmungen an das Dinggeld geknüpft. So der Verlust des empfangenen Dinggelds an die Doppelvermiethung (s. o.), wobei dann nach der altpreuss. Ges.-O. § 30 die Herrschaft, bei welcher der Dienstbote zu bleiben hat und von welcher allein also er das empfangene Dinggeld behalten darf, das andere Haftgeld an die andere Herrschaft (bzw. mehrere Dinggelder an mehrere Herrschaften) einliefern und sich durch Lohnabzug bezahlt machen soll; diese Strafe tritt unabhängig von etwaiger Entschädigung wegen Nichthaltung des Gesindevertrags ein. Die gemeinrechtliche poena dupli ist auf den Vertragsbruch nach der rheinpreuss. und der Ulmer Ges.-O. § 12 bzw. § 41 gesetzt, wobei nach preussischer Bestimmung die Strafe (nicht aber auch das Simplum) an milde Fonds fällt. Nach dem nassauischen Gesinde-Edict § 9 ist anzunehmen, dass, wenn der Vertrag durch Verschulden der Dienstherrschaft nicht erfüllt wird, diese das Miethgeld dem Dienstboten überlassen, dagegen letzterer, wenn die Schuld auf seiner Seite liegt, die arrha zurückgeben muss. Das deutsche Strafgesetzbuch hat solche Privatstrafen, insoweit sie bestehen oder noch erstehen sollten, keineswegs aufgehoben (Oppenhoff, das Strafgesetzbuch für das deutsche Reich, 3. Aufl. zu § 2 Ziff. 27 des Einf. Ges. S. 8).

Ob darin ein strafrechtlicher Betrug im Sinne des § 263 R. Str.-G.-B. liegt, wenn ein Dinggeld angenommen, die Vertragserfüllung aber vom Empfänger ohne rechtfertigende Gründe unterlassen wird und diese Unterlassung schon im Augenblick der Annahme gewollt war (namentlich bei der vielfachen Vermiethung), ist bestritten (Oppenhoff, 3. Aufl. § 263 Ziffer 37, 39, 40, 47, 74) und kann in dieser Allgemeinheit nicht gelöst werden. Es kommt darauf an, ob im einzelnen Fall die thatsächliche Feststellung alle Erfordernisse des § 263 ergibt, was allerdings oftmals Statt finden wird (Annalen der badischen Gerichte 1872, 1873).

Des zweiten Buches

(Von den besonders wichtigen Arten der Daraufgabe)

vierter Theil.

Die s. g. arrha poenitentialis

(Daraufgabe mit Strafbestimmung [poenalis], insbesondere Daraufgabe mit Rücktrittsrecht [poenitentialis]).

§ 31.

I. Einleitung.

Der Ausdruck „arrha poenitentialis"*) wird von der Doctrin in verschiedenem Sinn gebraucht: nach der am meisten verbreiteten Uebung bedeutet er diejenige Daraufgabe bei Verträgen (abgesehen von der Natur der letzteren), an welche sich in der Weise ein Rücktrittsrecht knüpft, dass der Besteller der arrha gegen den Verlust der von ihm bestellten Daraufgabe, der Empfänger gegen deren Zurückstellung verbunden mit der Hingabe des alterum tantum, den Vertrag brechen dürfe. Häufig wird zweitens von einer a. p. gesprochen, wenn nicht die arrha das Recht gibt, sich von der Uebereinkunft loszumachen, sondern die Convention selbst ihrer Natur nach oder zufolge besonderer Abmachung dies Recht zwar in sich trägt, aber von der Befugniss der Reue nur gegen gewisse an die arrha sich anknüpfende Nachtheile Gebrauch gemacht werden darf, wie dies nach ziemlich allgemeiner Ansicht z. B. gemeinrechtlich im Fall des Verlöbnissvertrags und der l. 17 Cod. de fid. instr. (IV. 21) eintritt. Endlich darf man nach der grammatischen Bedeutung des ohnedem unquellenmässigen Ausdrucks „arrha poenitentialis" denselben in gewissem Sinne auch dann anwenden, wenn zwar die aus einem durch arrha bestärkten Vertrage fliessenden Pflichten erfüllt werden müssen, aber zur Ahndung nicht freiwillig, nicht zeitig, oder sonst nicht gehörig geleisteter Zahlung eine an die arrha geheftete Strafe Platz greift. Wenn auch der Umfang dieser zum Schaden der Sache nicht gehörig geschiedenen Punkte im Streite steht und das in der arrha liegende Strafmoment nach der Verschiedenheit dieser Fälle Gradationen

*) Der Ausdruck „Reugeld" wird in dieser Darstellung absichtlich vermieden, weil er sowohl für die a. p., als für die ein Rücktrittsrecht gewährende Art der Conventionalstrafe gebraucht wird und somit Anlass zu Verwirrungen bietet.

erleidet, so muss doch von vornherein zugegeben werden, dass man nach den Regeln der Sprache eine arrha, an welche sich Strafbestimmungen haften, auch poenitentialis (besser freilich poenalis, vergl. § 40) nennen darf; man kann somit Westphal, der in seiner Diss. de arrha Romana diese Bezeichnung ausnahmslos verwirft, nicht beistimmen. Reden doch die Quellen selbst öfters von einer mit der arrha in engster Verbindung stehenden „poena“ (pr. J. III. 23; l. 2. C. Th. III. 5; l. 5 C. r. p. V. 1; c. 3 Bas XXVIII 2)! Und zudem, wie könnte die arrha, abgesehen von ihrem Werthe als Beweisinstitut, besser zur sachlichen Bestärkung und Sicherung der Rechtsgeschäfte beitragen, als wenn ihr ein materielles Compelle, ja ausnahmsweise unter gewissen Umständen pönaler Character beigelegt wäre?

Zur Revision der Lehre von der a. p. nach den eben angegebenen Richtungen liegt ein reiches literarisches Material vor. Ohne die gelegentliche Erwähnung anderer Schriften auszuschliessen, mögen hier nur die besonders ausführlichen Erörterungen erwähnt werden, nämlich:

1) für das rein-römische und für das gemeine Recht ausser den die arrha behandelnden Dissertationen von Hessdoerfer, (S. 6, 18, 21, 24, 28), Lauterbach (thes. 100 ff. 162 ff.) Thomasius (§§. 42—44, 64—70, 75, 85, 87), Westphal (S. 14, 19 ff., S. 35 ff.), Zumbach (S. 10, 17 ff.), noch Vinnius, Comm, in Inst. zu pr. J. 3, 23; Mathiä, Controversen-Lexicon s. v. arrha; Glück, Pandekten-Commentar §§ 982, 1009, 1227; v. Holzschuher, Theorie und Casuistik, 2. Aufl., Bd. 3, S. 293; Fritz, Erläuterungen zu v. Wening-Jngenheim, Buch 3, S. 310 ff. v. Savigny, Obs. R. § 79; Unterholzner, Schuldverhältnisse. §§ 11, 237, 774. —

2) Hinsichtlich der Partikularrechte für Preussen: Koch, Recht der Forderungen II. S. 334 ff.; Bornemann, System II. §. 180; v. Daniels, System § 93; Oesterreich: die Commentare von Nippel, v. Zeiller und v. Stubenrauch, zu §§ 908 ff. des a. b. G Buchs; Baiern: v. Savigny, das römische Recht im Mittelalter, Bd. 2, S. 86; v. Kreitmayr, Anmerkungen zum bairischen L. R. Th. 4, Cap. 1, §. 11; Würtemberg: Lauterbach, a. a. O. thes. 115 ff.; Commentare von Griesinger und Reinhart zum w. LR. Thl. 2, Tit. 9, 11, 13; für den französischen Rechtskreis: Commentare zum C. N. Art. 1589, 1590, 1715, von Brauer (Erläuterungen), Boileux, Marcadé, Touillier-Duranton, Troplong (de la vente, bzw. de l'echange et du louage', dann Merlin, répertoire s. v. arrhes; Pothier, traité de la vente p. 6. ch. 1. art. 3 pos. 497—510, und Rosshirt, in den Annalen der badischen Gerichte XIII, S. 319—325.

II. Wann gibt die arrha ein Reurecht?

§ 32.

1) nach gemeinem Recht.

An und für sich betrachtet lässt sich dem Gedanken wenig entgegnen, dass ein Gesetz bezüglich aller durch die Bestellung einer arrha bestärkten Verträge den Grundsatz wählt, dass sie gegen Verlust, bzw. doppelte Heimstattung der Daraufgabe willkürlich gelöst werden können, wo nicht die Vertragstheile durch eine gegentheilige Uebereinkunft diese Freiheit der Wahl zwischen Thun und Lassen ausgeschlossen haben. Ja, es wurde geradezu die Gemeinrechtlichkeit dieser Regel theils in der eben angegebenen Schroffheit, theils in der milderen Form behauptet, es folgere das Gesetz aus jeder Daraufgabe die Präsumtion, dass die Parteien das beschriebene Reurecht in der bezeichneten Weise darangeknüpft hätten; diese Behauptungen wurden von vielen und auch von sehr bedeutenden Juristen aufgestellt, so von der Glosse zu pr. J. III., 24 und l 35 D XVIII 1, von Zasius (Sing. Respons. lib 2. cap. 24 num. 1. sq.), Mynsinger (comm. ad Jnst. III., 23. pr.), Besold (delib. jur. lib. 18. quaest. 6), Stryk (Usus modernus e 18. tit 11, §. 11), Leyser (Medit. ad Pandect. XVIII., 5, specimen 204). Es galt diese Ansicht sogar nach dem Zeugniss des Gegners Vinnius (a. a. O.) als die herrschende. Aber schon ein Jahrhundert später war nach dem Geständniss Leyser's selbst (1776) die namentlich von Donellus (Comm. ad. Cod. l. 17. IV. 21), Carpzow (jurispr. forens. p 2. c 33. d 24.) und Lauterbach vertretene gegentheilige Meinung zum Siege gelangt,*) und heute wird die alte Regel, selbst in der von

*) Uebrigens handelte nach dem Zeugniss Müllers im promptuarium juris novum (Leipzig 1785) noch damals die chursächsische Praxis im Sinn der Glosse. Das Gegentheil aber beweist ein Wittenberger Facultätsurtheil aus jener Zeit, abgedruckt bei Leyser.

Brunnemann (Comm. ad Cod. l 2 IV 45) aufgestellten Abschwächung, dass das Reurecht nur bei einer nicht in Geld bestellten arrha und nur, solange kein Theil geleistet habe, stattfinde, ganz allgemein verworfen (Glück, Fritz, Holzschuher, v. Savigny, Unterholzner a. a. O. v. Arndts und v. Windscheid Pandekten §§ 240 bzw. 325; Bluntschli und v. Gerber D. Pr. R. §§ 115 bzw. 165; u. A. m.). Wie sollte auch das Gesetz ein so wichtiges Recht, wie das des Rücktritts, an einen Gegenstand knüpfen, der häufig, und gerade nach den Quellenbeispielen, nur symbolische Natur, dagegen wenig materiellen Werth besitzt? Lässt die Natur des Haftgelds, als eines Bestärkungsmittels der Verträge (l. 35 cit.) überhaupt ein solches Recht vermuthen? Und wurde je die von Stryk behauptete gemeine Gewohnheit jener Regel erwiesen? Oder darf man etwa pr. J. III. 23 und l. 17 C. IV. 21 zu Gunsten eines allgemeinen Reurechts interpretiren, welche, (wie im § 21 ff. nachgewiesen) nur von den pacta de contrahendo schriftlich zu perficirender Endverträge handeln und den bei diesen Verträgen damals erlaubten Rücktritt mit Strafen belegen, welche an die hinzutretende arrha geknüpft werden? Diese Erwägungen und der Hinblick auf l. 6 Cod. de rescind. vend. IV 45 genügen zur Erhärtung der heutigen Ansicht, und es hat letztere nicht nöthig, sich auf den schematischen Satz des Mevius (ad jus Lubec. III. 6 art 6). „accessorium non potest infirmare principale“ zu berufen, welcher bei der Zulässigkeit einer conventionellen arrha poenitentialis geradezu falsch ist.

Es dürfte somit für das gemeine Recht feststehen, dass das Gesetz weder auf direktem Wege beim Vorhandensein einer Daraufgabe ein Reurecht bezüglich des bestärkten Vertrages gibt, noch präsumirt, dass eine dahin zielende Uebereinkunft vorliege. Diesen Satz hat auch das D. HGB. art. 285 bestätigt: „Die Daraufgabe (Arrha) gilt nur dann als Reugeld, wenn dies vereinbart oder ortsgebräuchlich ist.“ Wer ein Reurecht behauptet, muss es durch Nachweis eines entgegenstehenden Ortsbrauchs, wie solcher hinsichtlich des Dinggelds wohl vorkommt (§ 30), bzw. durch Nachweis der Uebereinkunft selbst oder von Indicien für dieselbe darthun, und es können in letzterer Hinsicht viele Momente beim Beweis als Vermuthungsgründe mitspielen; so kann insbesondere der Werth der Daraufgabe entscheiden, indem Seuffert (praktisches Pandektenrecht § 208) mit Recht darauf aufmerksam macht, dass eine arrha geringeren Werthes meist als confirmatoria, eine solche von hohem Betrag aber, da sie wohl geeignet ist, zur Abwendung eines Interessenstreits zu dienen, häufig als poenitentialis erscheine. Insbesondere folgt aus dem Umstande, dass an die arrha ein Reurecht zu Gunsten einer Partei geknüpft wurde, noch nicht, dass dieselbe Befugniss auch dem Gegentheile zustehe; dies versteht sich zwar von selbst, aber es hat dieser Satz sowohl von der Theorie (Brunnemann a. a. O.) besonderen Ausdruck erfahren, als auch arg. a. b. G. B. §. 909 (vgl. mit §. 910, dazu Nippel a. a. O.) und im kgl. säch s.b. GB. §. 897 eine bestimmte Formulirung dahin erhalten, dass im Zweifel nur dem Besteller der arrha das besprochene Reurecht zustehe.

§ 33.

2) nach den in Deutschland geltenden Partikularstatuten.

Was die in Deutschland, mit Ausnahme des französischen Rechtskreises, herrschenden Partikularrechte anlangt, so berühren viele, obwohl sie von der arrha sprechen, die vorwürfige Frage nicht, so dass also die subsidiäre Kraft des gemeinen Rechts seiner Zeit eintreten musste. Hierhin gehören die nicht mehr geltenden Rechte von Brünn (Rössler, deutsche Rechtsdenkmäler, Band 2, Seite LXXVI), Churpfalz (Th. 2 tit. 7 § 21), und Geldern (Th. 4, Tit. 3. §. 1) und die noch kräftigen Statuten von Hamburg (Th. 2, Tit. 8. art. 10) und Lübeck (ſ. Mevius a. a. O.). — Bei anderen Rechten, so beim kgl. sächs. b. G.-B. §§ 893 ff. und dem würtembergischen L.-R. Th. 2 tit. 9 § 19, 20, tit. 11, § 10, tit. 13, § 1 bis 6 (Lauterbach und Griesinger a. d. a. O.) ergibt sich aus dem Geiste des Gesetzbuchs, wie auch aus der Stellung der betr. Artikel, dass die arrha an sich kein Reurecht gewährt.

Eine dritte Gruppe von Partikularstatuten schliesst endlich die a. p. legalis geradezu aus. Hierhin gehören folgende Bestimmungen:

1) Ditmarscher LR (1447) Twydracht van Kopesweghen § 38. (S. 14 der Michelsen'schen Ausgabe): „Vortmer efte unse lanntmann unde de kopmann schellaftich worden umme ein perd, de ene sede: he hadde dat perd gecofft, unde de andere sede, he hadden nicht gecofft, hefft he denne ghude bewysinge, dat he den gadespennyngh entfangen heft, de schal sinen kop halden." (Wenn einer unserer Landleute mit einem Kaufmann um ein Pferd streiten würde, indem der Eine sagt, er habe es nicht gekauft, und jener dann gute Beweise dafür hat, dass er den Gottespfennig empfangen, so muss dieser seinen Kauf halten).
2) Mühlhauser Statuten und Gerichtsordnung (1740) Th. 2 art. 22, § 5. „es stehet daher den Partheyen nicht frey, mit Zurückgebung des Hafftgelts von dem Kauff wieder abzutretten."
3) Das bayrische LR. Th 4, Cap. 1 § 11. sagt: „Ist auch kein Theil ohne Einwilligung des Andern von der Haupt-Obligation

dadurch entledigt, dass er die arrham wieder zurückgiebt oder fallen lässt, es sei dann ein Anderes ausdrücklich bedungen", und verwirft somit die a. p. legalis ebenso, wie es bereits, jedoch mit einer Verschärfung, die lex Bajuvariorum tit 16 de vendit. cap. 10 de arrhis gethan hatte: „Qui arrhas dederit pro quacunque re, pretium cogatur implere . . . ; et si non occuererit ad diem statutum . . . , tum perdat arrhas et pretium, quod debuit, impleat."

4) A. LR. Th. 1, Tit. 5, § 210. „Der Empfänger der Daraufgabe kann sich durch Zurückstellung derselben von der übernommenen Verbindlichkeit nicht befreien. § 211. Auch der Geber kann sich durch Aufopferung der Daraufgabe von der Erfüllung des Vertrags nicht losmachen. § 212. Ist das Gegentheil . . . ausdrücklich verabredet u. s. f."

5) A. b. G. B. § 908. „Was bei Abschliessung eines Vertrags vorausgegeben wird, ist ausser dem Fall einer besonderen Verabredung nur als ein Zeichen der Abschliessung, oder als eine Sicherstellung der Erfüllung des Vertrages zu betrachten." Erst § 909 spricht dann vom Reugeld, indem dabei die Voraussetzung ausdrücklicher Uebereinkunft gemacht wird.

§ 34.

2a) insbesondere nach französischem Recht.

Anders liegt die Sache im französisch-badischen Rechte, indem C. Nap. 1589 und 1590 bestimmt: „la promesse de vente vaut vente, lorqu'il-y-a consentement réciproque des deux parties sur la chose et sur la prix," bzw. „Si la promesse de vendre a été faite avec des arrhes, chacun des contractans peut s'en départir, celui qui les a donnés, en les perdant — et celui qui les a reçues, en restituant le double." Diese Rechtssätze hat das badische Land-Recht in folgender Weise übertragen: „Die Verkaufszusage gilt für Verkauf, sobald gegenseitiges Einverständniss über Waare und Preis vorhanden ist. War die Verkaufszusage durch ein Haftgeld bekräftigt, so kann jeder Theil zwar davon abgehen, jedoch derjenige, der das Haftgeld gab, nur mit dessen Verlust, und derjenige, der es empfing, nur mit dessen doppeltem Ersatz." Zum Theil hatten im Gebiet des C. N. auch vorher Bestimmungen zu Gunsten der a. p. gegolten; ja, es wurde sogar für diese eine allgemeine Gewohnheit in Frankreich behauptet*) (vergl. Vinnius a. a. O.), welche aber Pothier (a. a. O.)

*) Auch für Spanien wird dies behauptet (vgl. Lauterbach a. a. O, th. 100) — In Frankreich trat in der Periode des alten Rechts besonders Fachin (Controverse 28 des B. II.) für die a. p. legalis auf, ferner Parius, Despeisses u. A. m.

u. A. läugnen, denen namentlich bezüglich der älteren Zeit ein Capitulare Carl des Grossen und Ludwig des Frommen (abgedruckt bei Heineccius corp. jur. Germ; Halle 1738), die lex Wisigoth III 1,3 de non revocandis datis arrhis, und das Zeugniss des im Jahre 1115 gestorbenen Bischofs Yses von Chartres (s. Troplong a. a. O) zur Seite stehen. Immerhin war bei Abfassung des C. N. die Frage ein Streitpunkt, und es hätten die Gesetzgeber der ihnen von Thibaut (Lehrb. des franz. Civ.-Rechts, herausgegeben von Guyet, § 145) schon mit Recht ertheilten Rüge, dass sie auf die feineren Fragen des arrhalischen Rechts nicht eingingen, sich entziehen sollen. Der Art. 1590 sagt nämlich nur, was bezüglich der arrha poenitentialis beim pactum de emendo vendendo Rechtens sei, und lässt alle übrige Fragen offen.

Zunächst gilt es, hier den buchstäblichen Sinn des Art. 1590 Angesichts der Frage, ob die arrha ein Reurecht giebt, fest zu begrenzen: Offenbar erscheint der Ausdruck „promesse de vendre" des vorgedachten Satzes als zu eng. Bei dem Versprechen zu verkaufen, auch wenn es durch Annahme zur Obligation überhaupt erst geworden ist, lässt sich begriffsmässig nur eine einseitige Verpflichtung denken. Art. 1590 giebt aber beiden Vertragstheilen ein Rücktrittsrecht, setzt also eine beiderseitige Obligation voraus. Es handelt sich somit hier um eine promesse synallagmatique, wie Marcadé sich ausdrückt, der jene Stufenleiter, von der „simple pollicitation (d'achat ou de vendre) zur promesse acceptée (d'achat ou de vendre), dann zur promesse synallagmatique d'achat et de vendre und schliesslich zur vente wohl am besten characterisirt hat. In der That passt auch diese Auslegung allein in den Zusammenhang, indem der vorstehende Art. 1589, auf den sich Art. 1590 offenbar bezieht, in noch viel stärkerem Masse verräth, dass hier von einer vollkommen doppelseitigen Obligation gesprochen wird.

Der Art. 1590 setzt also den Fall, dass A dem B sich gegen einen von Diesem versprochenen Preis Etwas zu verkaufen verpflichte — eine Uebereinkunft, welche schon nach Art. 1108 und 1134 zu Recht besteht und durch Art. 1589 noch mit einem erhöhten Schutze bekleidet wird. Wenn nun diese Zusage, mit einander eine emtio venditio schliessen zu wollen, mit einem Haftgelde geschah, so soll jeder Theil unter gewissen, an dies Haftgeld geknüpften Bedingungen, seine Verpflichtung lösen, sein Wort brechen dürfen.

Das Gesetz selbst gibt also beim Vorhandensein einer arrha ein Reurecht, ohne Existenz einer auf ein solches Recht zielenden Uebereinkunft; es stellt nicht blos, wie Marcadé sagt, eine Rechtsvermuthung auf, nämlich die, dass die Parteien bei der Bestellung der arrha eine Reubefugniss verabredet hätten; und zwar gibt es jenes Rücktrittsrecht ohne Rücksicht auf den Werth des Haftgeldes. So sehr es dem Leben entsprechen mag, dass im gegebenen Fall in der Daraufgabe die Vertragstheile den Betrag des durch Zerschlagen des Endvertrags entstehenden Schadens zum Voraus fixirt hätten (§ 32), so wenig darf man dennoch mit Boileux diesen Punkt als einen schlechthin entscheidenden hinstellen; vielmehr schliesst das Rücktrittsrecht sowohl die Befugniss, den Vertrag nicht zu halten, als auch die Entbindung von jeder Schadens-Ersatzpflicht für die Nichterfüllung in sich, während andererseits die im Art. 1590 genannten Strafen bezüglich der arrha auch ohne jeden Schaden desjenigen eintreten, dem sie zu Gute kommen. — Man darf daher auch nicht mit Touillier „arrhes symboliques" und „arrhes de quelque valeur" in der Weise unterscheiden, dass bezüglich der ersteren anzunehmen sei, dass sie zum Eintritt des Rücktrittsrechts des Art. 1590 nicht genügten. Allerdings kann aber das Letztere gemäss Art. 6 auf dem Vertragswege verfügt werden (Marcadé a. a. O.), und es kann bei Auslegung eines durch arrha bestärkten Vertrags die in jedem Falle einzeln zu lösende Frage auftauchen, ob trotz dem Mangel einer ausdrücklichen Abrede nach den Umständen, insbesondere dem Brauch des Vertragsorts gemäss (Art. 1159) die gesetzmässig geschehende Auslegung (Art. 1156—1164) in dem geringen Werth der bestellten Daraufgabe die Manifestation einer vertragsmässigen Ausschliessung des Reurechts des Art. 1590 sehen darf. Jedenfalls führt es zu Wagnissen, die so wechselvollen Momente des Lebens, deren Spiel das Gesetz zulässt und mit wichtigen Wirkungen umgibt, in eine schulgerechte Regel fassen zu wollen; die Kehrseite dieses Fehlers ist es, dass man die Casuistik zum Princip, die Principien aber casuistisch macht.

Soweit der strikte Sinn des vorwürfigen Artikels! Gibt aber die arrha auch bei der promesse unilatérale acceptée d'achat bzw. de vendre und bei der vente selbst das in Art. 1590 beschriebene Reurecht? Finden die hiernach gefundenen Regeln auch auf andere Rechtsgeschäfte Anwendung, als auf die mit Kauf und Verkauf zusammenhängenden? Diese Fragen bedürfen genauer Erwägung. Soviel darf man aber als selbstverständlich vorherschicken, dass durch Vertrag ein an das Haftgeld geknüpftes Reurecht bestellt werden kann, dass insbesondere der zur Vertragsinterpretation dienliche Ortsbrauch manchmal ein solches aufweisen wird*), und dass

*) So kommt z. B. in einem im recueil des arrêts de Colmar Bd. X S. 127 mitgetheilten Urtheil aus dem Jahre 1814 ein Zeugniss der Metzger von Strassburg und Colmar vor, dass beim Rindviehkauf bzw. -Verkauf das Haftgeld beiden Theilen nach Herkommen ein Reurecht einräume.

dann das Schicksal der arrha, (also insbesondere Verlust, bzw. doppelte Rückgabe), wenn Vertrag oder Ortsbrauch nicht anders verfügen, nach Analogie des Art. 1590 sich regelt, indem dieser Artikel, welcher beiden Theilen gleiches Recht zuerkennt, und mit den vernunftmässigen Sätzen des römischen Rechts übereinstimmt, dann den einzigen gesetzlichen Anhalt bietet. (C. c. Art. 4; bad. L. R. S. 4 a u. b) Dagegen scheint uns Touillier zu weit zu gehen, wenn er das Gebiet des Art. 1590 mit folgendem Raisonnement ausdehnen will: „si des arrhes ont été données (beim Kaufvertrag selbst), c'est probablement, parceque les parties, tout en qualifiant leur convention de vente, n'y auront probablement vu que ce que le Code appelle promesse de vente, à cause des arrhes qu'elles auront considérées comme prix de la faculté de se dédire". Damit soll bei Existenz eines Haftgelds eher ein Vorvertrag, als ein Endvertrag zu vermuthen, und somit durch das Haftgeld ein Reurecht gegeben sein, während die meisten Autoren die wohl richtige Thatsache bezeugen, dass die Arrha mehr bei der vente, als bei der promesse de vendre vorkomme (vgl. z. B. Thilo, Controversen des frz. Civ. Rechts zu Art. 1590),

Es mag die Prüfung der vorbezeichneten Fragen mit dem einseitigen obligatorischen Versprechen zu kaufen oder zu verkaufen, beginnen. Namentlich Boileux und Delvincourt stellten den Satz in Anlehnung an Art. 1590 auf, dass das Hinzutreten eines arrhalischen Vertrags zu solchen Versprechen dem verpflichteten Theil den Rückgang vom Vertrag gegen Verlust des Haftgeldes selbst verschaffe. Es spricht aber Art. 1590 anerkanntermassen nur von einem synallagmatischen Vertrag und von einem, beiden Parteien zustehenden Reurecht; Boileux selbst gesteht ein, dass man dem hier nicht verpflichteten Contrahenten für den Fall seiner Weigerung, den Endvertrag herbeizuführen, nicht die analoge Strafe hinsichtlich der Daraufgabe ansinnen könne, eben weil jede Verpflichtung fehlt. Bei einer so tiefgehenden Verschiedenheit beider Fälle wird daher hier im Einverständniss mit der gemeinen Meinung die Anwendung des Art. 1590 wegen Rechtsähnlichkeit ausgeschlossen. Durch den Nachweis eines Reurechts im einzelnen Fall ist der Verpflichtete genügend geschützt.

Was den Kaufvertrag selbst angeht, so sind die Meinungen sehr getheilt. Während Troplong behauptet, es sei bei der Natur der Wirkungen, welche gedachter Vertrag nach französischem Recht erzeugt, hier überhaupt für ein Reurecht kein Platz gegeben, so stellen im Gegentheil Andere, insbesondere Duvergier (Fortsetzung von Touillier, droit civil tom. 16 n 121 ff. für das französische, und Behaghel für das badische Recht (das bad. bgl. R. § 212) den

Satz auf, dass im Zweifel auch beim Kaufvertrag die Daraufgabe ein Reurecht mit sich bringe. Die gemeine Meinung, vertreten durch Brauer, Boileux, Maleville, Favard, Merlin, Delaporte, Stabel, Pothier, Pardessus, Spangenberg, Zachariä u. A. m., lässt wohl eine arrha poenitentialis conventionalis, nicht aber legalis zu; sie sagt, dass nur Vertrag das Reurecht über die Schranken des Art. 1590 ausdehnen könne, dass aber das Gesetz selbst bei dem zum Kaufvertragsabschluss hinzugekommenen Daraufgeld ein Rücktrittsrecht weder gebe, noch vermuthe.

Allerdings stösst ein Reurecht hinsichtlich des Kaufs wenigstens bei Liegenschaften auf erhebliche Schwierigkeiten. Dieselben treten zwar nach badischem Rechte (L. R. S. 1583 a) und seit dem französischen Gesetze vom 23. März 1855 auch für Frankreich nicht mehr in dem Masse, wie zur Zeit der Erlassung des C. N. ein, weil nunmehr der Eigenthumsübergang aus Kauf Dritten gegenüber erst durch Eintrag in das Grundbuch Wirksamkeit äussert. Zur Auslegung des Code muss man sich aber in die Zeit seines Werdens versetzen. Der nun abgeänderte Art. 1583 verfügt nämlich, dass, sobald der Kaufvertrag geschlossen, das Eigenthum an Liegenschaften wie Fahrnissen auf den Käufer übergehe — (dies gilt jetzt noch) — und zwar bezüglich der ersteren mit Wirkung gegen jeden dritten. Ein gesetzliches, vollkommenes Reurecht lässt sich einem solchen System gegenüber, das andrerseits in Art. 1184 wieder dem nicht vertragsmässig befriedigten Theil ein Auflösungsrecht einräumt und somit genügend vorsorgt, wohl nur dann denken, wenn man dem Gesetzgeber zugleich jede Weisheit absprechen will. Auch hätte die angesonnene Regel bei ihrer Tragweite wohl einen Ausdruck gefunden, und wäre nicht in eine Form versteckt worden, welche Gegenzweifeln völlig Raum bietet. Es zeigt sich ferner in den Schriften jener Zeit deutlich, dass Art. 1590 historisch an die l. 17 C. IV. 21 de fid. instr. anknüpfen und die aus der genannten Constitution erwachsene Controverse in der Art entscheiden will, dass nur beim pactum de emendo vendendo die arrha ein Reurecht gewähre.

Diesen Einwürfen setzt man sehr kühn das oben bereits erwähnte Urtheil des Colmarer Appellhofes vom 19. Juni 1814 entgegen, das diese Frage, wie namentlich Troplong nachwies, gar nicht berührt und überdem, wenn es eine unrichtige Gesetzesauslegung enthielte, letztere ja doch nicht verbindlich machen würde. Auch steht ihm ein Urtheil desselben Gerichtes vom 15. Januar 1813 (abgedruckt bei Troplong) entgegen, welches vollkommen der gemeinen Meinung huldigt.

Duvergier beruft sich weiter auf Worte, welche bei der Berathung des betr. Artikels der Tribun Grenier am 17 Ventôse XII gesprochen hat „les arrhes déterminent le caractère et l'éffet de l'engagement, en les réduisant à une simple promesse de vendre dont on pourra se désister.“ Wenn auch allerdings die Verhandlungen bei Erlassung eines Gesetzes für dessen Auslegung zu benutzen sind, so würden doch solche Worte, wenn sie dem Gesetz selbst widersprechen sollten, nicht die Gewalt besitzen, dies umzukehren (Rosshirt a. a. O.). Auch würden sie durch den deutlichen Ausspruch Maleville's (des Secretairs der Commission, welche den Entwurf des C. N. fertigte) neutralisirt werden, „Art. 1590 beziehe sich nur auf die Zusage.“ — Aber der von Duvergier als Stütze seiner Ansicht aufgeführte Passus spricht nicht einmal für ihn; vielmehr hat Marcadé überzeugend nachgewiesen, dass unter dem Wort engagement nach dem Zusammenhang der Rede lediglich die promesse de vendre der Art. 1589, 1590, nicht die vente selbst zu verstehen sei und Grenier habe sagen wollen, dass die mit arrha versehene Zusage nicht von der Parömie „la promesse de vente vaut vente“ ergriffen sei.

Noch ein weiterer Einwand, und zwar der wichtigste, bedarf der Zurückweisung: Das Princip des Art. 1589 „la promesse de vente vaut vente“ wird vielfach dahin aufgefasst, dass auch der Vorvertrag schon das Eigenthum übertrage. Da aber beim Vorvertrag die arrha ein Reurecht gewähre, und der Verkauf bzw. Kauf selbst dem darauf geleisteten Vorvertrage gleichgelte, so müssten beide auch hinsichtlich des aus dem Haftgeld fliessenden Reurechts, das ja bei beiden gleiche Schwierigkeiten hervorrufe, gleich behandelt werden. Dieser Grund wiegt in der That so schwer, dass der Sinn des Art. 1589 hier näher untersucht werden muss, wobei wiederholt auf die Voraussetzung aufmerksam zu machen ist, dass es sich hier um einen synallagmatischen Vorvertrag handelt, insbesondere, dass Einigkeit über Preis und Sache bereits erzielt sein muss. Diese, so einfach klingenden Worte: „la promesse de vente vaut vente“ bilden den Gegenstand des heftigsten Streits, bezüglich dessen der status causae et controversiae kurz und klar bei Rosshirt d. J. a. a. O. gezeichnet ist: ein Theil (insbesondere Troplong, Touillier, denen auch Marcadé beizufügen ist) geht davon aus, es habe vor dem C. N. Zwist darüber geherrscht, ob das pactum de emendo vendendo, eine Obligatio ad dandum, wie der Endvertrag, oder blos ad faciendum enthalte, m. a. W., ob in demselben der Keim des Kaufes, die rechtliche Möglichkeit, den Kaufvertrag selbst in Erfüllung zu setzen, liege, oder ob blos eine Interessenforderung daraus entspringe; zur Bezeichnung dafür, dass die promesse synallagmatique de vendre dieses stärkere Recht in sich trage, habe längst die Parömie: „la promesse de vendre vaut vente“ gedient, welche aber bezüglich des Eigenthumsübergangs (der zudem nach altfranzösischem Rechte keineswegs durch Vertrag, wie nach Art. 1583 erfolgte) gar nichts aussprechen wolle, als dass die Eigenthumsübertragung klageweise erzwungen, bzw. gerichtlich supplirt werde, nicht aber, dass das Eigenthum im Augenblick der Vertragsperfection übergehe. Der andere Theil setzt dieser Ansicht den Buchstaben des Gesetzes entgegen und nimmt den Eigenthumsübergang von Rechtswegen ohne Uebergabe auch bei der doppelseitigen Verkaufszusage im Moment ihres Abschlusses an; die Anhänger dieser Ansicht, von denen namentlich Duvergier, Duranton, Rosshirt d. J. hervorzuheben sind, statuiren übrigens von dieser Regel bald die eine, bald die andere Ausnahme, und es mag der, für den Fall einschlägige, (schon von Grenier behauptete) Vorbehalt Rosshirt's hier erwähnt werden, dass, sobald die Verkaufszusage von einem Haftgeld begleitet sei, das gewöhnliche Recht nicht eintrete, sondern der Eigenthumsübergang bis zur Ausübung des Reurechts, bzw. bis zu dessen Wegfall in der Schwebe gehalten werde. Eine Erörterung der Controverse würde zu weit führen. Es mag daher hier nur constatirt werden, dass der Einwand, welchen man gegen die gemeine Meinung, die das Reurecht beim Endvertrag trotz des Haftgelds ausschliesst, aus der Parömie des Art. 1589 herleitet, offenbar dann wegfällt, wenn die Troplong-Touillier'sche, oder doch die Rosshirt'sche Ansicht sich bewähren. Für die letzte könnte insbesondere die Stellung des Art. 1590 sprechen, welche denselben als Ausnahme von Art. 1589 erscheinen lässt; ferner kann ein schwebendes Eigenthum allerdings auch hier und trotzdem, dass die Entscheidung über das definitive Eigenthumsrecht hier blos von der Documentirung des Willens, nicht von einer sonstigen Handlung abhängt, nach Beispiel der l. 86 § 2 de legat. I wohl gedacht werden; auch würde die erwähnte Ausnahme, im Fall der Richtigkeit der Regel selbst, durchaus zweckmässig sein und sich als wahrscheinlich darstellen. Aber eben diese Regel scheint nach der Entstehungsgeschichte des Art. 1589 verworfen werden zu müssen; zwar führen Rechtssprichwörter oft Streit und Unklarheit im Gefolge (man denke nur des Satzes „Kauf bricht Miethe“), aber eine Aufnahme derselben durch den Gesetzgeber muss wohl im ursprünglichen Sinn geschehen sein; zudem würde die Ausdehnung des Art. 1583 auf das pactum de contrahendo der französischen Gesetzgebung eine polizeiliche Willkühr anhängen, die ihr damals durchaus fremd blieb; wer verspricht s. Z. Etwas zu verkaufen, will nicht, dass das Kaufobject sofort aus seinem Eigenthum entfliehe; wenn die Festsetzung des

Gegentheils im Sinn des Gesetzes läge, so hätte es besser einfach die Vorverträge aus dem Buch des Lebens ausgestrichen; aber gerade die Thatsache, dass Art. 1590 bezüglich der promesse de vendre ein Rücktrittsrecht festsetzt und begünstigt, während davon beim Kauf keine Rede gethan wird, weist darauf hin, dass zwischen Beiden ein Unterschied, ein wichtiger Unterschied bestehen müsse; es liegt eine völlige Umkehrung des gerade von der Gegenseite angerufenen Buchstabens darin, statt dessen zu sagen, eben deshalb, weil ein Unterschied zwischen Kauf und Zusage nicht existire, müsse man den Art. 1590, der nur von der Zusage spricht, auch vom Endvertrag verstehen.

Wenn somit erwiesen sein dürfte, dass ein beim Verkaufs-Vertrag selbst bestelltes Haftgeld kein Reugeld nach sich zieht, dass also vielmehr, wie Dreyer (C. N. und bad. L.-R. nach Puchta's System § 254) sagt, die gemeinrechtlichen Grundsätze hier eintreten, so soll damit doch nicht ausgesprochen sein, dass der arrha beim Verkaufsvertrag nicht doch ein Reurecht zufolge Vertrags ankleben konnte, und zwar nicht blos ein thatsächliches Reurecht in den Formen der faculté de rachat oder des Art. 1184, oder ein durch thatsächliche Momente selbst bedingtes Reurecht, sondern ein solches, welches einfach die Lebensdauer des Kaufvertrags in den Willen eines Theils setzt. Diese Verabredung kommt vor,*) und ihre juristische Zulässigkeit könnte wohl erst dann bestritten werden, wenn ein solcher Pact sich mit dem C. N. als unvereinbar erweisen würde. Hierzu genügen aber Troplong's Gründe, nämlich dass gar kein vernünftiges Bedürfniss vorliege und dass Art. 1583 ein Verbot einlege, wohl nicht; denn es steht dem Privatwillen frei, auch überflüssige Rechtsgeschäfte zu schliessen und Art. 1583 verbietet, wie sich aus Folgendem ergiebt, eine a. p. beim Kauf keineswegs. Was zunächst den Fahrnisskauf betrifft, so kann das Reurecht dinglich nicht wirken und das Recht dritter Besitzer, (welches jedoch gemäss Art. 2279 Abs. 2 eingeschränkt ist), nicht hemmen; es berührt daher den Kauf, insoweit er dingliche Wirkungen äussert, nicht, dagegen trifft es vollkommen seine obligatorische Seite; und insoweit der Inhaber des Reurechts zufolge der mitspielenden dinglich-rechtlichen Gesichtspunkte die directe Verwirklichung seiner Befugniss nicht erreichen kann und

*) So wird man in der vom Gegentheil vorgenommenen, bzw. vom anderen Contrahenten angenommenen Rückgabe der arrha oft den Beweis dafür finden, dass eine a. p. vorgelegen habe (Ruef, bad. L.-R. Art. 1590). Die von Ruef hierfür angeführte Entscheidung (Oberhof-Ger. Jahrb. 1844 S. 170) folgert übrigens hieraus, es sei der Vertrag ex mutuo dissensu gelöst. Vergl. Grédy, Entscheidungen der Cassationshöfe 157.

nicht durch seine eigenen entgegenstehenden Handlungen oder durch Zufall (z. B. Untergang des Kaufobjects) sein Reurecht vereitelt ist, wird er gemäss Art. 1142 den anderen Vertragstheil auf Entschädigung belangen dürfen; der einzige hier nicht bereits ausgeschlossene Fall eines Eingreifens dinglicher Rechte könnte übrigens nur darin bestehen dass der Gegentheil während der Reuzeit, in der er, dem Sinn des Vertrags nach, die Sache behalten musste, diese weggab oder schuldvoll wegkommen liess. Was den Eigenthumsübergang an sich, nicht die Wirkung Dritten gegenüber, betrifft, so wird man allerdings in diesem Fall ein dominium pendens sowohl betreffs der Mobilien, als der Immobilien anzunehmen haben, und es widerstreitet dies dem Art. 1583 keineswegs, indem anerkannter Massen analoge Fälle vorkommen, in welchen die endliche Entscheidung über das Eigenthumsrecht eine Zeit lang hinausgeschoben wird, so z. B. bei der aufschiebenden Bedingung. Bezüglich der Liegenschaften stellt sich die Lösung der Frage überhaupt gleichfalls in der angedeuteten Weise heraus, nur dass am Platz des Besitzes hinsichtlich der Wirksamkeit gegen Dritte der Grundbuch-Eintrag steht, welcher andererseits auch dem Inhaber des Reurechts die Möglichkeit gewährt, seinen Vorbehalten und Befugnissen Dritten gegenüber Ansehen zu verleihen.

So gelangten wir zum Ergebniss, dass das Gesetz an das Haftgeld nur bei der synallagmatischen Kauf- und Verkaufszusage ein Reurecht knüpft, dagegen hinsichtlich einseitiger Zusagen und des Endvertrags selbst dies specieller Uebereinkunft überlässt. Es fragt sich nun, ob diese Regel auch bei Rechtsgeschäften, welche nicht mit einem Kauf in Beziehung stehen, zutrifft. Dreyer allein hat a. a. O. dieser Frage eine allgemeine Lösung durch Verweisung auf das gemeine Recht gegeben, während Zachariä den Streitpunkt gar nicht berührt und bezüglich der französischen Schriftsteller der Nachtheil der ausschliesslichen Commentarwirthschaft sich darin zeigt, dass ausser beim Kauf nur noch anlässlich des Art. 1715 die Rede von der arrha ist. Derselbe lautet im Urtext: Si le bail fait sans écrit n'a encore reçu aucune éxécution, et que l'une des parties le nie, la preuve ne peut être reçue par témoins, quelque modique qu'en soit le prix et quoiqu'on allègue qu'il-y-a eu des arrhes données. Le serment peut seulement être déferé à celui qui nie le bail. Das badische L.-R. übersetzt diesen Artikel, der in das Kapitel „von dem Mieth- und Pachtvertrag über Sachen“ unter den „Regeln, die der Miethe und dem Pacht zugleich gelten,“ gestellt ist, mit den Worten: „Ein mündlicher Bestand, dessen Vollzug noch nicht begonnen hat und der von einem Theil geläugnet wird, kann nicht durch Zeugen bewiesen werden, so gering er auch sei, und obschon man sich auf gegebenes Haftgeld beziehe. Nur kann man dem, der den Bestand läugnet, den Eid zuschieben." Während Marcadé nun bezüglich der arrha bei dem Pacht und der Sachmiethe Alles der Intention der Parteien überlässt und für Zweifelsfälle keine Regel anführt, will Duranton das Reurecht des Art. 1590 auf die „promesse de donner ou prendre à loyer ou à ferme" ausdehnen und zwar auch auf die einseitige Zusage. Troplong dagrgen nimmt eine a. p. legalis, wie es scheint, bei allen Arten der locatio conductio an.

Diesem Sachverhalt gegenüber muss man zunächst constatiren, dass Art. 1715 lediglich die Beweisfrage im Auge hat und darum hier, wo es sich um das Reurecht handelt, nicht in's Mitleid gezogen werden darf. Insbesondere liegt in dem Urtheil Troplong's, der Gesetzgeber vermuthe im Fall des Art. 1715 ein blosses Project und er vermuthe dies gerade, wenn und weil ein Haftgeld gegeben sei, manche offenbare Verwechslung, und aus dem die Entstehung des C. c. begleitenden Material ergibt sich keine Unterstützung.

Da Art. 1715 die Frage ausser Acht lässt und nur etwa noch Art. 1589 analogisch angerufen werden könnte, so müsste die Lösung auch für alle Fälle gleich erfolgen, entweder in dem Sinn, dass das beim Kauf geltende Recht übertragen werde auf die anderen Fälle, oder aber, dass der C. c. selbst keine Lösung biete. Und in der That scheint das Letztere vorzuliegen, da der C. c., wenn eine Ausdehnung des Art. 1590 ihm beliebt hätte, demselben wohl im Tit. 3 des Buchs 3 „von Verträgen und Vertragsverbindlichkeiten überhaupt" eine Stelle würde angewiesen haben. Gegenüber der ausgedehnten Aufstellung allgemeiner Regeln über diese Punkte kann nicht davon die Rede sein, den Art. 1590 exemplificirend dahin auszulegen, dass er zwar nur vom Kauf spreche, dass aber, wie ja gerade im römischen Gesetzbuch der pacta adjecta so viele und wichtige beim Kauf abgehandelt seien, auch hier der Gesetzgeber einen Fall genannt, viele andere aber mitgemeint habe. Die extensive Interpretation führt sonach nicht weiter. Immerhin aber ist die arrha einer jener Gegenstände, welche der C. c. berührt hat, und wir bedürfen daher zur Ausfüllung der Lücke nicht der subsidiären Kraft des römischen Rechts. (Stabel, titre priliminaire § 8.) Gerade diese Thatsache, dass der C. c. das arrhalische Recht erörtert und davon nur den einzelnen eng begrenzten Satz des Art. 1590 hingestellt hat, genügt aber auch; denn sie lässt den Art. 1590 als eine Ausnahme von dem seiner Natürlichkeit wegen unausgesprochen gebliebenen Princip erscheinen, dass es eine a. p. legalis weiter nicht gebe (exceptio firmat regulam in casibus non exceptis Zachariae § 40). Dem gegenüber darf man sich zu Gunsten der letzteren nicht mit Troplong auf Gewohnheit berufen, indem sowohl das Gesetz vom 30. Ventôse XII Art. 7 als das badische II Einf. Edict § 3 eine solche Benutzung der Gewohnheit bekanntlich verbieten (Zachariae §§ 14 u. 23).

§ 35.

3) Allgemeine Gesichtspunkte.

So zum Resultate gelangt, dass die arrha nach in den in Deutschland geltenden Rechten nur gemäss besonderen Vertragswillens*), und hinsichtlich des Geltungsgebiets des C. N. bzw. badischen Landrechts gesetzlich bei der synallagmatischen Kauf- und Verkaufzusage ein Reurecht gewähre, bleibt uns noch die Aufstellung einiger allgemeiner Gesichtspunkte übrig.

Das vertragsmässige Reurecht erhält seine Auslegung nach allgemeinem Grundsatz zunächst durch den Vertrag, subsidiär aber durch die Bestimmungen, welche das Gesetz selbst über die arrha feststellt. Aus der Erwiesenheit des Reurechts für einen Vertragstheil folgt noch nicht auch ein Reurecht zu Gunsten der Gegenpartei, wie bereits oben erwähnt. So oft ein bedungenes Reurecht und eine arrha vorkommen, wird man im Zweifelsfall dem vom a. b. G.-B. § 910 und vom würtembergischen L.-R. Th. 2 Tit. 9 §§ 19,-20 aufgestellten Satze folgen dürfen, dass die in Rede stehende arrha dann mit dem Reurecht in Beziehung stehe, also als eine arrha poenitentialis aufzufassen sei; denn dieser Satz spricht lediglich das Ergebniss einer allgemeinen Erfahrung aus.

Bei der fast verschwimmenden Grenzlinie von Angeld und a. p. muss man dagegen besondere Sorgfalt darauf verwenden, im einzelnen Fall diese Alternative richtig zu beantworten. Uebrigens kann es wohl vorkommen, dass in Bezug auf einen und denselben Vertrag ein Angeld und eine a. p. gegeben worden sind und, so sehr dieser Fall für die sonstigen Rechte jeder Schwierigkeit entbehrt, so würde man für das österreichische Recht, welches fälschlicher Weise Angeld und arrha zusammenwirft, und insbesondere dem letztcitirten Paragraphen des a. b. G.-B. gegenüber, dennoch mit Nippel a. a. O. hier eine Verwandlung des Angelds in eine a. p. annehmen müssen, wenn nicht Doctrin (v. Stubenrauch

*) Mehrere Gesetze sprechen ausdrücklich aus, dass man an die arrha ein Reurecht durch Uebereinkunft knüpfen könne: so A. L.-R. I § 212, würt. R.-R. II 9, § 19; — nach preussischem Recht muss die Ausbedingung des Reurechtes bei schriftlichen Verträgen gleichfalls schriftlich und ausdrücklich sein (vgl. Bornemann a. a. O.)

a. a. O.) und Praxis (Entscheidung des obersten Gerichts von 1863, s. No. 18 der Gerichtshalle von 1865) sich zu der allerdings etwas kühnen, aber durch das Wesen des wirklichen Angelds gerechtfertigten Auslegung emporgeschwungen hätten, dass § 910 nur dann die im vorigen Absatz angedeutete Metamorphose des Angelds in ein Reugeld bewirke, wenn nicht schon eine a. p. vorliege.

Was das Schicksal der a. p. in vorwürfigem Sinne anlaugt, so muss man zwei Fälle unterscheiden:

I. Wenn das Reurecht ausgeübt wird, so verliert der reuige Geber der arrha dieselbe zu Gunsten des Empfängers, während der reuige Empfänger umgekehrt die arrha sammt alterum tantum erstatten muss.*) Für das gemeine Recht steht dies Princip, obwohl nicht ausgesprochen, doch deshalb fest, weil es nach römischem Rechte in allen, von letzterem behandelten Fällen, in denen der Hauptvertrag durch einseitige Schuld nicht zur Ausführung gelangt, mit der arrha so gehalten wird (pr. J III 23; l. 6 D XVIII 3; l 5 C, V, 1), und weil die Umstände auf eine subsidiäre Anwendung dieses Satzes hinführen, der insbesondere auch durch die gleiche Zuwägung nach beiden Seiten besticht. Zum gleichen Ergebniss gelangt man auf gleichem Weg bei vielen deutschen Partikularrechten (z. B. kgl. sächs. C. G.-B. § 897 verb. mit § 898; würt. L.-R. II 9 § 20). Deutlich dagegen spricht sich und anders aus das A. L.-R. I §§ 213, 214: „Tritt in einem solchen Fall der Geber zurück, so behält der Empfänger die Daraufgabe, kann aber keine weitere Entschädigung fordern. Tritt der Empfänger zurück, so muss der Geber mit (einfacher!) Erstattung der Daraufgabe statt der Entschädigung sich begnügen.“ Die Hereinziehung des Wortes „Entschädigung“ könnte irre führen; der Nachdruck liegt aber einfach darauf, dass die arrha poen. jeden Entschädigungsanspruch ausschliesse, nicht darauf, dass in ihr selbst eine Entschädigung liege und sie somit, um strafend wirken zu können, einen Schaden voraussetze. Diese Verflechtung zweier, von einander unabhängiger Gesichtspunkte nehmen zwar die französischen Juristen häufig vor, aber ohne Anhalt im C. c.; in Deutschland hält man dagegen an dem allein consequenten Gedanken fest, dass die a. p. der Preis des Rücktritts sei, einerlei ob letzterer den Gegentheil schädige, oder nicht; ja sogar, wenn

*) Für das badische Recht ist der Grundsatz, dass im Falle der Ausübung eines vertragsmässigen Reurechts restituo bzw. poena dupl. arrhae stattfinde, vom Oberhofgericht i. J. 1842 proclamirt (Oberhof-Gericht Jahrb. n. F. VIII S. 170.

der letztere aus dem Rücktritt seines Gegners Gewinn zieht, tritt das bezeichnete Schicksal der arrha ein (vgl. insbesondere öster. Hofkanzlei-Decret vom 12. Aug 1825). — Noch ist hinsichtlich des Ausdrucks „Ausübung des Reurechts" beizufügen, dass derselbe nicht eng gefasst, nicht blos auf eine wirkliche Reue, auf ein bewusstes Zurücktreten bezogen werden darf, sondern dass dem gewollten Rücktritt auch der nicht gewollte, aber verschuldete, gleichzustellen sei, wobei der Grad der Schuldhaft für die veranlasste Nichterfüllung, selbstverständlich und ausweislich der Urtheile des obersten öster. Gerichtshofes vom 8. Juli 1856, 3. Jan. 1860 und 12. April 1859 (Näheres bei v. Stubenrauch a. a. O.) nach der in Rede stehenden Obligation (v. Windscheid, Pandekten § 265) bemessen werden muss. Am schärfsten spricht diesen Satz das a. b. G.-B. § 911 aus: „Wer nicht durch blossen Zufall, sondern durch sein Verschulden an der Erfüllung des Vertrags verhindert wird, muss ebenfalls das Reugeld entrichten."

Bezüglich des letzteren Gesetzbuchs ist jedoch noch beizufügen: Dasselbe verwischt unter dem Namen „Reugeld" die darauf einschlägige Art der Conventionalstrafe und die hier in Rede stehende Art der a. p. völlig; und es hat sich die österreichische Jurisprudenz mit der Fortschleifung dieses Uebels lieber, als mit einer sachgemässen Sonderung beschäftigt. Insbesondere fasst das gedachte Gesetzbuch nur den Rücktritt des Bestellers des Reugelds in's Auge und setzt naturgemäss als Rücktrittspreis die Entrichtung des Reugelds fest. Auch handelt es im § 909 nur vom versprochenen Reugelde, und mit Umständen, die eine Beziehung des § 909 auf die a. p. nicht zulassen. Der § 910 dagegen sagt: „Wenn ein Angeld (so bezeichnet das a. b. G.-B. missverständlich die arrha confirmatoria) gegeben und zugleich die Befugniss des Rücktritts ohne Bestimmung eines besonderen Reugelds bedungen wird, so vertritt das Angeld die Stelle des Reugelds. Im Falle des Rücktritts verliert also! der Geber das Angeld oder der Empfänger stellt dasselbe doppelt zurück." Obwohl nun § 909 das Gegentheil von § 910 behandelt, nämlich dass kein Reugeld im engern Sinn des Gesetzes vorliegt, und obwohl trotz der proclamirten Vertretung und trotz des classischen „Also" dem Vertreter ganz andere Wirkungen beigelegt werden, als dem Vertretenen, so erscheint es doch bei genauerer Betrachtung klar, was das Gesetz sagen will, nämlich dass die gemeinrechtliche Regel über das Schicksal der hier besprochenen Art der a. p. auch in Oesterreich gelten soll; und diese Auslegung ist denn auch allgemein.

II. Wird das Reurecht nicht ausgeübt, so fällt die bestellte arrha wieder dem Besteller zu seinen Gunsten in der Weise zu, dass der Empfänger sich in einer, nunmehr wirksamen obligatio restituendi befindet, oder wenn die Bestellung durch Versprechen erfolgte (§ 8) und dasselbe nicht verwirklicht ward, nun mit seiner Klage auf Erfüllung des arrhalischen Vertrages durch einredeweise Vorhaltung des behandelten Umstandes zurückgeschlagen wird. Dieser Grundsatz steht arg. l 6 u. 8 D XVIII 3, l 11 § 6 D XIX, 1 und insbesondere l 2 C. IV, 45 für das römische Recht, gemäss a. b. G.-B. § 909 für das österr. und nach § 897 verb. mit 894 des sächs. C.-G.-Buchs für das kgl. sächsische Recht fest, und findet auch sonst Anwendung; als allein wichtige Ausnahme von demselben sind die in den §§ 9 und 29 hervorgehobenen zu bemerken. — Die arrha p. erscheint nicht als Preis des Rücktrittsrechts, wie die Prämie-, sondern des Rücktritts selbst; dies ist der tiefere Grund der aufgestellten Regel.

Das an die arrha geknüpfte Reurecht kann aber, abgesehen von weiteren durch Uebereinkunft etwa verlangten Erfordernissen (Befristung, Bedingung u. s. f.), jedenfalls nur dann ausgeübt werden, wenn folgende zwei Momente vorhanden sind:

1) als positive Voraussetzung: ein zu Recht bestehender Vertrag, auf den sich das Reurecht bezieht. Dieser begriffsmässige Gesichtspunkt muss insbesondere die Frage entscheiden, welches die Rechtslage eines, beiden Theilen zustehenden Reurechts sei, und man wird in dieser Hinsicht folgende leitende Sätze aufstellen müssen: wenn beide Theile die Schuld an der Nichterfüllung des Vertrags trifft, oder sonst die Ausübung des Reurechts durch Beide zusammenfällt, so kann kein Theil behaupten, der andere habe durch seine Reue den Vertrag umgestossen: es liegt vielmehr mutuus dissensus oder je nachdem Unmöglichkeit der Erfüllung hier vor, und wird mit dem Hauptvertrag auch der arrhalische gelöst (Entscheidung des obersten Gerichts in der allg. österr. Ger.-Ztg. 1862 No. 86). Wo dieses Zusammenfallen dagegen nicht vorliegt, muss der Theil, welcher durch seine Reue den Hauptvertrag erst umstiess und damit das Reurecht des Gegentheils vernichtete, nach allgemeinen Regeln behandelt werden.

2) Als negative Voraussetzung: es darf das Reurecht nicht durch Verzicht ausgeschlossen sein; natürlich kann

beim beiderseitigen Reurecht der Verzicht eines Theils nicht die Rücktrittsbefugniss des anderen zerstören, ebensowenig als m. A. der Beginn der Erfüllung durch die des Reurechts entbehrende Partei an sich schon den Gegner dieses Rechts verlustigt. Blos dem Verzicht des Berechtigten darf diese zerstörende Wirkung beigelegt werden; man wird aber einen Verzicht nicht blos in einer Verzichtserklärung, sondern auch in dem eigenen Beginn der Erfüllung seiner Obligation, sowie in der Annahme einer vom Gegentheil geschehenden Erfüllungshandlung zu suchen haben. Wo dem Reuberechtigten eine Zahlung zwar angeboten, dieselbe aber nicht von ihm angenommen wird, da bleibt sein Reurecht, wie namentlich das kgl. sächs. bgl. G.-B. § 897 und das A. L.-R. Th. I Tit. 5 § 215 betonte, aufrechterhalten. Die Befugniss des Reuberechtigten, entweder den Vertrag zu erfüllen, oder gewisse an die arrha geheftete Nachtheile zu erleiden, stellt sich offenbar als facultas alternativa dar, wie dies mehrfach anerkannt wurde (vgl. v. Stubenrauch a. a. O.; Stabel, Institutionen des C. N. § 134; Annalen der bad. Gerichte XXIII No. 31 und XXXII Seite 119), und es ergeben sich demnach die vorgezeichneten Sätze von selbst. Trotzdem glauben Manche, z. B. Brunemann, comm. ad Cod. zu l. 2 IV 45, Troplong a. a. O., dass auch die Erfüllungshandlung des Gegentheils an sich und ohne dass eine Annahme derselben erfolgt sei, das Reurecht des anderen Theils aufhebe; und dieser Irrthum soll im A. L.-R. I 5 § 215 sogar nach der Ansicht v. Daniel's (§ 93 System des preuss. Civ.-Rechts) legalisirt sein, was übrigens den dortigen Worten „welcher diese Erfüllung angenommen hat" völlig widerspricht. Was eine Erfüllungshandlung sei (vgl. Lauterbach a. a. O § 122), diese Frage zu beantworten, würde hier zu weit führen; als besonders wichtig aber mag hervorgehoben werden, dass die Bestellung oder Annahme der Daraufgabe als „Angeld" zugleich (wie dies im a. b. G.-B. und im A. L.-R. im Zweifel gilt) eine solche Handlung ausmacht und somit arrha als Angeld und arrha als Reugeld direct im Gegensatz stehen (vgl. § 7), wie solcher namentlich in den vorgenannten wichtigsten zwei Gesetzbüchern Deutschlands geschärft ist.

Hinsichtlich der Rechtsmittel bietet die arrha p. im vorwürfigen Sinn gar keine Besonderheiten im Vergleich mit den allgemeinen Regeln des § 10; insbesondere steht das bei Strippelman, Sammlung Th. 5 S. 82 mitgetheilte Erkenntniss des vormaligen Ober-

Appellationsgerichts Cassel vereinzelt da, es müsse, weil die alternative Befugniss vorliege, den Contract zu erfüllen oder die für den Fall der Nichterfüllung mit der a. p. verbundenen Nachtheile zu leiden, auch das Klagebegehren alternativ gestellt sein; bekanntlich ruht das Wesen der alternativen Fakultät gerade darin, dass der Satz „una res in obligatione et petitione, duae res in solutione" zur Anwendung kommt, und es fehlt an weiteren Beispielen der Praxis im Sinne des Casseler Urtheils; vielmehr huldigt man allgemein dem Princip, dass das Petitum gar nicht der Reubefugniss des Beklagten Erwähnung zu thun brauche (vgl. z. B. für badisches Recht Annalen XXXII S. 119; Jahrbücher des Oberhof-Gerichts n. F. XIII S. 252); nur wenn der zu Verklagende seine Reue schon dargelegt hat, steht der directen Klage auf Verwirklichung der an der a. p. anklebenden Nachtheile Nichts mehr im Wege (Jahrb. des bad. Ober-Hofgerichts XV S. 475).

III. Schicksal der arrha bei Existenz eines nicht an sie geknüpften Reurechts.

1) Gesetzlich entschiedene Fälle.

§ 36.

a. Arrha bei lex commissoria.

Während bisher von einer a. p. in dem Sinne die Rede war dass die arrha ein Reurecht giebt, so soll nun vielmehr von der Rechtslage der arrha in den Fällen gesprochen werden, in welchen ein Rücktrittsrecht vorliegt, welches nicht durch die arrha gegeben ist. Diese werden von den Rechtsquellen nur zum Theil behandelt und es stellt sich somit die doppelte Aufgabe, zunächst solche Entscheidungen zu sammeln, dann aber, an die unentschiedenen Punkte herantretend, zur Lösung des noch Fraglichen das Gesammelte zu verwerthen.

Eine verhältnissmässig reiche Ausbeute geben die Quellen und die Doctrin insbesondere über das Schicksal der arrha bei der lex commissoria. Selbstverständlich kommt hier nur der Fall in Betracht, dass der Rücktritt wirklich geübt werde; denn sowohl bezüglich der arrha bei einem mit lex commissoria versehenen Vertrag, als auch bei sonstigen Rücktrittsrechten erscheint dann, wenn der Vertrag zur Erfüllung kommt, kein Moment, welches die allgemeinen Grundsätze ändern und kein Moment, welches der arrha den Charakter einer Strafe anhängen könnte. Die lex commissoria (cassatorische Clausel) giebt bekanntlich einem Contrahenten das Recht, insolange als er selbst nicht auf dasselbe verzichtet (Annahme der Leistung, Klage auf Leistung), oder es durch Verschulden verwirkt, ein Geschäft, das der andere Contrahent seinerseits nicht zeitig erfüllt, als nicht geschlossen zu betrachten; und es fragt sich nun, welchen Einfluss die Ausübung des Rücktrittsrechts auf die arrha habe.

Das römische Recht stellt hierfür folgende Gesichtspunkte auf: l. 6 D de L. C. XVIII 3. Scaevola libro II. Responsorum: De commissoria rogatus ita respondit: si per emptorem factum sit quominus lege pareretur et ea lege uti venditor velit, fundos imemtos fore et id, quod arrha vel alio nomine datum esset, apud venditorem remansurum. l. 8 eod. tit. D. Scaevola libro VII. Digestorum: Mulier fundos Caio Sejo vendidit, et acceptis arrhae nomine certis pecuniis statuta sunt tempora solutioni reliquae pecuniae; quibus si non paruisset emtor, pactus est, ut arrham perderet et inemtae villae essent etc.

Const. 6. Basil. eod. tit. (XIX 3) *Παρακρατεῖ δὲ ὁ πράτης καὶ τὰ λόγῳ ἀῤῥαβῶνος ἢ ἑτέρας αἰτίας δοθέντα παρὰ τοῦ ἀγοραστοῦ. Καὶ τὰ δοθέντα λόγῳ ἀῤῥαβῶνος παρακρατεῖ ὁ πράτης.* (Venditor autem et ea retinet quae arrhae vel alio nomine ab emtore data sunt. Etiam data arrhae nomine venditor retinet.)

l. 1 C. de pactis inter emtore et venditorem positis (IV 54). Imp. Antoninus (216): Si ea lege praedium vendidisti, ut nisi intra certum tempus pretium fuisset exsolutum, emtrix arrhas perderet et dominium ad te pertineret, fides contractus servanda est.

In der That sprechen die zweite Digesten- und die Codexstelle von einer Abrede, welche die Contrahenten bezüglich der Daraufgabe getroffen haben und es erscheint in diesen Stellen das „perdere arrham" lediglich als Folge dieser Abrede. Hierauf und auf die weiteren Momente gestützt, dass Strafen nicht vermuthet werden und sonst im Fall der Auflösung eines Vertrags die accessorisch zum selben sich verhaltende arrha dem Geber zurückerstattet werde (l. 11 § 6 de A. E. V. XIX 1, l. 1 C. 1, quando liceat ab emtione venditione recedere IV. 45), behaupteten früher Manche (Literatur bei Glück, Pandekten-Commentar § 1009), insbesondere Westphal und Madihn, mit der Aufrufung des Geschäfts sei keineswegs vom Gesetze der Verlust der arrha für den Gegentheil angeordnet, sondern es bedürfe zur Erreichung dieses Ergebnisses einer besonderen Abmachung. Auf dieser schiefen Bahn fahrend, kam man bei Betrachtung der vorgedruckten Stellen zu dem weiteren Fehler, anstatt die gewonnene Meinung dem vorliegenden Material gegenüber zu ändern, vielmehr die Rechtsquelle der Meinung unterzuordnen und von dem ersten der obigen Fragmente zu behaupten, es stehe zwar von einer auf das „perdere arrham“ gerichteten Uebereinkunft Nichts darin, man müsse aber eine solche Abrede dort unterlegen, weil ja in den anderen Stellen der Verlust der arrha bei Gebrauch der lex commissoria als Consequenz einer speciellen Vertragsbestimmung erscheine. Die Unrichtigkeit dieser Argumentation liegt aber auf der Hand. Mit Recht hob schon Thibaut (Pandekten Ausg. Froben § 447) gegen den wohl neuesten Verfechter der irrigen Ansicht, gegen Zumbach (Diss. de arrha S. 19 ff.) hervor, dass insbesondere bei dem innigen Zusammenhang zwischen Leben und Rechtsbildung, auf welchem die römische Entwickelung ruht, der Gesetzgeber durchaus natürlich, anlehnend an einen das Responsum hervorrufenden Fall, die gesetzliche Regel zum Ueberfluss in eine Abrede eingekleidet erscheinen lasse; und es spricht l. 56 pr. D. mandati (XVII, 1) dies als allgemeine Wahrheit auch aus. Es wäre sinnlos gewesen, die beiden Stellen aufzunehmen, wenn ihre Aufnahme nur hätte besagen sollen, dass man durch Abrede den Verlust der Daraufgabe mit dem commissorischen Vertrag vereinen könne; dies versteht sich vielmehr von selbst; die Stellen müssen also mehr bedeuten. Auch die Berufung auf die Worte „vel alio nomine“, welche nach Zumbach a. a. O. darauf hinweisen sollen, dass eine Uebereinkunft vorliege, welche Aufschluss über die durch diese Bezeichnung gemeinten Gegenstände gewähren würde, muss mit der durch ihre Einfachheit einleuchtenden Bemerkung Voet's in seinem Pandekten-Commentar zu dieser Stelle zurückgeschlagen werden „aut quid aliud emtionis nomine per emtorem erogatum fuerit, veluti in symposium, instrumenti emtionalis confectionem, proxeneticum pararii, et si quae sint alia his similia (insbesondere aber Theilzahlung s. u.). Zudem üben gegen l. 8 D u. l. 1 C. cit. die Basiliken das stärkste Gegengewicht aus, indem dieselben den Verlust der arrha beim commissorischen Vertrag nur an der einen vorstehenden Stelle und hier ohne Erwähnung einer Abrede berühren. Auf diese Gründe gebaut, steht auch heute die Ansicht allgemein fest, dass derjenige, gegen welchen von dem commissorischen Rechte Gebrauch gemacht werde, die arrha verliere. Welche Strafe könnte auch passender auf die Verursachung des Anlasses zur Vertragsauflösung gesetzt werden, als der Verlust dessen, was zur Bestärkung, Beweisung, zur symbolischen wie zur materiellen Kräftigung des Vertrags bestellt wird?

Es fragt sich nun, welche genauere Bedeutung dem „perdere arrham“ beizulegen ist und es tauchen in dieser Richtung drei Fragen auf:

1) Wenn auch erwiesen sein dürfte, dass zum Verlust der arrha eine Abrede nicht nöthig erscheint, so kann man doch diese Regel entweder dahin ausdehnen, dass sie (falls nicht eine Abrede sie ausschliesst) von Gesetzes wegen eintrete, oder dieselbe in der Art beengen, dass sie nur eine Präsumtion schaffe, es liege eine auf den Verlust der arrha gerichtete Abrede vor, welche Präsumption durch den Beweis der Negative (es existire keine solche Uebereinkunft) lahmgelegt werden könnte. — Sintenis (Civil-Recht Band II § 99) spricht sich im letzteren Sinne aus, steht aber allein und zwar mit Recht, da l. 6 D und C 6 Bas. cit. eine solche Beschränkung nirgends erwähnen.

2) Die längst bestrittene Frage, ob der Gebrauch des commissorischen Rechts zu Ungunsten des Gegentheils den Verlust der Theilzahlung mit sich bringe, welche früher mehr verneint (Pufendorf, observ. 59, Glück l. c., Albert der commissarische Vertrag § 13 u. A. m.), heute mehr bejaht wird (v. Arndts § 249 Anm. 2, v. Windschetd § 323), könnte insofern, als die arrha häufig dem Angeld ähnlich erscheint, von Belang sein. Aber abgesehen davon, dass die Verfechter der eben angedeuteten Negative die als datio arrhae sich darstellende theilweise Erfüllung selbst davon ausnehmen (vgl. auch Overbeck Meditationen No. 41) und, falls ihre Meinung den Sieg verdiente, dies im Hinblick auf die klaren ll. 6, 8, 6, 1 citt. mit Recht thäten, so muss man wohl (was hier nicht näher ausgeführt werden kann) bei einer vergleichenden Betrachtung der l. 6 cit. und l. 4 § 1 desselben Digestentitels sich zur modernen Ansicht entscheiden. Eine Besonderheit, welche das Vorhandensein eines Angeldes, das der vertragsbrüchige Theil gab, auf die von ihm zu restituirende arrha ausübt, ist nur die, dass er arg. l. 4 § 1 D. de L. C. XVIII 3 die aus derselben arrha gezogenen Zinsen behalten darf, während kein Grund vorliegt, im andern Fall ein solches Vorrecht anzunehmen.

3) Das „perdere arrham“ weist auf zwei Punkte hin: einmal verliert derjenige, gegen welchen die cassatorische Clausel wirksam wird, die von ihm gegebene arrha, bzw. muss, wo solche durch Constituirung eines Forderungsrechts bestellt ward, sein Versprechen doch erfüllen; andererseits muss er die ihm bestellte arrha arg. l. 11 § 6 D XIX 1 herausgeben

bzw. kann ein als arrha bestelltes Forderungsrecht nicht mehr geltend machen. Die Behauptung, der vertragsbrüchige Theil müsse in duplo restituiren (welche namentlich Sintenis a. a. O. aufstellt), entbehrt dagegen jeden gesetzlichen Anhaltes; insbesondere dürfen pr. J 3, 23 und l. 17 C. IV, 21 bzw. l. 5 C V 1 u. a. hier nicht analogisch angerufen werden, weil es sich hier um einen gegen den vertragsbrüchigen Theil, dort um einen von ihm geübten Rücktritt handelt.

So im gemeinen Rechte. Die Partikularrechte lassen sich in 3 Gruppen zusammenstellen:

1) Viele beschäftigen sich gar nicht mit der Frage und es tritt daher die subsidiäre Kraft des gemeinen Rechts ein. Hierher gehört z. B. das bair. L.-R.; — wenn dieses in Th. 4 Cap. 1 § 11 besonders betont, dass die arrha als „accessorium der Haupthandlung fällt und bestehet mit selber," — so liegt darin kein Princip, welches die gemeinrechtliche Strafbestimmung ausschlösse; denn im gemeinen Recht gilt ebensosehr die accessorische Natur der arrha und genau genommen fällt mit dem Gebrauch der commissorischen Befugniss keineswegs der Vertrag selbst, sondern nur der grösste Theil seiner Wirkung.

2) Andere Rechte bestätigen die römische Regel. Das königl. sächsische C. G.-B. sagt in § 896: „Ist bei einem Vertrag verabredet, dass der eine Theil von dem Vertrage zurücktreten kann, wenn der andere ihn nicht oder nicht zur rechten Zeit erfüllt, so ist der erstere, wenn er von dem Vertrage aus diesem Grunde zurücktritt, nicht verpflichtet, das von dem letzteren erhaltene Draufgeld zurückzuerstatten." Dagegen muss arg. § 1109 der vertragsbrüchige Theil wohl ein empfangenes Haftgeld heimgeben. Sehr deutlich zeigt sich in diesem Rechte hier der Unterschied zwischen Angeld und Draufgeld, indem ersteres nach letztgedachtem Paragraphen von dem Rücktrittsberechtigten restituirt werden muss.

3) Andere Principien liegen folgenden Rechten unter:

   a) Das A. L.-R. Th. 1 Tit. 5 §§ 217—219 bestimmt überhaupt, dass darin, wenn ohne erfolgte Anheftung des Reurechts an die arrha ein Vertrag zurückgehe, der daran unschuldige Geber die Wahl habe, ob er ausser der ihm sonst etwa zukommenden Entschädigung die Daraufgabe, wie sie ist, in Natur oder ihren Werth zur Zeit der Uebergabe fordern könne, — dass dagegen im gleichen Fall der schuldige Geber die Daraufgabe zwar verliere, ihren Werth aber bei einer etwa noch zu leistenden Entschädigung zu Gute gerechnet bekäme.

Während nach gemeinem Recht das obenbezeichnete pönale Schicksal der arrha auch dann eintritt, wenn ohne vorhergegangene Schuld des Gegentheils das Geschäft aufgerufen wird (l. 5 § 1 D. de A. E. V. XIX, 1 und l. 4 § 4 D. de L. C. XVIII 3), so tritt hier nach A. L.-R. a. a. O. § 220 einfache Rückgabe ein. Der an der Nichterfüllung schuldige Gläubiger kann übrigens bekanntlich nach keinem Rechte von der lex commissoria Gebrauch machen.

b) Auch nach dem a. b. G.-B. ist ein Verschulden erfordert, tritt aber dann auch eine härtere Behandlung ein. Art. 908 verfügt nämlich wie folgt: „Wird der Vertrag durch Schuld einer Partei nicht erfüllt, so kann die schuldlose Partei das von ihr empfangene Angeld behalten oder den doppelten Betrag des von ihr gegebenen Angeldes zurückfordern (dies „oder“ statt „beziehungsweise“). Will sie sich aber damit nicht begnügen, so kann sie auf die Erfüllung oder, wenn dies nicht möglich ist, auf den Ersatz dringen.“

c) Abgesehen davon, dass das französische Recht die gemeinrechtliche cassatorische Clausel nicht kennt, sondern gewissermassen zwei Arten commissorischen Rechtes gebildet hat, die des Art. 1184 und diejenige der Art. 1656, 1657, so bietet dasselbe auch sonst keine Annäherungspunkte an das bisher Beschriebene. Der Art. 1590 kann aus den oben § 34 a. E. bezeichneten Gründen nicht hierhergezogen werden; vielmehr findet einfach Wiederherstellung des früheren Zustandes, insbesondere also beiderseits Rückgabe der arrha sammt Nutzungen statt, wenn nicht besondere Gründe (Vertrag, Ortsbrauch) der letzteren auch in diesem Falle ein pönales Moment anheften. Ortsgewohnheiten äussern nach diesem Rechte freilich nicht eine direkte Wirkung als Rechtsquelle, sondern nur eine indirecte zufolge Vertragsauslegung, indem nach Art. 1159 des C. N. der Brauch des Vertragsorts im Zweifel als dasjenige gilt, worüber sich die Contrahenten geeint hätten. Hierher gehören die bei Troplong (comm. Art. 1590) und Merlin (répert. S. V. arrhes) verzeichneten Coutumes von Sens (Art. 256), Auxerre (Art. 141), Châlons (Art. 268) und insbesondere weiter: Art. 400 der Coutume von Rheims: „Tous acheteurs de vin et autres marchandises doivent dans 20 jours après l'achat lever la dite marchandise;

autrement les arrhes seraient perdues et ne sera tenu le vendeur de la livrer, s'il ne lui plaît. Néanmoins sera au choix du vendeur de poursuivre son acheteur pour raison de ses dommages et intérêts." Wenn also vom commissorischen Recht nicht Gebrauch gemacht wird, so ist auch die arrha nicht verloren. Ebenso verfügt Art. 278 der Coutume de Laon: „Marchandises vendues se doivent lever dedans 20 jours, s'il n'y-a autre convention, et á faute de le faire dans le dit temps sont les arrhes perdues et peut le vendeur faire son profit ailleurs de sa marchandise." Der Zusammenhang scheint wenigstens für diese engere Auslegung zu sprechen. Doch könnte man darüber streiten, ob nicht auch nach diesen Gewohnheiten die Regel, wie in Art. 197 der Coutume de Bar (§ 39) und in einem Urtheil des Parlaments von Aix vom 12. Juni 1645 geschehen, dahin zu fassen sei, dass schon die Versäumung des Empfangstermins den Verlust der arrha mit sich führe, einerlei ob der Gegentheil den Vertrag cassire oder nicht.

Noch bleibt beizusetzen, dass nach deutschem Handelsrechte, wenn nicht Vertrag oder Ortsbrauch anders verfügen, ein Verlust der arrha in dem hier besprochenen Fall nicht eintritt (D. H.-G.-B. Art. 285).

§ 37.

b. Sonstige Fälle.

Ausser den im vorigen Paragraghen erwähnten Bestimmungen über das Schicksal der arrha bei Existenz eines nicht aus ihr fliessenden Reurechts bestehen noch manche Andere, welche zum Theil dem gemeinen, zum Theil dem Partikularrechte angehören.

I. Gemeinrechtlich ist nämlich, wie aus den §§ 21 ff. bzw. 12 ff. sich ergiebt, festgestellt:

1) dass derjenige, welcher sich weigert, einen klaglosen Vorvertrag, der auf schriftliche Perficirung des Endvertrags gerichtet ist, zu erfüllen, die gegebene arrha verliere, die empfangene aber doppelt erstatten müsse.

2) dass derjenige, welcher grundlos vom Verlöbniss zurücktritt, die gleichen Nachtheile erleide, während bei einem Verlöbnissbruch ex justa causa beiderseits, einfache Rückgabe der arrha stattfindet.

II. Dem Partikularrecht gehören folgende Bestimmungen an:

1) Verschieden verfügen die Statuten bezüglich des Dinggelds,

wenn ein Theil ohne rechten Grund den Gesindevertrag auflöst. vgl. § 29 und § 30.

2) Das würt. L.-R. Th. II tit. 9 § 19 verb. mit § 20 bestimmt, dass bei bedingten Verträgen bis zur Erfüllung der Bedingung der Rücktritt zwar erlaubt, aber doch für den zurücktretenden Theil mit Verlust der gegebenen, bzw. doppelter Rückgabe der genommenen arrha verknüpft sei. — Das würtembergische Recht legalisirte hiermit einen s. Zt. auch von der gemeinrechtlichen Doctrin verfochtenen, aber längstens (vgl. Lauterbach a. a. O. thes. 119 ff.) besiegten Irrthum, welcher mit einer theils heute noch verbreiteten, gelegentlich im § 24 zurückgewiesenen falschen Auffassung der bedingten Geschäfte zusammenhängt. Im Fall einer potestativen Bedingung gelangt derjenige, in dessen Willen die Erfüllung derselben liegt, allerdings faktisch, nicht aber juristisch in die Lage eines Rücktrittsberechtigten; auch kann da, wo der Consens die Entscheidung einer solchen Frage auf den Willen eines Contrahenten stellt, nicht von einem Verschulden dieses letzteren bei Erfüllung oder Deficirung der Bedingung gesprochen werden, und man kann daher für diesen Fall betreffs der arrha keine Sonderregel behaupten. Nur Troplong a. a. O. versuchte dies für das französische Recht in der Weise, dass bei der suspensiven Potestativbedingung die arrha als Dédit (Reugeld, Rücktrittspreis) und bei der resolutiven Potestativbedingung als zum Voraus fixirter und bestellter Schadenersatz erscheine. Seine Gründe entspringen lediglich der Billigkeit und können den doppelten Mangel nicht decken, dass eine Verwechselung des faktischen Endresultats mit einer fremden juristischen Construction vorliegt und jeder gesetzliche Anhalt fehlt. Somit begründet nur das würt L.-R. jene Ausnahme von dem Satz, dass bei Auflösung des Hauptvertrags auch die arrhalische Neben-Abrede vernichtet und daher bezüglich der arrha Zurückführung auf den vorigen Stand geboten sei.

3) Wo das Gesetz beim Liegenschaftsverkauf schriftliche Form (gewöhnlich Intabulation) gebietet, kann dies den Sinn haben, dass ohne solche der Vertrag nicht zu Recht bestehe; es liegt dann gewöhnlich ein unerzwingbares pactum de contrahendo (speciell de scriptura facienda) vor, und mit Recht lässt man aus den in § 26 gegebenen Gründen gegen denjenigen, welcher am Nichtzustandekommen der schriftichen Form Schuld trägt, Verlust der arrha

bzw. poena dupli eintreten, wie dies insbesondere das würt. L.-R. Th. 2 Tit. 13 § 20 gebietet. Aehnlich befahl der „Churfürstlich Pfaltz bey Rhein ernewert und verbessert Landrecht von 1610“ in Th. II Tit. 7 die schriftliche Form, beliess aber jedem Theil die Freiheit das pactum de scriptura facienda nicht auszuführen und bestimmte strafweise nur: „Jedoch dergestalt, dass in allen denen Fällen, in welchen die Sachen nicht mehr gantz, noch im vorigen stand seind, sondern ferner zur Bezahlung des Kaufschillings (gantz oder zum theil) oder Lieferung und einantwortung dess verkauften guts geschritten worden, derjenig, so wider vom kauf oder verkauf abspringen würde, seinem gegentheil neben den aufgewandten Unkosten auch den dadurch verursachten kündlichen schaden und aussgelegte arrham wiederumb erstatte.“ Diese Fälle ahmen dem unter I 1 genannten Fall nach, nur dass das weiland pfälzische Recht milder verfügt. Volle Strafe spricht aus das „brandenburgische revidirte L.-R. des Herzogthums Preussen v. 1685“ Buch 4 Tit. 6 Art. 7. „Vom Kauffen und Verkauffen der liegenden Gütern. § 3. So ein Kauff beschehen und ein Hafftpfennig, den man arrham nennt, auf den Kauff gegeben wäre. So dann der Käuffer abtreten wolte, sol er . . . den Hafftpfennig verloren haben. Wo aber der Verkäuffer begehret vom Verkauff zu stehen, oder den nicht halten wolte, so sol er dem Käuffer . . . . arrham doppelt herausszugeben und zu erstatten schuldig sein u. s. f.“; es ist hier vom Rücktritt vor beiderseitiger Erfüllung des Hauptvertrags oder vor der schriftlichen Form die Rede (§ 1 ibidem). Der Wortlaut des den gleichen Fall erfassenden cit. würt. L.-R. § 20 ist folgender: „Doch wo eine arrha oder Hafftpfennig auff den Kauff gegeben . . . soll der Käuffer, so er abtreten will, den Hafftpfenning verloren haben . . . . So aber der Verkäuffer begehrte vom Kauf abzustehen, soll er dem Käuffer den Hafftpfenning doppelt wieder herausszugeben und zu erstatten schuldig sein und von unsern Amtsleuten dazu angehalten werden.“ So bestimmte auch die Wormser Reformation von 1513 Buch 5 Tit. 1, nachdem sie das pactum de emendo vendendo bezüglich der Immobilien für unklagbar erklärt und den Grundsatz schriftlicher Feststellung der Liegenschaftskäufe proklamirt hatte, Folgendes: „Doch so Weinkauff oder ein Gotz-Heller, das man nennt arrham, auf den Kauff gegeben wäre: will dann der Käuffer abtreten, soll er verliehren den ausgegebenen Weinkauff oder Gotz-Heller. Will aber der Verkäuffer hinter sich und den Kauff nicht halten, der soll zweyfältigen Weinkauff oder den empfangenen arrham herauszugeben schuldig seyn.“

§ 38.

2) Nicht entschiedene Fälle.

Die gemeinrechtliche Bestimmung bezüglich der arrha bei der lex commissoria offenbart sich als eine singuläre, während die Rücktrittsstrafen, welche an die arrha sponsalitia und die arrha bei unerzwingbaren Vorverträgen eintreten, das Princip daraus zu construiren wohl zulassen, die Nichterfüllung des Vertrages werde bei naturalen Verbindlichkeiten durch Verlust bzw. poena dupli der arrha bestraft (vgl. Rivier in v. Holtzendorff, Encyklopädie s. v. arrha und s. o. § 7 und § 26). Weiter wird man für das gemeine Recht nicht gehen dürfen. Insbesondere liegt gar kein Grund vor, denjenigen, welcher ein durch pactum displicentiae gewährtes Reurecht ausübt, mit arrhalischen Strafen zu belegen; doch wird man gegen Unterholzner (Schuldverhältnisse § 114) und v. Holzschuher (Theorie und Casuistik Bd. III S. 293 Aufl. 2), welche dieses richtige Princip sehr scharf betonen, wohl vorsorglich einwenden müssen, dass (vgl. oben § 32), wo vertragsmässiges Reurecht und arrha zusammentreffen, man immer de facto wird präsumiren dürfen, das Reurecht fliesse aus der arrha, stehe in einer juristischen Verbindung mit derselben; und wo dies einschlägt, gelten allerdings die in § 35 bezeichneten Regeln. Andrerseits muss man Koch (Recht der Forderungen Bd. II S. 334) gegenüber, der diese thatsächliche Vermuthung zur Rechtsregel erheben will, darauf aufmerksam machen, dass gerade das A. L.-R. Th. II Tit. 5 § 212 dem entgegensteht. Im Uebrigen ist bezüglich des preussischen, österreichischen, französischen Rechts und des deutschen Handelsrechts lediglich auf die Grundsätze des vorvorigen Paragraphen zu verweisen. Die gleichen Principien, wie sie dort hinsichtlich des A. L.-R. erörtert sind, verfolgt auch das (in Anbetracht der lex commissoria abweichende) kgl. sächs. bgl. Gesetzbuch § 895. Die übrigen Rechte bieten keine Veranlassung zu besonderen Bemerkungen.

Insbesondere ist vor einer ähnlichen Behandlung der arrha bei der addictio in diem mit derjenigen bei der lex commissoria mit Recht von verschiedenen Autoren und auch vom würt. L.-R. (vgl. § 7) gewarnt werden, indem bei der addictio in diem ein mit der

Handungsweise des Käufers in keinem Zusammenhang stehendes Ereigniss den Anlass zur Vertragsauflösung bietet.

§ 39.

IV. Sonstige Strafbestimmungen bezüglich der arrha.

um Theil werden bezüglich der arrha noch weitere Strafbestimmungen als die vorstehenden behauptet. Obwohl nämlich der Grundsatz, dass nach gehöriger Erfüllung des Hauptvertrags die arrha zurückgegeben oder aufgerechnet werden müsse, sich ziemlich allgemeiner Zustimmung erfreut und nur nach der Natur des besonderen Gegenstands, welcher die arrha ausmacht, im einzelnen Fall hiervon Ausnahmen behauptet werden (§§ 5, 9, 10), so wollen doch Manche die arrha dann zur Erreichung eines Strafzwecks benützen, wenn die Hauptleistung durch Verschulden des Debitors nicht freiwillig, nicht zeitig oder sonst nicht gehörig erfolgt. Für diese Eventualität existiren folgende sich widersprechende Ansichten:

I. Rivier in v. Holzendorffs Encyclopädie stellt die schon von Azo in der Glosse zu l. 17 C. IV. 21 bekundete Ansicht auf, der Gläubiger habe die Wahl zwischen Vertragserfüllung bzw. Schadensersatz einerseits und andererseits Einverlangung der geleisteten arrha in duplo bzw. Zurückhaltung der empfangenen Daraufgabe. Diese Ansischt ist in der That im a. b. G.-B. § 908 legalisirt: „wird der Vertrag durch Schuld einer Partei nicht erfüllt, so kann die schuldlose Partei das von ihr empfangene Angeld (arrha) behalten, oder den doppelten Betrag des von ihr gegebenen Angelds zurückfordern. Will sie sich aber damit nicht begnügen, so kann sie auf die Erfüllung oder, wenn diese nicht möglich, auf den Ersatz dringen.“ Uebrigens fügt Rivier seiner Ansicht noch die Erweiterung bei, dass man das arrhalische Recht beanspruchen und, falls die dadurch erlangten Vortheile den Schaden nicht aufwiegen, noch für den Rest des Schadens auf Ersatz klagen dürfe. Eine Begründnng giebt Rivier nicht.

II. Andere wollen im gedachten Falle neben Erfüllung bzw. Schadensersatz die erwähnten arrhalischen Strafen eintreten

---

*) Vgl. Glück, Pandekten-Commentar § 982.

lassen, und es ist diese Ansicht auch für Oesterreich trotz der eben genannten gesetzlichen Bestimmung von Ungermann verfochten worden, gegen den sich aber die allgemeine Meinung, insbesondere durch Johanny, v. Kissling und v. Stubenrauch, vertreten, siegreich gewehrt hat (nähere Literatur bei Letzterem, Commentar § 908). Nur für den Fall der nicht zeitigen Erfüllung nimmt hinsichtlich des badischen Rechts (ohne eingehende Begründung) Brauer diese Ausnahmsstellung ein (Erläuterungen Satz 1590). Für das römische Recht sind insbesondere Lauterbach (a. a. O. thes. 154 ff.) und v. Savigny (Obligationenrecht Bd. II § 79) zu nennen; ersterer stützt sich auf die blos vom Mahlschatz, letzter auf die blos von der arrha bei unklagbaren Vorverträgen handelnden Stellen, welche in § 12 bzw. § 21 abgedruckt sind. — Uebrigens muss man zugeben, dass die Particularrechte z. Th. im angedeuteten Sinn verfügen, so

1) die in § 33 mitgetheilte Stelle der l. Bajuv.
2) die im § 34 aufgeführten Coutumes nebst dem Urtheil des Parlaments von Aix. Weiter gehört hierher als besonders prägnant Coutume de Bar, Art. 197: „Vendeur de vin ne sera tenu de le garder plus de 15 jours et perd l'acheteur ses arrhes, s'il ne le prend dans le dit temps soit que le dit vin soit revendu ou non."
3) Statuten und Gerichtsordnung der Stadt Mühlhausen (1740) Th. II Art. II § 6: „Ein Kauff kann nicht anderst als mit beydseitigem Belieben wieder zurückgehen; damit aber derjenige, so seinerseits den getroffenen Kauff ehrlich halten und verschreiben lassen, von deme, der sich dazu nicht verstehen will, in keinen Schaden und Verlust gesetzt werde, so soll der, so den Kauff zu vollziehen sich weigert, wenn es der Käufer ist, dasjenige, was er für Hafft- und Trinkgeld bereits daraufbezahlt, verloren haben und solches dem Verkäuffer verbleiben; Ist es aber der Verkäuffer, so soll er das Doppelte, so er empfangen, dem Käuffer wiedergeben."
4) Endlich giebt für einen besonderen Fall der Nichterfüllung das kgl. sächsische Civilgesetzbuch § 895 eine Strafe wie folgt: „Kann der Vertrag wegen Verschuldung des Gebers (der arrha) nicht erfüllt werden, so verliert dieser das Daraufgeld an den Empfänger. Kann der Vertrag wegen Verschuldung des Empfängers nicht erfüllt werden, so hat dieser dem Geber das Doppelte des Empfangenen zu leisten. Beides gilt unbeschadet des An-

spruchs auf Schadenersatz (vgl. auch §§ 6 und 9 wegen des A. L.-R.).

III. Dem entgegen betont die gemeine Meinung (Windscheid und Arndts § 325 bzw. 240), welche auch in Frankreich herrscht (Pothier und Merlin a. a. O.), und dort schon z. Zt. des Cujacius herrschte (opera IX S. 285 ad l. 17 C. IV. 21), mit Recht, dass die bei Beginn dieses Paragraphen aufgestellte Regel hier keine Ausnahme erleide, indem nicht nur für die Ausnahmen kein Grund beigebracht sei (Westphal, a. a. O. S. 41 ff.), sondern dieselben vielmehr dem Rechtsprincip „bona fides non patitur, ut bis idem exigatur" (l. 57 D. de R. J. L., 17) widerstritten, da ja die Klage auf Erfüllung bzw. Schadensersatz schon das interesse temporis und anderen durch nicht gehörige Erfüllung erlittenen Nachtheil betreffe. Vgl. übrigens § 7.

§ 40.

V. Zusammenfassung der Resultate.

Man darf nach dem Vorgetragenen wohl behaupten, dass die arrha ihrem Wesen nach kein Strafinstitut sei, sondern ihr Zweck vielmehr darin bestehe, einen Beweis der Vertragsperfection (argumentum emtionis pr. J. III, 23; l. 35 pr. D. XVIII, 1) und ein materielles, indirectes Zwangsmittel gegen den Geber bzw. Sicherungsmittel für den Empfänger zu schaffen.*) Dieser Grundsatz ist durch zwei Ausnahmen durchbrochen:

I. Der arrha confirmatoria (arrha ohne Rücktrittsrecht, welche die Regel bildet, steht die arrha mit Rücktrittsrecht, die man mit Recht „poenitentialis" von poenitere (bereuen) benennt, entgegen. Eine solche kann durch Vertrag zu Gunsten eines der beiden Contrahenten in der Regel, nicht aber beim Mahlschatz (arrha sponsalitia § 15), begründet werden und im Zweifel muss man bei Zusammentreffen von bedungenem Reurecht und Daraufgabe einen Zusammenhang zwischen beiden mit Strafwirkung bezüglich letzterer präsumiren. Von Gesetzes wegen ist die arrha eine poenitentialis nur nach Art. 1590 des Code Napoléon

*) Schon Donellus (opera tom. 7 p. 1317 sq.) nennt die arrha eine cautio. Mit Unrecht will Westphal a. a. O. S. 41 diese letztere Function nicht gelten lassen. Doch bestreitet er nicht, dass die arrha bis zu gehöriger Leistung des Bestellers vom Empfänger zurückgehalten werde, und es liegt in dieser Retention doch gewiss das oben angedeutete doppelte Moment. Der Ausdruck Retention ist hier natürlich nicht im technischen Sinn genommen.

(bzw. bad. L.-R.), nämlich wenn bei einer synallagmatischen Kauf- und Verkaufszusage ein Haftgeld gegeben war. Das mit der arrha zusammenhängende Reurecht kann überhaupt nur, solange der Vertrag besteht, und kein Verzicht vorliegt, geübt werden; und es ist die Ausübung mit der Strafe verbunden, dass der zurücktretende Geber die arrha verliert, der zurücktretende Empfänger sie doppelt (nach A. L -R. einfach) heimstatten muss. Aus diesem Umstande folgt, dass die arrha mit Rücktrittsrecht (arrha poenitentialis) zugleich eine arrha mit Strafbestimmung (arrha poenalis) ist.

II. Aber auch die arrha confirmatoria (arrha ohne Rücktrittsrecht), welche in der Regel eine arrha ohne Strafbestimmung (arrha non poenalis) ist, kann ausnahmsweise zufolge Vertrags oder Gesetzes den Charakter einer arrha mit Strafbestimmung (arrha poenalis) haben, und es lassen sich solche Strafbestimmungen in verschiedenem Grad (insbesondere ob simpli oder dupli restitutio) denken. Aus der Existenz eines Reurechts allein folgt nur die unter I. angedeutete factische Vermuthung, welche allerdings nach österreichischem, wie würtembergischem Recht zur rechtlichen umgewandelt ist, keineswegs aber principiell ein pönaler Charakter. Allerdings sind die Fälle einer arrha confirmatoria poenalis meist solche, in denen ein auch ohne arrha stattfindendes Rücktrittsrecht geübt wird, und es lässt sich für das gemeine Recht hier an l. 5 C. V 1 und l. 17 C. IV. 21 erinnern und als allen in Deutschland geltenden Rechten gemeinsam der Fall hervorheben, dass gegen den Besteller oder Empfänger der Daraufgabe die lex commissoria angewendet wird; das österreichische, das preussiche und das kgl. sächsische Recht lassen eine arrhalische Strafe überhaupt bei verschuldeter Nichterfüllung des Vertrags eintreten, während der C. N. eine arrha poenalis confirmatoria gar nicht kennt. Andere deutsche Partikularstatuten bestimmen in verschiedener Art eine solche, im Fall (verschuldeter Weise) nicht zeitig, oder sonst nicht gehörig erfolgter Erfüllung des Hauptvertrags. Bei jeder arrha poenalis ist nach allgemeinen Grundsätzen überall da, wo nicht (wie bezüglich der lex commissoria im römischen Recht) eine andere Norm durch Gesetz oder Vertrag gegeben wird, der Eintritt der Strafbestimmung nur dann anzunehmen, wenn ein Verschulden vorliegt (vgl. v. Arndts § 98), und es kommen dann auch die Principien von der compensatio culpae zur Anwendung.

Anhang.

Legislatorische Anwendung.

Zur Aufnahme in ein Deutsches Civilgesetzbuch dürften sich nun folgende Sätze empfehlen:

Von der Daraufgabe (Arrha).

1) Daraufgabe (Arrha, Handgeld, Haftgeld, Daraufgeld) ist eine dem Gläubiger mittelst Nebenvertrages durch den Schuldner oder einen Dritten eingeräumte körperliche oder unkörperliche Sache, welche zum Beweis und zur Bestärkung eines Hauptvertrags dient.

2) Die geschehene Bestellung einer Daraufgabe gibt eine Vermuthung für den erfolgten Abschluss des Hauptvertrags; steht dabei im Zweifel, ob dieser ein Vor- oder ein Endvertrag sei, so wird das Letztere angenommen.

3) Daraufgaben bei Verlöbniss und Eheschliessung werden wie Schenkungen unter Braut- und Eheleuten behandelt. Das Dinggeld wird nach den folgenden §§ 4—11 nur insoweit geregelt, als der Orts- oder Landesbrauch nichts Anderes verfügt.

4) Wird der Hauptvertrag erfüllt oder aufgehoben, so wird das Gegebene vom Empfänger zurückerstattet. Im Fall der Erfüllung unterbleibt jedoch dies, wenn die Daraufgabe von anderer Art als die Hauptleistung ist. Falls zufolge Uebereinkunft oder Gesetzes ein Theil den Vertrag aufheben kann, wenn der andere diesen nicht gehörig oder nicht zur rechten Zeit erfüllt, so ist der erstere, wenn er aus diesem Grunde den Vertrag aufhebt, nicht zur Zurückerstattung verpflichtet.

5) Die gänzliche oder theilweise Nichterfüllung klagloser Verträge verpflichtet den Empfänger der Daraufgabe zur doppelten Erstattung derselben und verlustigt den Besteller der bestellten Daraufgabe.

6) Von einer klagbaren Verbindlichkeit kann sich weder der Besteller der Daraufgabe durch deren Aufopferung, noch der Empfänger durch deren doppelte Zurückstellung befreien.

7) Ist durch Vertrag mit der Daraufgabe für den Besteller ein freies Rücktrittsrecht verbunden, so kann dieser gegen Verlust der Daraufgabe zurücktreten; ist zugleich oder allein dem Empfänger

ein solcher Rücktritt erlaubt, so kann letzterer nur gegen doppelte Zurückstellung der Daraufgabe geschehen. Wenn Daraufgabe und vertragsmässiges Reurecht zusammen vorkommen, so wird diese Verbindung im Zweifel angenommen.

8) Die Ausmachung eines Reurechts für beide Theile gilt im Zweifel bei Vorverträgen, zu welchen eine Daraufgabe bestellt ward, als geschehen.

9) Die an die Daraufgabe gehefteten Strafbestimmungen treten ohne Voraussetzung eines Schadens ein. In den Fällen der §§ 5, 7, 8 findet keine Entschädigung Statt.

10) In allen Fällen, wo von Erstattung einer in vertretbaren Sachen bestehenden Daraufgabe die Rede, muss statt der Rückgabe in Natur, ebenso viel von derselben Art zurückgegeben werden. Früchte aller Art sind bei Zurückstellung körperlicher Sachen zu erstatten.

11) Was vom Geben und Empfangen der körperlichen Sache gilt, findet in ähnlicher Weise auf eine als Daraufgabe dienende Forderung Anwendung.

Begründung und Erläuterung dieser Sätze müssen in der vorausgeschickten Abhandlung gefunden und nur wenige Momente können hier noch besonders hervorgehoben werden.

Der Vergleichung halber mögen zunächst hier die entsprechenden Bestimmungen des bayrischen Entwurfs eines Civilgesetzbuchs*) hier Platz finden. Daselbst heisst es Theil 2, Hauptstück 1, Abschnitt 2, Bestärkungsmittel der Verträge*) Darangeld:

Art. 42: Wird als Zeichen eines abgeschlossenen Vertrages Geld oder Geldeswerth als Darangeld (Angeld, Handgeld) gegeben, so hat der Empfänger, sobald der Vertrag zum Vollzuge kömmt, solches sich aufrechnen zu lassen oder zurückzugeben, sofern nicht das Gegentheil verabredet oder ortsüblich ist.

Eine Rückerstattung des Darangeldes findet auch dann Statt, wenn der Vertrag vermöge gegenseitiger Einwilligung der Vertragschliessenden oder wegen eines anderen rechtlichen Grundes nicht zum Vollzuge kommt.

Art. 43: Hat sich der Geber des Darangelds das Recht ausbedungen, unter gewissen Voraussetzungen vom Vertrage zurückzutreten, so kann er, wenn er von dieser Befugniss Gebrauch macht, die Rückgabe nicht verlangen.

---

*) v. Preuschen-Liebenstein, Entwurf zu einem allgemeinen deutschen Gesetzbuch (Leipzig 1840) enthält Nichts über die arrha. — Ebenso Clapproth, Entwurf eines Gesetzbuchs (Frankfurt 1773) und Pfeiffer, Ideen zu einer neuen Civilgesetzgebung für deutsche Staaten (Göttingen 1815).

Art. 44: Ist der Vertrag durch widerrechtliches Verhalten des Gebers nicht zur vollständigen Erfüllung gekommen, so verliert dieser das Darangeld an den Empfänger. Dagegen muss letzterer, wenn er widerrechtlich die vollständige Erfüllung vereitelt hat, dem Geber das Doppelte des Empfangenen zurückerstatten.

In beiden Fällen bleibt dem schuldlosen Theile der Anspruch auf Schadensersatz über den Betrag des Darangeldes hinaus vorbehalten.

2) Reugeld, Art. 45: Hat sich bei der Abschliessung eines Vertrages der eine Theil vorbehalten, gegen Erlegung eines Reugeldes vom Vertrage abzugehen, so hat er die Wahl, ob er den Vertrag erfüllen oder durch Zahlung des Reugeldes aufheben will u. s. f.

Art. 46: Im Zweifel spricht die Vermuthung für Darangeld und nicht für Reugeld."

Aus der Verbindung der Art. 42, 45, 46 ergibt sich insbesondere, dass ein Darangeld nach dem bayrischen Entwurf auch durch Constituirung einer Forderung begründet werden, und umgekehrt auch das Reugeld ein gegebenes sein kann.

Im gleichen Entwurf Theil II, Buch II, Hauptstück 6, Dienstverding Art. 489 heisst es ferner: „Ist ein Dinggeld gegeben, so gilt dasselbe im Zweifel als Zeichen des abgeschlossenen Vertrages, kann jedoch am Dienstlohne nicht abgezogen werden.

Ist vermöge besonderer Verabredung oder Ortsgebrauches auch nach der Hingabe des Dinggeldes ein Abgehen vom Vertrage zulässig, so verliert der Zurücktretende das hingegebene Dinggeld und hat den doppelten Betrag des empfangenen zu vergüten."

Im Uebrigen ist auf folgende wesentliche Punkte aufmerksam zu machen:

I. Der Beweiswerth der arrha ist nicht nur allgemein anerkannt, sondern es kann auch nur in der Intention des Gesetzgebers liegen, offenkundige, äussere Zeichen, welche den Streit über die Perfection eines Geschäftes beseitigen können, zu begünstigen. Wenn auch ausser für das kgl. sächs. Recht der Schluss des Punktes 2 vorstehenden Vorschlages nicht praktisch ist, so entspricht eine derartige Bestimmung doch gewiss der weitaus überwiegenden Mehrzahl der Fälle und lebt faktisch bereits im Volke, das den symbolischen Werth der Daraufgabe höher schätzt, als irgend ein Rechtsausspruch es zu thun vermag.

Durch die Anreihung der Daraufgabe bei Verlöbniss und Eheschliessung (Mahlschatz) und des Dinggelds an den von dem Beweiswerth der arrha handelnden Satz ist angedeutet, dass auch diese beiden Institute jenen probatorischen Effekt nach sich ziehen, dass aber, obwohl sie auch zur materiellen Bekräftigung dienen können, diese Seite dennoch sich insofern nicht nach dem gewöhnlichen arrhalischen Recht richtet, als beim Dinggeld der Ortsbrauch vorgeht und der Mahlschatz in diesem Punkte wie eine Braut- oder Eheschenkung im weitern Sinn zu behandeln ist. Bezüglich des Dinggelds besteht nämlich überall ein gewisses Herkommen, dem eine durch Gesetze kaum zu brechende Zähigkeit innewohnt; die Rechtsverschiedenheit in diesem Punkte ist allerdings gross, aber ganz unschädlich; auch würde eine gesetzliche Regulirung ohne Ueberschreiten auf das polizeiliche Gebiet nicht wohl bewirkt werden können. Und was den Mahlschatz angeht, so ist derselbe bereits von den neueren Gesetzbüchern (und auch vom hessischen Entwurfe Abtheilung 1 Artikel 1a), sowie von der Praxis, der Schenkung unter Verlobten bzw. unter Ehegatten gleichgestellt; ein Grund zur Aenderung dieses Verhältnisses liegt aber nicht vor; man müsste denn den Mahlschatz zu einer Bestrafung des Verlöbnissbruches, welche über den Verlust des Gegebenen und die Rückgabe des Empfangenen hinaus geht, benützen wollen, was aber aus selbstredenden Gründen sicherlich nicht der richtige Weg wäre. —

II. Ein Reurecht kann offenbar nicht ohne besonderen Anlass von Gesetzes Wegen an ein begriffsmässig zur Bestärkung der Verträge dienendes Institut geknüpft werden. In der That gewährt auch die arrha ohne Vertrag ein solches Recht nur im Falle des C. N. Art. 1590 oder besonderer Ortsgewohnheiten. Nur bei Vorverträgen dürfte es sich empfehlen, die arrha als einen fixirten Rücktrittspreis gesetzlich hinzustellen, wie dies in einer Anwendung vom C. N. Art. 1590 und, wenn man nicht auf die juristische Construction, sondern auf das factische Endresultat sieht, allgemein im kgl. sächs. bgl. G.-B. im Anschluss an die Volksmeinung festgehalten wird. Wo ein gesetzliches oder ein vertragsmässiges freies Reurecht vorliegt, sind Verlust der arrha bzw. poena dupli aus historischen wie aus praktischen Gründen festzuhalten; ähnlich, aber milder ist im Fall der lex commissoria (Punkt 4) oder ihr analoger gesetzlicher Befugniss aus gleicher Erwägung zu verfahren. Nach Ansicht der Gesetze und nach der Natur der Sache ist beim Zusammentreffen von arrha und conventionellem Reurecht, sei das Zusammentreffen auch nicht ein anfängliches, der in Punkt 7 angedeutete Causalzusammenhang anzunehmen.

III. Sonstige Strafbestimmungen bezüglich der arrha entbehren, mit Ausnahme der Regel 5, der historischen Begründung und werden nicht durch ein Bedürfniss hervorgerufen. Das Schicksal der arrha bestimmt sich somit unter Wahrung der allgemeinen Regeln 10, 11 dahin, dass der Empfänger bis zum Wegfall der Voraussetzung, unter welcher die arrha gegeben wird (Sicherung einer Obligation), sie als sein Eigenthum bewahrt, sich aber von diesem Wegfall an in einer obligatio restituendi befindet. Wo durch verschuldete Herbeiführung die Unerfüllbarkeit der Obligation bewirkt wurde, ist die Obligation nicht weggefallen (v. Arndts § 274 des Lehrbuchs), so dass man einer Specialbestimmung für diesen Fall nicht bedarf. Ebenso versteht es sich von selbst, dass die arrha kraft der in Punkt 1 angegebenen accessorischen Natur im Fall der anfänglichen Ungültigkeit des Hauptvertrags zurückzugeben ist.

IV. Auf diese Weise ist das arrhalische Recht auf möglichst einfache und natürliche Grundsätze zurückgeführt, und insbesondere die verwerfliche Vermischung von Angeld und Daraufgabe vermieden. — Nur für den Punkt 4 ist die in Satz 2 gegebene Sonderbestimmung, welche eine Art der s. g. deutschen Arrha aufrechthält, nach der Natur des Sachverhältnisses und zumal sie als Theil des A. L.-Rechts grössere Herrschaft geniesst, anzuempfehlen.

A. W. Schade's Buchdruckerei (L. Schade) in Berlin, Stallschreiberstr. 47.

FSC
www.fsc.org
MIX
Papier | Fördert gute Waldnutzung
FSC® C083411

Kolibri 360 GmbH
Ferdinand-Jühlke-Straße 7
99095 Erfurt, Deutschland
produktsicherheit@kolibri360.de